U0129304

世變中的魏晉士族與文人心態研究

陳 恬 儀 著

文 史 哲 學 集 成
文史哲出版社印行

國家圖書館出版品預行編目資料

世變中的魏晉士族與文人心態研究 / 陳恬儀著--
初版-- 臺北市：文史哲, 民 105.04
　頁；　公分（文史哲學集成；684）
　ISBN 978-986-314-295-9（平裝）

1.士　2.階級　3.魏晉南北朝史

546.113　　　　　　　　　　　　105006333

文 史 哲 學 集 成　　684

世變中的魏晉士族與文人心態研究

著　　者：陳　　　　恬　　　　儀
出 版 者：文　史　哲　出　版　社
　　　　　http://www.lapen.com.tw
　　　　　e-mail：lapen@ms74.hinet.net
登記證字號：行政院新聞局版臺業字五三三七號
發 行 人：彭　　　正　　　雄
發 行 所：文　史　哲　出　版　社
印 刷 者：文　史　哲　出　版　社
　　　　　臺北市羅斯福路一段七十二巷四號
　　　　　郵政劃撥帳號：一六一八〇一七五
　　　　　電話886-2-23511028・傳真886-2-23965656

定價新臺幣四〇〇元

二〇一六年（民一〇五）四月初版

關於本書

學術研究是一個反覆思辯、討論的過程，本文的篇章皆經過筆者發表後修改，謹將本書第二到第六章宣讀、刊登處臚列如下：

第二章〈西晉盛世氣象與文人心態〉，原題〈西晉平吳前後的帝國思維〉，宣讀於輔仁大學主辦之「抒情與敘事的多音交響——中國文學國際學術研討會」，2011年11月12-13日，後於〈百年論學：中國古典文藝思潮研讀會〉中討論，2016年1月30日。本文為國科會計畫「西晉平吳前後的帝國思維」編號：NSC-99-2410-H-030-081執行之部份成果。

第三章〈西晉吳人文學中的歷史與自我〉，原題〈西晉吳人之自我與歷史——由《文選·為吳令謝詢求為諸孫置守冢人表》談起〉，宣讀於南京大學文學院暨中國文選學會主辦之「《文選》與中國文學傳統國際學術研討會」，2011年8月25-26日，修改後更改題目為〈西晉吳人之歷史與自我〉，刊登於輔仁大學中文系主編：《輔仁國文學報》第39期，2014年10月1日，頁199-216。本文為國科會計畫「西晉平吳前後的帝國思維」

編號：NSC-99-2410-H-030-081 執行之部份成果。

　　第四章〈西晉盛世中的不遇者：以夏侯湛為例〉，原題〈夏侯湛及其《抵疑》、《東方朔畫贊》研究〉，宣讀於輔仁大學中文系主辦之「傳統與再生—漢學國際學術研討會」，2014 年 5 月 17-18 日，本文為科技部計畫「狂者精神 —— 魏晉南北朝文士與文學的特殊面向」編號：NSC 102 - 2410 - H - 030 - 079 執行之部份成果。

　　第五章〈漢晉世變下的潁川陳氏家族〉，原題〈漢晉之際的潁川陳氏家族〉，宣讀於北京師範大學文學院主辦之「第七屆海峽兩岸先秦兩漢學術研討會」，2009 年 4 月 2-4 日，修改後刊登於輔仁大學中文系主編：《輔仁國文學報》第 28 期，2009 年 4 月 1 日，頁 387-410。

　　第六章〈漢晉世變下的陳郡陽夏袁氏家族〉，原題〈東漢至西晉陳郡陽夏袁氏家族之家風〉，宣讀於輔仁大學主辦之「第十屆先秦兩漢學術國際研討會」，2013 年 5 月 4-5 日，本文為國科會計畫「魏晉南北朝陳郡陽夏袁氏之家學與家風研究」編號：NSC-101-2410-H-030-073 執行之部份成果。

世變中的魏晉士族與
文人心態研究

目　　次

關於本書 ……………………………………………… 1

第一章　緒　論 ……………………………………… 5

　第一節　論題說明及前人研究 …………………… 5

　第二節　研究方法與進路 ………………………… 24

第二章　西晉的短暫榮景與文人心態 …………… 29

　第一節　前　言 …………………………………… 29

　第二節　晉武帝平吳前的勵精圖治 ……………… 33

　第三節　大一統的榮景 …………………………… 53

　第四節　帝國意識下的寬宏視野 ………………… 72

　第五節　政教風尚與文學趨向 …………………… 84

　第六節　結　語 …………………………………… 98

第三章　西晉吳人之歷史與自我 ………………… 103

　第一節　前　言 …………………………………… 103

　第二節　歸晉後的吳地歷史詮釋 ………………… 105

第三節　吳人之三國正統主張⋯⋯⋯⋯⋯⋯ 110

第四節　矜誇吳地風土文化 ⋯⋯⋯⋯⋯⋯ 124

第五節　結語 ⋯⋯⋯⋯⋯⋯⋯⋯⋯⋯⋯ 134

第四章　門閥世族中的不遇者：夏侯湛個案研究⋯ 137

第一節　前　言 ⋯⋯⋯⋯⋯⋯⋯⋯⋯⋯ 137

第二節　〈抵疑〉與夏侯氏門第背景 ⋯⋯⋯ 140

第三節　贊、碑中的理想典型⋯⋯⋯⋯⋯⋯ 156

第四節　文學作品與審美 ⋯⋯⋯⋯⋯⋯⋯ 169

第五節　結　語 ⋯⋯⋯⋯⋯⋯⋯⋯⋯⋯ 175

第五章　世變下的潁川陳氏家族 ⋯⋯⋯⋯⋯⋯ 177

第一節　前　言 ⋯⋯⋯⋯⋯⋯⋯⋯⋯⋯ 177

第二節　潁川士族在漢末至建安政壇的重要性 ⋯ 179

第三節　陳寔與潁川陳氏之興起⋯⋯⋯⋯⋯ 183

第四節　忠慎家風與政治妥協⋯⋯⋯⋯⋯⋯ 199

第五節　結　語 ⋯⋯⋯⋯⋯⋯⋯⋯⋯⋯ 215

第六章　世變下的陳郡陽夏袁氏家族⋯⋯⋯⋯⋯ 221

第一節　前　言 ⋯⋯⋯⋯⋯⋯⋯⋯⋯⋯ 221

第二節　忠義禮教的傳家智慧⋯⋯⋯⋯⋯⋯ 224

第三節　清虛守柔的處世智慧⋯⋯⋯⋯⋯⋯ 232

第四節　儒法結合的政治思想⋯⋯⋯⋯⋯⋯ 239

第五節　結　語 ⋯⋯⋯⋯⋯⋯⋯⋯⋯⋯ 249

第七章　結　論⋯⋯⋯⋯⋯⋯⋯⋯⋯⋯⋯⋯ 251

徵引目錄 ⋯⋯⋯⋯⋯⋯⋯⋯⋯⋯⋯⋯⋯ 257

後　記 ⋯⋯⋯⋯⋯⋯⋯⋯⋯⋯⋯⋯⋯⋯ 273

第一章 緒 論

第一節 論題說明及前人研究

　　漢末到魏晉，在中國歷史上是一個變動混動的時代，這樣的變動分裂到魏末司馬氏掌權後，先於西元263年滅蜀，後於西元280年平吳，並形成短暫的統一格局。雖然這樣的統一局面相當短暫，隨後而來的賈后亂政、八王之亂，並繼之以永嘉之亂，懷帝、愍帝被弒，使得西晉一朝在政治、社會上皆有許多不安的陰影，在西晉一朝短短五十二年（265-316）中，平吳後的統一時期僅三十七年，扣除兵戎傾軋、禍亂頻仍的時期，西晉統一的盛世僅有太康時期，加上政治上暗潮洶湧、時有政爭，但尚稱「海內晏然」的元康時期[1]，共約二十多年，可謂

---

1 《晉書・張華傳》云：「賈謐與后共謀，以華庶族，儒雅有籌略，進無逼上之嫌，退為眾望所依，欲倚以朝綱，訪以政事，疑而未決，以問裴頠。頠素重華，深贊其事。華遂盡忠匡輔，彌縫補闕，雖當闇主虐后之朝，而海內晏然，華之功也。」唐・房玄齡奉敕撰，吳士鑑、劉承幹注：《晉書斠注》（臺北市：藝文印書館，據乾隆武英殿刊本景印），頁754a。以下簡稱《晉書》，不另做標註。

相當短暫，然而在長久紛亂之後的統一，這樣短暫的太平時期仍然相當可貴。

關於西晉的時代風氣，前人多有評議，論者多引時人的批評，如引王沈〈釋時論〉：

> 百辟君子，奕世相生，公門有公，卿門有卿。指禿腐骨，不簡蚩停。多士豐于貴族，爵命不出閨庭。……賤有常辱，貴有常榮，肉食繼踵于華屋，疏飯襲跡於耦耕。談名位者以諂媚附勢，舉高譽者因資而隨形。[2]

以說明當時門閥政治把持宦途，寒庶無法發展的況狀。或引東晉干寶《晉紀‧總論》以為：

> 又加以朝寡純德之士，鄉乏不二之老，風俗滛僻，恥尚失所。學者以莊老為宗而黜六經，談者以虛薄為辯而賤名檢，行身者以放濁為通而狹節信，仕進者以苟得為貴而鄙居正，當官者以望空為高而笑勤恪。[3]

以批評其士風虛浮，崇尚老莊玄虛，缺少忠信、勤恪，

---

2 《晉書‧文苑‧王沈傳》，頁 1557b。
3 甘寶：《晉紀‧總論》，收於梁‧昭明太子蕭統編，唐‧李善注：《文選》卷 49（臺北市：藝文印書館據宋淳熙本重雕鄱陽胡氏藏版），頁 705b。

而以放誕、空疏不任事為清高。

上述皆為西晉政治及社會風尚之病,也是令後世不認為西晉是盛世的重要原因。然而,姑不論西晉後期政爭殘酷,亂象已兆,有識之士多可知其將亡,若置身在武帝一朝、惠帝前期,天下一統之時,當時士人即使感到政治、社會仍有改革之需要,但天下禍患未兆,恐怕仍慶幸漢末以來的紛亂割據終於統一了,並以為天下太平穩定將可繼續維持不變。正是這種盛世的氛圍,令西晉的士人們交結遊宴、誇富鬥奇、祖尚虛浮,而以為能夠長治久安,正是這種太平的氛圍,令西晉的士人們逐利、奔走權門、乾沒不已,而不知禍患將至。本研究關心的問題在於,經過長期紛亂分裂的局勢之後,短暫的統一及盛世氛圍下的人們及家族,其心態為何?被統一的人們又該如何面對新的大一統王朝?

陳弱水於中研院文哲「世變中的文學世界」系列座談會中之「世變與文變 —— 魏晉南北朝文學研究的回顧與展望」,談到「世變」不一定與改朝換代相關,並提出對「世變」此一概念做兩種區分,即「突發性世變」及「結構性世變」。「突發性世變」指突然而來的重大世局變化,如漢末董卓之亂、三國之亂、永嘉之亂等等,這種混亂往往引起巨大的 dislocation,形成社會變動,對知識分子和一般人民都造成很大的痛苦。「結構性世變」指「社會、政治、文化、經濟、風俗習慣上的結構

性改變」，結構性世變有時是受到突發性世變引動的。[4]

　　依照這樣的區分，從漢末以來的許多戰爭、天災、疾病，形成許多的突發性世變，這種突發性世變所造成的動盪，加上門閥制度漸漸興起，慢慢形成結構性世變，故本研究所探討的範疇雖以西晉為主，但在討論時仍往前延伸到漢末，以探討世變下的漢晉士人以及家族，如何在這種充滿雜音和不確定性，但又透露一定盛世氛圍的時代中仍自我調整，其心態為何？當時的文學發展與文化理想是否也顯露了時代的盛世氛圍？而不遇的士人又有什麼樣幽微的心聲？本時期正處於門閥世族初步定型的時代，家族在世變中有什麼樣的因應之道？

　　關於西晉的文學評價，沈約《宋書》云：

> 降及元康，潘陸特秀，律異班賈，體變曹王，縟旨星綢，繁文綺合，綴平臺之逸響，採南皮之高韻，遺風餘烈，事極江右。[5]

「平臺」為梁孝王之事，南皮指魏文帝曹丕南皮之游，皆為古代重要的文學集團活動，前者之代表文人為司馬

---

4 劉苑如主持、蔣宜芳記錄，〈「世變中的文學世界」系列座談會之一，「世變與文變 —— 魏晉南北朝文學研究的回顧與展望」〉，《中國文哲研究通訊》（世變中的文學世界專輯 I），第 8 卷第 4 期，民國 87 年 12 月，頁 7-10。

5 梁・沈約撰：《宋書》（臺北市：藝文印書館，據乾隆武英殿刊本景印），頁 861b。

相如，後者之代表文人乃王粲、劉楨等建安諸賢，這些都是後人追慕之文學盛事，足以說明沈約認為西晉文學上承漢魏之美者。因此，依沈約的看法，認為西晉文學「縟旨星綢，繁文綺合」可比美於漢、魏之文學盛況。

鍾嶸《詩品・序》亦云：

> 太康中，三張二陸兩潘一左，勃爾復興，踵武前王，風流未沫，亦文章之中興也。[6]

「踵武前王」亦指西晉繼承建安之興盛文風，可見沈約、鍾嶸都視太康時期繼承了建安，為文學興盛時期。鍾嶸《詩品》品評的上品詩人中共 12 人，漢有李陵、班婕妤及古詩，算 3 人，魏有曹植、劉楨、王粲，3 人，晉有阮籍、陸機、潘岳、張協、左思，共 5 人，劉宋僅謝靈運一人。可見西晉詩人在上品中的比例相當大，實為文學興盛時代。

劉勰《文心雕龍・明詩》云：

> 晉世群才，稍入輕綺。張潘左陸，比肩詩衢，采縟於正始，力柔於建安。或析文以為妙，或流靡以自妍，此其大略也。[7]

---

6 梁・鍾嶸著，曹旭集注：《詩品集注》（上海：上海古籍出版社，1994 年 10 月版），頁 20-21。

7 劉勰著、周振甫注：《文心雕龍注釋》（臺北市：里仁書局，民國 73 年 5 月 20 日版）。

所謂的「輕綺」，鄧仕樑以為：「『輕綺』猶言『清綺』
也，晉陽秋稱潘岳『清綺絕世』，是潘作尤具晉風耳。」
並以為「清」、「綺」等字皆為西晉文學之好尚。在詞
采方面，則濃於漢魏而淡於宋齊，濃於正始，而又不同
於東漢之典重，故曰輕綺。[8]因此，劉勰對西晉詩風的評
價大體來說是正面的，並強調這個時代以「析文」、「流
靡」為文學特點，以達到「采縟於正始」、「力柔於建
安」的雅典綺靡詩風。

《文心雕龍・時序》又云：

> 逮晉宣始基，景文克構，並跡沉儒雅，而務深方
> 術。至武帝惟新，承平受命，而膠序篇章，弗簡
> 皇慮。降及懷愍，綴旒而已。然晉雖不文，人才
> 實盛：茂先搖筆而散珠，太沖動墨而橫錦，岳湛
> 曜聯璧之華，機雲標二俊之采。應傅三張之徒，
> 孫摯成公之屬，並結藻清英，流韻綺靡。前史以
> 為運涉季世，人未盡才，誠哉斯談，可為歎息。[9]

劉勰以為「晉雖不文，人才實盛」，「不文」指的是晉
成立前的三祖：司馬懿、司馬師、司馬昭皆重謀略而忽

8　鄧仕樑著：《兩晉詩論》（香港：中文大學，1972 年 1 月初版），
　　見第四章「晉世群才，稍入輕綺」，頁 21-24。
9　劉勰著、周振甫注：《文心雕龍注釋》，頁 815-816。

略文學、儒學，司馬炎登基以來，亦不重視文學，然而，晉世人才卻非常豐富，並例舉張華、左思、潘岳、夏侯湛、陸機、陸雲、應貞、傅玄、傅咸、張載、張協、張亢、孫楚、摯虞、成公綏等作家，以說明此時作家之盛。《文心雕龍・才略》亦稱美張華、左思、潘岳、陸機、陸雲、孫楚、摯虞、傅玄、傅咸、成公綏、夏侯湛、曹攄、張翰、張載、張協、劉琨、盧諶等西晉作家，並於篇末云：「晉世文苑，足儷鄴都。」[10]由此可知，劉勰對西晉文學的評價相當高，認為它足以與建安相匹配。

　　除了劉勰提到的這些西晉作家以外，劉師培在《中國中古文學史講義》中亦補充了當時其他重要作家名單，有應貞、潘尼、何郡、嵇含、歐陽建、木華、王瓚、周處、張暢、張瞻、蔡洪、崔君苗、石崇、棗據、郭泰機等人。又列《晉書》及《隋書・經籍志》中載有文集者共五十九人，以及女性作家有文集者二人，以見西晉文學之盛。[11]

10　劉勰著、周振甫注：《文心雕龍注釋》，頁 863-864。

11　劉師培所列詩文集傳于後世者，據《晉書》及《隋書・經籍志》所載者，有王濬、羊祜、山濤、杜預、司馬彪、何劭、王渾、王濟、賈充、荀勗、何曾、裴秀、裴楷、劉毅、庾峻、薛瑩、盛彥、劉寔、劉頌、虞溥、陳咸、吳商、曹志、王沈、衛展、江統、庾儵、袁准、殷巨、卞粹、索靖、嵇紹、華嶠、江偉、陸沖、孫毓、郭象、裴頠、山簡、庾敳、鄒諶、王瓚、張輔；夏侯淳、阮瞻、阮修、阮沖、張敏、劉寶、宣舒、謝衡、蔡充、劉弘、牽秀、盧播、賈彬、杜育、孫惠、閭丘沖等，以及左芬、王渾妻鍾琰二位女作家。劉師培著、劉躍進講評：《中國中古文學史講義》（南京：鳳凰出版社，2011年1月一版），見「第四課　魏晉文學之變遷」，頁 64-68。

據張連科統計，蕭統編《文選》收錄太康作家作品有傅玄 1 篇、張華 6 篇、張載 3 篇、張協 3 篇、陸機 44 篇、陸雲 4 篇、潘岳 19 篇、潘尼 4 篇、左思 7 篇（統計詩、文、賦等文類，編詩及分篇者皆以一篇計）。[12]可見南朝人對西晉文學的重視。

唐後，隨著對六朝文風的批判，對西晉文學的評價亦有減損，然而針對個別詩人，如左思則受到推崇。至明、清，有不少詩話討論到西晉作家，不少選本，如陳祚明《采菽堂古詩選》、陳沆《詩比興箋》、張玉穀《古詩賞析》、沈德潛《古詩源》、王夫之《古詩評選》等，皆有獨到的心得。當時也有不少漢魏六朝文集、詩集的編纂，明代薛應旂的《六朝詩集》、馮惟訥《詩紀》、汪士賢《漢魏六朝二十一名家集》、張燮輯《漢魏六朝七十二家集》，張溥輯《漢魏六朝百三家集》，輯選西晉時期多數作家作品，張溥之〈題辭〉亦分析精到透徹，對後人有所啟發。至清代嚴可均編成《全上古三代秦漢三國六朝文》、近人丁福保輯《漢魏六朝百三名家集》，這些作品的整理，為西晉文學的保存、傳播和研究提供了極大的助益。

近代對西晉文學的討論，早期較重要的為劉師培的

---

12 季羨林、張燕瑾、呂薇芬、吳云等主編：《20 世紀中國文學研究・魏晉南北朝研究》（北京市：北京出版社，2001 年 12 月一版），頁 260。據〈後記〉可知第七章「兩晉文學研究」撰寫者為張連科。

《中國中古文學史》[13]，這是他在北京大學授課的講義，其論述重視西晉與前人的繼承，以及提供南朝以後作家之取法，為近代對太康文學的研究提供了最初的基礎。其後，王瑤於 1951 年出版的《中古文學風貌》中有〈潘陸與西晉文士〉一篇，除了介紹西晉政治社會背景外，也說明西晉文士大半都過著依附外戚、權臣的悲劇生活。其次，王瑤繼承沈約說法，認為西晉文學具有「縟旨星稠，繁文綺合」的特點，以潘、陸為代表，並分析二人及左思之特點。[14]另有鄧仕樑先生寫過《兩晉詩論》[15]，本書主要篇幅在分論西晉、東晉詩人，緒論略述魏晉之際文風、兩晉文學，針對前賢評論進行較仔細的疏理，論述仔細，頗值得參考。

　　在文學史、詩歌史方面，特別值得注意的是葛曉音在《八代詩史》第四章〈西晉詩風的雅化〉[16]特別說明西晉流行博奧典雅的文風，並出現普遍的擬古現象，講究形式。徐公持編著的《魏晉文學史》持到西晉在武帝之後政治、文化政策上提供了寬鬆的環境，使得學術、文化得以自由發展，呈現多元化的局面，在儒學方面雖

---

13 參見劉師培著、劉躍進講評：《中國中古文學史講義》，頁 63-85。
14 收入王瑤著：《中古文學論集》（北京市：北市大學出版社，1986 年 1 月一版），頁 229-241。
15 鄧仕樑著：《兩晉詩論》（香港：香港中文大學，1972 年 1 月初版）。
16 葛曉音著：《八代詩史（修訂本）》（北京市：中華書局，2007 年 3 月一版），頁 83-108。

有統治者正面提倡，但素質不高，純儒不多，多的是以禮法名教為標榜，實則不稱其德的「小人儒」，這種人在西晉占多數，西晉士風中亦形成傳統觀念淡薄的情形，因此，本書以為：「西晉文化的缺失，主要是缺乏崇高精神。」並指出西晉文學精神首先是傳統政教精神的弱化，其次則重視創作技巧與形式，形成繁縟化的現象。[17]

關於這個時代的文人心態，羅宗強《玄學與魏晉士人心態》[18]一書討論由漢末至東晉之間士人心態的演變，以尋討文學思想演變的軌跡，梳理牽涉到士人心態的具體事件之因果和發展脈絡，在大量史料的搜集與辨析上，做出細緻的研討，書中認為西晉的時代風格為「政失準的」與「士無特操」，缺乏君臣綱紀、放任奢靡成風，士人結黨且缺乏理想，並提出西晉文人以「身名俱泰」為人生理想的論述。本書論述詳實縝密，將西晉一朝的政治風氣、時代精神與文人心態勾勒出一個清楚的框架，因此，大抵上西晉文人的精神樣貌就被固定下來。

在文學與文風上面，廖蔚卿在〈論兩晉詩人〉一文中以宏廣的眼光，討論自嵇、阮到陶、謝的詩風變化，其中涉及西晉的意見，主要認為西晉在士族興盛的狀態下，文學不再是附庸君王，而可以表現士族自己的思想

---

17 徐公持編著：《魏晉文學史》（北京市：人民文學出版社，1999年9月一版），頁243-274。

18 羅宗強著：《玄學與魏晉士人心態》（臺北市：文史哲出版社，民國81年11月初版）。

感情及生活，為了代表士族階級的審美，文學走向典雅華麗風格，甚至成為詩人智力的遊戲。並在「太康詩人在藝術上的失敗」一節中認為西晉滅吳以後，豪貴士族安然地享受生活與名譽，「是以太康詩人雖然眾多，卻囿於同一的風格中，一致地竭盡心力於鋪錦綴繡的雕飾功夫，孜孜於形式上音韻辭藻的運用，內容與意境既被輕視，浮艷華美的風氣就成了太康詩風的特色。」[19]主張西晉士人因為缺乏理想與真情，因此他們的文學只能重形式而輕辭藻，缺乏情性與感人的力量。

　　錢志熙以為西晉文人群體表現出謹身守禮、儒雅尚文、謙柔自牧、宅心玄遠、通達機變的特質，「這是一種折中的、調和色彩很濃厚的人格模式」，並以為「前人認為建安風骨的墜失始於西晉，晉人詩歌『采縟於正始，力柔於建安』追其根本原因，則不能不說是由於儒玄結合、柔順文明人格模式對文學發展的制約。」[20]錢文共分七節，依時代狀況、素族文士心態、儒玄結合柔順文明的人格模式、文學思想、自然觀和文學意象、詩風流變以及西晉後期詩歌的新精神依次探討在歷史、政治與文學整體觀照的結合上，都有一定的成果。

　　早期西晉文學的討論除了以上著作以外，其後西晉

19 廖蔚卿著：〈論兩晉詩人〉，第137頁。收於氏著：《中古詩人研究》（臺北：里仁書局，民國94年3月10日初版），頁107-183。
20 錢志熙著：《魏晉詩歌藝術原論》（北京：北京大學出版社，1993年1月一版），頁210-328。文見頁236，頁260。

文學的討論相當沈默，主要集中在幾位重要作家上面。
到了 2003 年，則有姜劍雲著《太康文學研究》[21]，其第
六章〈詩性精神、文學精神與太康『文學中興』原論〉
中認為「積極進取的時代精神和作家主體精神的張揚是
十分關鍵的因素。在這一點上，太康與建安有一定的相
似之處。」[22]然而文中並沒有明確說明太康文學在什麼
地方具有「中興」的氣象，僅模糊點到太康著重名教與
自然的融合，因此「『任自然』思想是士人進退出處的
行動指南，而『崇有』意識恰恰助長和促進了文學的自
覺和審美的自覺」[23]，然而文中亦沒有提出文史方面的
證據。不過本書以太康文學為整體，對重要作家做了評
傳式的研究，對太康的文學思想及文品之美學方面也提
出了一定的分析。

　　另外，在 2004 年，日人佐藤利行的著作《西晉文學
研究》[24]一書以陸機為中心，討論西晉的文學集團、尤
其是以陸機為主的南人文學集團，以及陸機從吸納自《詩
經》典重風格的南方文學風格，到入洛後，吸收當時流
行北方，借鑒於《楚辭》的清麗文風，轉化為新型態，
足以代表西晉的文學風格。本書考證仔細，尤其在南人

21　姜劍雲著：《太康文學研究》（北京：中華書局，2003 年 6 月一
　　版）。

22　姜劍雲著：《太康文學研究》，頁 223。

23　姜劍雲著：《太康文學研究》，頁 225。

24　佐藤利行著，周延良譯：《西晉文學研究》（北京：中國社會科會
　　出版社，2004 年 6 月一版）。

集團的考證及互動方面，有很重要的成果。

　　王澧華所著《兩晉詩風》[25]及葉楓宇著之《西晉作家的人格與文風》[26]，前者主要認為西晉是由「魯公二十四友」的綺靡詩風到「中原平淡體」的玄言詩風，變化而成的，可備一說。後者則著重分論西晉的重要作家。至於張愛波著之《西晉士風與詩歌 ── 以「二十四友」研究為中心》[27]先述西晉政治與士風，西晉士風與詩歌，重點尤在討論二十四友集團的性質、交游與創作，及其中石崇、歐陽建、左思和劉琨詩歌做討論。

　　張朝富著之《漢末魏晉文人群落與文學變遷 ── 關於中國古代「文學自覺」的歷史闡釋》[28]一書討論漢到魏晉的「文學自覺」論題，其第四、第五章討論兩晉文學表現模態的深入和定型，以及兩晉文人對「文學」的確認，這兩章中討論了西晉文學的雅化以及在玄言、山水、田園詩等類型上所表現的文學內蘊的擴大，以及晉朝人們對文才的認同，和文學創作、傳播進一步向社會全面推進的現象。本書討論文人群體的互動以及社會變遷對文學活動以及文學自覺的促進，論證細密，以文學

25　王澧華著：《兩晉詩風》（上海：上海古籍出版社，2005 年 7 月一版）。

26　葉楓宇著：《西晉作家的人格與文風》（上海：上海三聯書店，2006 年 4 月一版）。

27　張愛波著：《西晉士風與詩歌 ── 以「二十四友」研究為中心》（濟南：齊魯書社，2006 年 11 月一版）。

28　張朝富著：《漢末魏晉文人群落與文學變遷 ── 關於中國古代「文學自覺」的歷史闡釋》（成都市：巴蜀書社，2008 年 5 月一版）。

活動及文人創作來談論文學自覺的發展，亦頗具說服力。

俞士玲著之《西晉文學考論》[29]上編針對西晉文學作繫年考證，論證充分詳實，提供研究此時代文學極佳的基礎。本書下編針對文學集團與文人互動、巧構形似之言、陸機、潘岳、左思、玄言詩等幾個議題作討論，其下編第一章「文人聚集與西晉文學的創作風貌」據上編考證，制作表格說明西晉文人分佈地域，並說明西晉文人因群聚而形成文學的幾個現象：1.遊宴賦詩；2.同題共作和往來贈答；3.傳閱、傳抄詩文；4.品賞譏彈，並討論西晉幾個文學賞會活動，包括晉武帝華林園之與、張華、二陸等文學同好之會，對西晉文學活動的形式、內容、審美方面，都有促進，俞文的研究為本研究提供很好的基礎。另外還有檀晶著有《西晉太康詩歌研究》[30]，本書探討時代背景、詩學理論、四七言詩、審美及用典、模擬現象，以及贈答招隱哀挽等類型詩。

又孫明君著有《兩晉士族文學研究》[31]，以「士族」文學做為考察兩晉文學的主要方向，討論主要集中在二陸、謝靈運、謝朓、庾信等士族代表人物的創作，然其結合士族的特性來討論兩晉文學，因此以陸機為例，指

---

29 俞士玲著：《西晉文學考論》（南京：南京大學出版社，2008 年 9 月一版）。

30 檀晶著：《西晉太唐詩歌研究》（北京市：中國社會科學出版社，2009 年 10 月一版）。

31 孫明君著：《兩晉士族文學研究》（北京市：中華書局，2010 年 7 月一版）。

出士族文學有以下幾個特徵：1.咏世德之駿烈，誦先人之清芬；2.將弘祖業，實崇奕世；3.營魄懷茲土，精爽若飛沈；4.若無新變，不能代雄；5.亹亹明哲，在彼鴻族。也就是頌祖德、求功名、懷故鄉、求新變，以及群體交流和文會興盛。孫氏指出士族文學的特徵，為本研究提供了極佳的參照。

針對西晉士人面臨一個帝國新局的心態上面，王文進在〈三分歸晉前後的文化宣言 ── 從左思《三都賦》談南北文化之爭〉[32]文中，則已有觸及，認為〈三都賦〉是左思在為即將統一的新帝國，所作的歷史傳承追認與帝國遠景的建構，然而其論述偏重在談南北文化之爭的問題，與本研究更想討論的南北文化融合狀況，正好有取向上的不同。王文進指導的碩士研究生許聖和亦以《「博物思維」與六朝文學》[33]為題，其中有不少篇章討論了西晉統一後，與博物思維相關的文化現象。王永平所著的《中古士人遷移與文化交流》[34]研究兩漢到隋士人的學術與文化，尤其著重在士人的遷移所帶來的文化活動和交流、衝突上面。其第六章〈入晉之蜀漢人士命運的浮沈〉，第七章〈陸機陸雲兄弟之死與南北地域

---

32 收入王文進著：《南朝山水與長城想像》（臺北：里仁書局，2008年6月30日出版），頁317-354。

33 許聖和著：《「博物思維」與六朝文學》，東華大學中國語文學系碩士論文，民國94年。

34 王永平著：《中古士人遷移與文化交流》（北京：社會科學文獻出版社，2005年6月一版）。

衝突〉方面，針對晉大一統之後，蜀、吳兩個被統一的地區，其士人的境遇做深入的考證，亦為本研究在探討入晉後南方士人心態提供極佳的基礎。

可以發現，在 2003-2010 年間，對西晉的關注增加，討論亦趨細密，在文學集團的組成和文人的互動方面、不同地域間文人的文化交流和衝突上面，以及文學的風格等方面，都有更深入的探討，本研究即在此基礎上，希望能進行更深入的探討。

由於魏晉南北朝文史研究中，家族是不能忽視的重要脈絡。錢穆以為：

> 要以見魏晉南北朝時代一切學術文化，必以當時門第背景作中心而始有其解答。當時一切學術文化，可謂莫不寄存於門第中，由於門第之護持而得傳習不中斷，亦因門第之培育，而得生長有發展。[35]

而門第教育子弟，則以「家風」及「家學」二層面為重。「家風」之發展乃因門第禮法相承，加上漢末以來，政治紛亂，篡弒頻仍，士族一方面必須擁有政治之爵位，一方面又必須求自保，為了保家持祿，故發展出一套特

---

35 錢穆著：〈略論魏晉南北朝學術文化與當時門第之關係〉，頁 198。收於氏著：《中國學術思想史論叢（三）》（臺北市：東大圖書股份有限公司，民國 82 年 12 月四版），頁 134-199。

殊的「家風」以因應。「家學」則在於士族之經籍、文、史、清談、藝術之修養，為家族之文化傳統。此二者為高門士族與庶族寒門之差異，士族以此自我標誌，引以為傲。

就「家風」層面而言，多以禮法為家庭之基礎，並參以不同的家族理想及應世斟酌，故不同家族亦有不同家風。顏之推於《顏氏家訓》中提到聖人以禮教規定各種節度：「其有所不載，及世事變改者，學達君子，自為節度，相承行之，故世號士大夫風操。而家門頗有不同，所見互稱長短，然其阡陌，亦自可知。」[36]

「家學」方面，則有數世傳經學，或以子史見長，而尤注重文才，如琅琊王氏之王筠曾教訓子姪：

> 史傳稱安平崔氏，及汝南應氏，並累葉有文才。所以范蔚宗云：崔氏雕龍，然不過父子兩三世耳。非有七葉之中，名德重光，爵位相繼，人人有集，如吾門世者也。沈少傅約常語人云：「吾少好百家之言，身為四代之史，自開闢以來，未有爵位蟬聯，文才相繼，如王氏之盛也。」[37]

---

36 王利器撰：《顏氏家訓集解》卷 2（北京：中華書局，1993 年 12 月一版），頁 59。

37 王筠：〈與諸兒書論家門集〉。見唐‧李延壽撰：《南史》（臺北：藝文印書館，據清乾隆武英殿刊本景印），頁 287b-288a。

可見得身為高門大族，最重要的標誌就是「爵位蟬聯」、「文才相繼」，王氏七葉相傳，人人有集，故知此家族不獨世承高爵，其文化素養，亦足以超越其他門第。因此，欲針對魏晉南北朝之歷史、學術，進行研究，不能忽略門第之影響，欲研究此時期之文學，亦不能忽視門第此一脈絡。

　　過去對於門第的研究方面多半偏重在歷史範疇的研究，就門第與學術、文學方面的關聯而言，除了錢穆的〈略論魏晉南北朝學術文化與當時門第之關係〉以外，蘇紹興《兩晉南朝的士族》中，亦有〈東晉南北朝之文學世族對當代文學學術之貢獻〉、〈兩晉南朝瑯琊王氏之經學〉[38]，前者蒐檢東晉南北朝之史料，以見當時世族之於文化學術的貢獻；後者則以當時的重要家族瑯琊王氏為考察對象，以言此門對於經學的貢獻。方北辰亦於《魏晉南北朝江東世家大族述論》中安排一個章節討論〈江東世家大族的文化活動〉[39]。程章燦著《世族與六朝文學》[40]亦就門第對於文學題材、文學批評的影響，以及分論陳郡謝氏、吳郡張氏的學風，並有作家作品之研究，算是比較早期就士族家風、家學之研究。近年來

38　蘇紹興著：《兩晉南朝的士族》（臺北：聯經出版事業公司，76年3月初版），頁203-219，頁221-240。

39　方北辰著：《魏晉南北朝江東世家大族述論》（臺北：文津出版社，民國80年1月初版）。

40　程章燦著：《世族與六朝文學》（哈爾濱市：黑龍江教育出版社，1998年10月1版）。

有較多的家族文化研究，由於研究對象的關係，涉及較多關於家族學術、文化方面者，則有王力平所著《中古杜氏家族的變遷》，其第五章考察杜氏家族不同郡望的家學取向。[41]又有唐燮軍的《六朝吳興沈氏及其宗族文化探究》[42]，本書除了吳興沈氏之政治沈浮及士族化問題，更討論了沈約、沈炯、吳興沈氏宗人著述及文化傳承。此外，則有王永平之《東晉南朝家族文化史論叢》，本書討論王、謝、何、到、柳等家族之門風家學，同時也考察南朝皇室的文化素養。[43]

另外，仇鹿鳴著之《魏晉之際的政治權力與家族網絡》[44]一書中運用政治史與家族史結合的方式，討論西晉權力結構從形成到崩潰的過程，同時亦考察魏晉大族之間的社會網絡，辨析文獻及史實，對於西晉歷史的變遷與轉化過程有細膩而深入的分析，也是本研究的重要基礎。

在這些家族相關的研究基礎上，本研究在探討西晉之社會變動與文人心態之際，亦觸及家族相關研究，因此以兩個由漢末至晉發展的士族：潁川陳氏及陳郡袁氏為例，探討其由漢至晉的家風轉變及面對世變之處身之道。

---

41 王力平著：《中古杜氏家族的變遷》（北京：商務印書館，2006年6月一版）。
42 唐燮軍著：《六朝吳興沈氏及其宗族文化探究》（北京：中國社會科學出版社，2007年10月一版）。
43 王永平著：《東晉南朝家族文化史論叢》（揚州：廣陵書社，2010年4月一版）。
44 仇鹿鳴著：《魏晉之際的政治權力與家族網絡》（上海：上海古籍出版社，2012年6月一版）。

第二節　研究方法與進路

　　魏晉南北朝因戰亂及社會動盪等因素，龐大數量的文獻佚失，因此，在研究上經常需要綜合性地運用文學、史學、思想等范疇的資料，並且必須注重從不同類別的史料、文獻中取材，並吸收其它類科研究成果。本研究基本上是採用了以下的幾個方法：

　　第一，重視文獻蒐集及考證。

　　本研究主要仍依據傳統治學方法進行，重視考證及文本本身的研究，在文本的蒐集上，除了在版本上尋求最佳的版本之外，由於西晉留下來的史料及文獻較為缺乏，除了《文選》、《文館詞林》、《全上古三代秦漢三國六朝文》、《先秦漢魏晉南北朝詩》提供了一定的篇章外，亦廣泛蒐尋《初學記》、《藝文類聚》、《太平御覽》等類書，亦擴及《史通》、《通典》等文獻，以期能在最充足的證據下立論。

　　其次，重視文本研究，並結合歷史、思想，以進行知人論世。

　　王金凌師曾分析依據四個層次的知識系統可以協助我們瞭解文學作品：

(一)、關於語言運用及其意義的知識系統；

(二)、關於傳統文化的知識系統；

(三)、作者史傳相關知識；

(四)、作者的思想、或價值觀、或人生觀的相關知識。

　　第一層次知識系統的作用在於語文符號的溝通，是第二、三、四層的基礎，第二層知識系統則是做為了解傳統文化的參照，閱讀者具備這兩層知識系統之後，即具備理解文學作品意義的基礎。但是，文學作品在文辭間所隱約透露的情思，就必須依靠第三、四層知識的掌握。

　　因此，在進行文學理解時，有關作者的外緣背景，例如作者生平、時代環境、作者人格及人生價值……等歷史知識，這些知識運用的目的並不是作為瞭解史實之用，而是作為營構情境以體會作者情思之用。而即使當作品屬於佚名，第三、第四層知識無從得知時，讀者仍然可以移入讀者個人的知識和經驗，以與作品的境象融合，產生營構境象、誘發情思的作用。[45]

　　雖然閱讀文學作品時，不論是否能擁有關於第三、四層的充分知識，讀者都能產生營構境象、誘發情思的作用，以達到對文學的理解和情思的交流，並進而擴散至心靈交流，但是當讀者能充分掌握第三、四層知識時，對於境象的營構以及情思的誘發，尤其是對作品中某些極細微幽隱之情志的掌握上，會有程度上的不同，在某些具有獨特個人經驗的作品上，其差異更不可以道里計。而在經過深入的掌握第三、四層知識以後所達到的

45 王金凌著：〈文學批評的內在衝突〉，《輔仁國文學報》，第 21
　 期，2005 年 7 月，頁 321-330。

文學理解,更能達到與作者心靈交流之目的,以豐富讀者的生命,幫助其情感更細膩,見解更深刻,也更能理解、包容。

因此,本研究希望能夠在對西晉總體政治、社會環境的考察及理解中,加深對士人心態的理解,從而更深入理解西晉之文學作品及文學現象。

前已述及本研究希望能更深入了解,漢末以來長期紛亂分裂的局勢,在西晉短暫的統一時,是否營造以及如何營造盛世氛圍,在盛世氛圍下的人們及家族,其心態為何?被統一的人們又該如何面對新的大一統王朝?在盛世氛圍下的不遇者,其心態為何?另外,在漢末以來動蕩局勢下,家族如何因應世變及調整自我?以下茲將涉及本書議題討論的內容加以分述:

第二章〈西晉的短暫榮景與文人心態〉中,主要認為在魏晉南北朝文學的討論中,時代風尚與士人心態經常被拿來當成是評價時代文學與文學家的重要因素。論者多以西晉的士風為虛浮、靡爛、柔弱、求自利和自我保全,加上西晉外戚、權臣的跋扈造成的政治傾軋,以及八王之亂和其後的五胡亂華,西晉一朝在歷史論述中經常獲得較劣之評價,認為這是士風虛浮、為政者缺乏政治道德和理想所致。談到西晉的士風與文風,亦容易傾向靡弱缺乏崇高及理想,或徒重視形式,缺乏內容看待。

不過,一個時代的風氣或精神樣貌本有複雜的面相,從不同的層次來探討,可以看到這個時代昂揚的一

面。本文討論以下幾個主題：首先是滅蜀後，大一統成為極可能實現的目標，加上晉武帝即位後的勵精圖治所形成的政治環境對於士人心態的影響。其次是在滅吳之後，因為世界恢復大一統以及地理疆域的拓展、國力的強大，對於當時士人造成的影響。第三則討論這種新興的偉大帝國的自信和豐足感，士人對於自己物質生活享受的誇耀或滿意，以及因為地理的隱形界限被消除了，新帝國的士人對這個偉大帝國所進行的地理探索。第四則是西晉文學與士族之儒學文化理想，尤其著重當時典雅的文學氛圍和四言詩的復興，以及當時文學題材在宗親倫理與群體倫理上的展現。

　　第三章〈西晉吳人之歷史與自我〉中討論西晉平吳之後，吳地士人紛紛俯首入仕新朝。然而，吳人到北方後，不但對於「破國亡家」一事必須進行心理調適，面對北方士族針對南方歷史及風土的輕蔑與敵意，也必須建立論述，方能維繫尊嚴。總體看來，吳人除了承認西晉之天命之外，尤其採取明確的認定三國分立，三方皆為合法政權，並致力於誇耀吳地人士、風土，以強烈的爭勝之心團結南方，並爭取北方統治者重視。

　　第四章〈門閥世族中的不遇者：夏侯湛個案研究〉

　　西晉為門閥制度定型階段，本文以西晉作家夏侯湛為個案，探討其家世背景及仕宦歷程，做為西晉門閥世族制度下，士族子弟仕宦不遇的一個案例。夏侯湛仕宦不顯，一般在討論這位作家時，多半認為他屬於庶族寒

門，或者認為夏侯氏盛於曹魏，但入晉後就因為與曹魏關係過於密切而失勢，本研究將透過史料以說明夏侯氏仍為當時高門，故夏侯湛之不遇，與其性格相關。本文中亦探討夏侯玄之作品〈抵疑〉及〈東方朔畫像贊〉、〈張平子碑〉等作品，以深入了解這位西晉文學家。

　　第五章〈漢晉世變下的潁川陳氏家族〉探討潁川陳氏。漢末的汝、潁地區以出奇士聞名，政治方面的人才輩出，其中，潁川地區的名士更成為建安時期北方政壇的中堅，尤以荀氏、鍾氏與陳氏為當地重要的家族，其家族影響力及於晉代。其中尤以潁川陳氏於漢末起自單微，卻於漢末士人群體中享有極高的聲望，在漢末到魏晉之際皆具有相當的影響力，本文擬探討此家族的風格特色，以及其家族成員與當時名士群體及政治上的關聯及影響。

　　第六章〈漢晉世變下的陳郡陽夏袁氏家族〉探討陳郡陽夏袁氏。陳郡陽夏袁氏是南朝以來最重要、最具影響力的家族之一，柳芳《氏族論》以為過江僑姓中以王、謝、袁、蕭為大，袁氏名列高門甲族，與王、謝、蕭並列，家族地位及實力極高。本家族在南朝獲得「忠直義行」的評價，然推源袁氏家族發展，自東漢至西晉已有明確的家族傳統，其家風中明顯帶有儒道結合色彩。本文探究此家族之立身處世與政治選擇，兼及其思想，分別從忠義守禮，以及清虛守柔方面，探討其行事與思想觀念，並兼及袁準的《袁子正書》之政治思想，以全面掌握其「家風」與家族傳統。

第二章　西晉的短暫榮景與文人心態

第一節　前　言

　　關於西晉的時代風氣，東晉‧干寶《晉紀‧總論》批評其士風虛浮，曰：「學者以莊老為宗而黜六經，談者以虛薄為辯而賤名檢，行身者以放濁為通而狹節信，仕進者以苟得為貴而鄙居正，當官者以望空為高而笑勤恪。」[1]此後，就容易把西晉這個時代和虛浮、空談、苟得相連繫。論者多以西晉的士風為虛浮、靡爛、柔弱、求自利和自我保全，加上西晉外戚、權臣的跋扈造成的政治傾軋，以及八王之亂和其後的五胡亂華，西晉一朝在歷史論述中經常獲得較劣之評價，認為這是士風虛浮、為政者缺乏政治道德和理想所致。

　　近代學者羅宗強在《玄學與魏晉士人心態》中認為

---

1 梁‧昭明太子蕭統編，唐‧李善注：《文選》（臺北市：藝文印書館，據宋淳熙本重雕鄱陽胡氏藏版印）卷49，頁705b。

西晉的時代風格為「政失準的」與「士無特操」，缺乏
君臣綱紀、放任奢靡成風，士人結黨而缺乏理想性，並
提出西晉文人以「身名俱泰」為人生理想的論述。[2]徐公
持編著的《魏晉文學史》談到西晉在武帝之後政治、文
化政策上提供了寬鬆的環境，好處是學術、文化得以自
由、多元的發展，但缺失則為放誕，傳統觀念淡薄，儒
學發展素質不高，以為：「西晉文化的缺失，主要是缺
乏崇高精神。」並指出西晉文學精神首先是傳統政教精
神的弱化，其次則重視創作技巧與形式，形成繁縟化的
現象。[3]

　　在文學與文風上面，如廖蔚卿主張西晉士人因為缺
乏理想與真情，因此他們的文學只能重形式而輕辭藻，
缺乏情性與感人的力量。[4]錢志熙先生以為西晉文人群體
表現出謹身守禮、儒雅尚文、謙柔自牧、宅心玄遠、通
達機變的特質，「這是一種折中的、調和色彩很濃厚的
人格模式」，並以為「前人認為建安風骨的墜失始於西
晉，晉人詩歌『采縟於正始，力柔於建安』追其根本原
因，則不能不說是由於儒玄結合、柔順文明人格模式對

2　羅宗強著：《玄學與魏晉士人心態》（臺北市：文史哲出版社，民
　　國 81 年 11 月初版），頁 181-286。
3　徐公持編著：《魏晉文學史》（北京市：人民文學出版社，1999 年
　　9 月一版），頁 243-274。
4　廖蔚卿，〈論兩晉詩人〉「四、太康詩人在藝術上的失敗」，第 137
　　頁。收於氏著：《中古詩人研究》（臺北：里仁書局，民國 94 年 3
　　月 10 日初版），頁 137-148。

文學發展的制約。」[5]早期對於西晉的士風與文風，多不能脫離這種評價。不過這個時期亦注意到西晉文學具有繁縟、重技巧、擬古的特點，例如，葛曉音在《八代詩史》第四章〈西晉詩風的雅化〉[6]特別提到西晉流行博奧典雅的文風，講究形式技巧，並出現普遍的擬古現象。徐公持亦認為這個時代相當重視創作技巧與形式，形成繁縟化的現象。[7]

2003 年至 2010 年間，出現了較多的西晉研究。[8]姜劍雲在《太康文學研究》[9]中認為「積極進取的時代精神和作家主體精神的張揚是十分關鍵的因素。在這一點上，太康與建安有一定的相似之處。」[10]然而文中並沒有明確說明，亦沒有提出文史方面的證據。

張朝富著之《漢末魏晉文人群落與文學變遷 ── 關

5　錢志熙著：《魏晉詩歌藝術原論》（北京：北京大學出版社，1993年 1 月一版），頁 210-328。文見頁 236，頁 260。

6　葛曉音著：《八代詩史（修訂本）》（北京市：中華書局，2007年 3 月一版），頁 83-108。

7　徐公持編著：《魏晉文學史》，頁 243-274。

8　相關研究如：佐藤利行著，周延良譯：《西晉文學研究》（北京：中國社會科學出版社，2004 年 6 月一版）。王澧華著：《兩晉詩風》（上海：上海古籍出版社，2005 年 7 月一版）。葉楓宇著：《西晉作家的人格與文風》（上海：上海三聯書店，2006 年 4 月一版）。張愛波著：《西晉士風與詩歌 ── 以「二十四友」研究為中心》（濟南：齊魯書社，2006 年 11 月一版）。

9　姜劍雲著：《太康文學研究》（北京：中華書局，2003 年 6 月一版），第六章〈詩性精神、文學精神與太康『文學中興』原論〉，頁 207-226。

10　姜劍雲著：《太康文學研究》，頁 223。

於中國古代「文學自覺」的歷史闡釋》[11]第四、第五章
討論兩晉文學，說明了西晉文學的雅化以及在玄言、山
水、田園詩等類型上所表現的文學內蘊的擴大，以及晉
朝人們對文才的認同，和文學創作、傳播進一步向社會
全面推進的現象。俞士玲著之《西晉文學考論》[12]書中
下編的第一章「文人聚集與西晉文學的創作風貌」說明
西晉文人分佈地域，並說明西晉文人因群聚而形成文學
許多文學活動，包括遊宴賦詩、同題共作和往來贈答、
傳閱和傳抄詩文，以及品賞譏彈，並討論西晉幾個文學
賞會活動。另外還有檀晶所著之《西晉太康詩歌研究》[13]
一書探討時代背景、詩學理論、四七言詩、審美及用典、
模擬現象，以及贈答招隱哀挽等類型詩。另外，孫明君
之《兩晉士族文學研究》[14]，以「士族」文學做為考察
兩晉文學的主要方向，指出士族文學有頌祖德、求功名、
懷故鄉、求新變，以及群體交流和文會興盛等特徵。

---

11 張朝富著：《漢末魏晉文人群落與文學變遷 —— 關於中國古代「文
　學自覺」的歷史闡釋》（成都市：巴蜀書社，2008 年 5 月一版）。
12 俞士玲著：《西晉文學考論》（南京：南京大學出版社，2008 年 9
　月一版）。
13 檀晶著：《西晉太唐詩歌研究》（北京市：中國社會科學出版社，
　2009 年 10 月一版）。
14 孫明君以陸機為例，說明士族文學具有以下幾個特徵：1.咏世德之
　駿烈，誦先人之清芬；2.將弘祖業，實崇奕世；3.營魄懷茲土，精
　爽若飛沈；4.若無新變，不能代雄；5.疊疊明哲，在彼鴻族。孫明
　君著：《兩晉士族文學研究》（北京市：中華書局，2010 年 7 月
　一版）。

　　透過這些研究，可知一個時代的風氣或精神樣貌本來就有複雜的面相，我們雖然不能否認西晉政治風氣頹靡與朝綱不正的惡劣層面，但從另一個角度來看，這個時期以典雅、復古、繁縟為文學風尚，正反映了士族的文學理想與當時崇尚儒雅。

　　我們更應該思考，經過漢末以來長期的動亂和分裂之後，西晉是首度能達到天下一統的新帝國，因政治、軍事所劃分的疆域因此打開，地理的界限和隔閡被解除，這種巨大的變動為士人帶來的新視野和新展望，可以觀察到，平吳前後時期的西晉帝國仍頗具一定的盛世氣象，同時也能見到具有進取意味或宏偉風格的作品。基於以上思路，本文主要針對西晉昂揚進取的精神向度進行探討，以呈現西晉士風及時代精神的不同層次。

第二節　晉武帝平吳前的勵精圖治

　　後代評斷晉武帝一生功過時，經常以太康平吳為界，如荀綽撰《略紀》以為：

> 世祖自平吳之後，天下無事，不能復孜孜於事物。始寵用后黨，由此祖禰，采擇嬪媛，不拘拘華門，父兄以之罪辜，非正形之謂，烏禁以之攢聚，實耽穢之甚，昔武王伐紂，歸傾宮之女，助紂為虐，

　　而世祖平晧，納吳姬五千，是同晧之弊也。[15]

荀綽以為平吳後，天下無事，武帝開始納女，走向淫靡以及援用外戚之途，導致政治紊亂。

　　唐太宗於《晉書‧武帝紀》評晉武帝，雖然認為武帝平吳之後，「驕泰之心，因斯以起」，以致於居安忘危，親信姦臣、傳位於不肖之子，因此，「曾未數年，綱紀大亂，海內版蕩，宗廟播遷。帝道王猷，反居文身之俗；神州赤縣，翻成被髮之鄉。」[16]將西晉迅速滅亡歸因於武帝後期，特別是平吳之後的「驕泰之心」，以及包括立嫡等種種錯誤政策，然而對於平吳之前的武帝之世，唐太宗仍頗加讚揚，認為他：

　　絕縑綸之貢，去雕琢之飾，制奢俗以變儉約，止澆風而反淳朴。雅好直言，留心采擢，劉毅、裴楷以質直見容，嵇紹、許奇雖仇讎不棄。仁以御物，寬而得衆，宏略大度，有帝王之量焉。於時民和俗靜，家給人足，聿修武用，思啟封疆。⋯⋯通上代之不通，服前王之未服。禎祥顯應，風教

---

15 收錄於唐‧魏徵編集：《群書治要》卷 29《晉書上》，收於《四部叢刊初編》(臺灣：商務印書館，民國 54 年版)，頁 475。

16 參《晉書斠注‧武帝紀》，見唐‧房玄齡奉敕撰，吳士鑑、劉承幹注，《晉書斠注‧武帝紀》（臺北市：藝文印書館，據乾隆武英殿刊本景印），頁 85a-88a。以下稱本書為《晉書》。

　　肅清，天人之功成矣，霸王之業大矣。[17]

　　唐太宗讚許晉武帝者有三，首先是端正民風，提倡儉約，以使民風返為淳樸；其次是為政寬仁，有帝王之大度宏略；第三，並且也是最重要的功業，即是伐吳功成，統一天下，所謂「天人之功成矣，霸王之業大矣」，對晉武帝的功業可謂推崇備至。[18]

　　針對晉武帝前期行事，王夫之亦言：「晉武之初立，正郊廟，行通喪，封宗室，罷禁錮，立諫官，徵廢逸，禁讖緯，增吏俸，崇寬弘雅正之治術，故民藉以安，內亂外逼，國已糜爛，而人心猶繫之。」[19]此處列舉出晉武帝前期所立之德政要點，並以為晉武帝早年的這些政治措施足以使人民歸心，建立國家認同，故而即使西晉中葉以後雖因內亂外逼，致使國事糜爛不堪，然而人民仍能心繫國家，維持認同。王夫之的觀察是有根據的，從五胡亂華以來，無論是東晉王室以貧弱的經濟及軍隊實力，乃竟能在江南地區立足，或是在北方淪陷後，在淪陷區仍有許多部族、宗黨、塢壁打著晉的旗號，甚至以

---

17 《晉書‧武帝紀》，頁 85a-88a。

18 仇鹿鳴以為《晉書》的歷史表述帶有唐人意識形態的成分，尤其具有唐太宗為自己政策辯護的用意，可備一說。參仇鹿鳴著：《魏晉之際的政治權力與家族網絡》（上海，上海古籍出版社，2012 年 6 月一版），頁 213-215。

19 王夫之著：《讀通鑑論》卷 11「晉」（臺北縣：漢京文化事業有限公司，民國 73 年 7 月一版），頁 350。

晉臣名義，以號召人民，凡此皆可見民心於晉仍有所向。

　　晉所以能擁有如此堅定的民心，雖直接導因於晉武帝之文治武功，但亦根源於三祖之立基，晉室篡位歷經司馬懿、司馬師、司馬昭三祖於中央掌有大權，經過了長久的時間和政治手段以「作家門」，雖然在此過程頗施以血腥及殘酷手段整肅異己，然而在長久的經營下，畢竟已樹立司馬氏的威權，以及軍、政、經、社會支持等牢不可破的統治實力。同時，司馬氏一方面使用血腥高壓的手段對付政敵或不合作的名士，但另一方面，只要是效忠於自己，對於統治有利的部分，則多半寬厚待之，以爭取民心。所以張悌對吳主分析道：「司馬懿父子，自握其柄，累有大功，除其煩苛而布其平惠，為之謀主而救其疾，民心歸之，亦已久矣。……任賢使能，各盡其心，非智勇兼人，孰能如之，其威武張矣，本根固矣。」[20]這是敵方陣營的評論，信非虛美。

　　就歷史上看來，晉武帝上承三祖之功業，即位之初即「厲以恭儉，敦以寡欲」[21]，又關注民生，重視吏治，為政清廉，知人善任，故能培養豐厚的國力，使天下歸心，可謂勵精圖治。陳森先生以為晉武帝為了滅吳，進行了長期的積極準備，主要有以下幾方面的努力：（一）、

20　西晉・盧弼集解，《三國志集解・吳書・三嗣主傳》（臺北縣：漢京文化事業有限公司，民國 70 年 4 月初版），頁 978a。以下稱本書為《三國志》。

21　《晉書・武帝紀》，頁 84b。

為政清廉；（二）、知人善任；（三）、平理冤獄；（四）、
關心農業；（五）、賑濟災民；（六）、積極備戰；（七）、
誘降吳將。[22]其一至五項與培植國力有關，第六、七項
才是直接與伐吳戰爭相關的軍事策略，可知晉武帝以加
強文治達到培養整體國力的目標，並以充足的國力達到
統一天下的目的。

　　其為政清廉、知人善任、平理冤獄方面，於〈武帝
紀〉諸詔及諸臣上奏中可見，其即位後多次下詔求賢才、
任用能人、親臨聽訟及大赦。在農業方面，由於農業為
國之大本，更是軍事行動前必備的重要物資，因此晉武
帝非常關心農業生產以及產銷平衡。《晉書·食貨志》載：

> 及晉受命，武帝欲平一江表。時穀賤而布帛貴，
> 帝欲立平糴法，用布帛市穀，以為糧儲。議者謂
> 軍資尚少，不宜以貴易賤。泰始二年，帝乃下詔
> 曰：「夫百姓年豐則用奢，凶荒則窮匱，是相報
> 之理也。故古人權量國用，取贏散滯，有輕重平
> 糴之法。理財鈞施，惠而不費，政之善者也。然
> 此事廢久，天下希習其宜。加以官蓄未廣，言者

---

22 陳森：〈滅吳前後的晉武帝〉，《寧夏大學學報（社會科學版）》，
1989 年第 3 期（總第 40 期），頁 50-56。唐明禮、張國強二位先
生及袁延勝先生在討論中亦提及部份原因，參唐明禮、張國強：〈試
論晉武帝司馬炎〉，《南都學壇（社會科學版）》，第 10 卷第 2
期，1990 年，頁 53-61。袁延勝：〈論西晉統一的歷史經驗〉，《中
州學刊》，2009 年 7 月第 4 期（總第 172 期），頁 160-162。

異同，財貨未能達通其制，更令國寶散於穰歲而
上不收，貧弱困於荒年而國無備，豪人富商，挾
輕資，蘊重積，以管其利。故農夫苦其業，而末
作不可禁也。今者省傜務本，并力墾殖，欲令農
功益登，耕者益勸，而猶或騰踊，至於農人並傷。
今宜通糴，以充儉法。主者平議，具為條制。」
然事竟未行。是時江南未平，朝廷屬精於稼穡。
四年正月丁亥，帝親耕藉田。庚寅，詔曰：「使
四海之內，棄末反本，競農務功，能奉宣朕志，
令百姓勸事樂業者，其唯郡縣長吏乎！先之勞
之，在於不倦。每念其經營職事，亦為勤矣。其
以中左典牧種草馬，賜縣令長相及郡國丞各一
匹。」是歲，乃立常平倉，豐則糴，儉則糶，以
利百姓。[23]

泰始四年，晉武帝親自舉行籍田禮，宣示皇帝對農業的
重視，以獎勵督促農耕。武帝即位之初即準備立「平糴
法」，用布帛購買穀物，做為糧食儲存。其目的一方面
是希望在凶荒之時能釋出糧食；另一方面，則是避免豐
年時穀賤傷民，以勸農耕，並減少商人從中剝削，然而
此法在泰始二年遭到反對，無法實施，原因是「軍資尚
少，不宜以貴易賤」，也就是國庫不足，隔了兩年，至

23　《晉書·食貨志》，頁 578b-579a。

泰始四年，在武帝一再重申對農業的重視以及糧食生產下逐漸充實下，始立常平倉[24]。

於泰始五年，武帝勅戒郡國計吏、諸郡國守相令長「務盡地利，禁游食商販」，休假者亦須「與父兄同其勤勞」，並褒揚汲郡太守王宏「勤恤百姓，導化有方，督勸開荒五千餘頃，遇年普饑而郡界獨無匱乏，可謂能以勸教，時同功異者矣。」[25]又從石苞議，立「州郡農桑未有殿最之制」，並由光祿勳夏侯和上修新渠、富壽、遊陂三渠，凡溉田千五百頃。同時接受杜預建議，重修曹魏時期為屯田而在東南地區開鑿的田利工程，以利救災並加強農業生產，並且釋出典虞、典牧所養的多數「不供耕駕」、「老不穿鼻」的耕牛共三萬五千頭給欠缺耕牛者，令他們在「穀登之後，頭責三百」。[26]這些措施都令農業產量增加，直接促進民生。

在西、北戎狄為患的地區，武帝也積極經營，並力排眾議，任用地位較低的司馬督馬隆募兵討伐於涼州作亂的禿髮鮮卑樹機能，馬隆智勇兼備，討平涼州，使得

---

24 《晉書‧杜預傳》載：「預乃奏立藉田，建安邊論，處軍國之要，又作人排新器，興常平倉，定穀價，較鹽運制課，調內以利國，外以救邊者五十餘條，皆納焉。」頁 719a。據此可知武帝建常平倉政策乃杜預所建議。

25 《晉書‧食貨志》，頁 579a。

26 《晉書‧食貨志》，頁 579a-581a。及《晉書‧石苞傳》，頁 703a-703b。《晉書‧杜預傳》載：「預乃奏立藉田，建安邊論，處軍國之要，又作人排新器，興常平倉，定穀價，較鹽運制課，調內以利國，外以救邊者五十餘條，皆納焉。」頁 719a。

西晉伐吳無後顧之憂。[27]可以說在平吳之前，晉武帝在文治、武功方面都取得了一定的成就。

　　文化方面，晉武帝即位初期，即有華林園之宴集，《文選》收有應貞所撰〈晉武帝華林園集詩〉，本詩作於泰始四年二月[28]，亦為晉武帝即位初期所作，題目應為後人所加。詩云：

> 悠悠太上，民之厥初。皇極肇建，彝倫攸敘。五德更運，膺籙受符。陶唐既謝，天歷在虞。
>
> 於時上帝，乃顧惟眷。光我晉祚，應期納禪。位以龍飛，文以虎變。玄澤滂流，仁風潛扇。區內宅心，方隅回面。
>
> 天垂其象，地曜其文。鳳鳴朝陽，龍翔景雲。嘉禾重穎，莫英載芬。率土咸序，人胥悅欣。
>
> 恢恢皇度，穆穆聖容。言思其順，貌思其恭。在視斯明，在聽斯聰。登庸以德，明試以功。
>
> 其恭惟何？昧旦丕顯。無理不經，無義不踐。行捨其華，言去其辯。游心至虛，同規易簡。六府

―――――――――――

27　張金龍先生於〈晉滅吳戰爭的決策探因〉一文中曾說明西晉對禿髮鮮卑戰爭的成功，是武帝伐吳決策的重要因素，見頁 56。文收《北京師範大學學報（社會科學版）》，1998 年第 3 期（總第 147 期），頁 52-57。

28　《文選》卷 20，頁 292a-293a。李善注曰：「干寶《晉紀》曰：『泰始四年二月，上幸芳林園，與群臣宴，賦詩觀志。』孫盛《晉陽秋》曰：『散騎常侍應貞詩最美。』」

孔修，九有斯靖。

澤靡不被，化罔不加。聲教南暨，西漸流沙。幽
人肆險，遠國忘遐。越裳重譯，充我皇家。

峨峨列辟，赫赫虎臣。內和五品，外威四賓。脩
時貢職，入覲天人。備言錫命，羽蓋朱輪。

貽宴好會，不常厥數。神心所受，不言而喻。於
時肆射，弓矢斯御。發彼五的，有酒斯飫。

文武之道，厥猷未墜。在昔先王，射御茲器。示
武懼荒，過亦為失。凡厥群后，無懈於位。[29]

詩分九章，第一章以五德運轉，天命輪替為自然之道起
始；第二章接續而言說到晉承受了天命，接受禪讓；第
三章鋪陳各種符應禎祥，以及人們心中的喜悅；第四、
五章稱讚武帝兼具德養與儀表，既儉樸又勤政有功；第
六章說其德澤遠播，隱士來朝，遠國來貢；第七章說人
才濟濟，諸方按時述職納貢；第八章描寫宴會歡樂之場
景，並寫射箭活動；第九章回歸治道，說明先王以射御
以揚武德、戒荒廢，然當謹慎，不可過度，並告誡諸侯、
公卿應當盡忠職守，努力不懈。

　　陳祚明在《采菽堂古詩選》中認為此詩：「選言安
雅，調平無警句。」[30]吳淇在《六朝選詩定論》中以為：

---

29 《文選》卷 20，頁 292a-293a。《晉書・文苑・應貞傳》，頁
　 1549b-1550a。
30 清・陳祚明著：《采菽堂古詩選》（上海市：上海古籍出版社，2008
　 年 12 月一版），頁 286-287。

「百官會於華林園，只是肆射一事，而前邊功德處過于冗長，此亦晉習。」[31]實際上應貞是以頌體作此詩，百官會於華林園本來就是具有明顯政治性的宴集，因此，應貞詩作視宴會之肆射以為重武事與行古之射禮的象徵，又推演此宴集代表國家與帝王之明德與盛美，可謂寫得相當堂皇正大，於此亦可見武帝即位初年百官和樂，守禮勤篤的政治氣氛。俞士玲以為本詩的價值在於：「它一變曹魏集團侍宴詩的風格，規範了晉世侍宴詩的形式、章法和風格。」相較於曹魏公宴詩的逸興遄飛，「司馬氏集團貴經義儒術，把侍宴賦詩也當作儀禮的一個環節來待。」[32]實際上，說應貞此詩規範了侍宴詩的形式、音韻和風格的說法或許有點過度推衍之嫌，但是透過晉武帝及時人的推崇，確實有強化西晉公宴詩以這種「安雅」的平調，但又帶有強烈頌美風格的作品做為重要標準的作用。

我們還可以看到荀勗有〈從武帝華林園宴詩〉，詩云：

> 習習春陽，帝出乎震。天施地生，以應仲春。思文聖皇，順時秉仁。欽若靈則，飲御嘉賓。洪恩普暢，慶及眾臣。其慶惟何，錫以帝祉。肆覲群

---

31 清・吳淇著，汪俊、黃進德點校：《六朝選詩定論》（揚州市：廣陵書社，2006 年 8 月一版），頁 213。

32 俞士玲著：《西晉文學考論》，頁 213-218。

后，有客戾止。外納要荒，內延卿士。簫管詠德，八音咸理。凱樂飲酒，莫不宴喜。[33]

　　本詩提到「仲春」，可知時序屬於二月，應該和應貞同屬泰始四年二月所作。詩中亦推崇聖皇仁德，並歌頌宴會盛況，公卿諸侯群賢畢至，音樂酒宴歡樂喜悅，以此可見人才濟濟，以及聖皇之懇切與仁德。基本上這些詩作都能體現一種開國初期，光明盛大的氣象。

　　泰始四年除了二月宴集外，三月亦有華林園宴集，《漢晉春秋》提到：

　　（泰始）四年三月，（羅憲）從帝宴於華林園，詔問蜀大臣子弟，後問先輩宜時敘用者，憲薦蜀郡常忌、杜軫、壽良、巴西陳壽、南郡高軌、南陽呂雅、許國、江夏費恭、琅邪諸葛京、汝南陳裕，即皆敘用，咸顯於世。[34]

不知此次華林園宴集是否有賦詩活動，但看得出來這個時期的晉武帝在文治方面頗為注重，藉著華林園宴會聚

33　唐·歐陽詢撰：《藝文類聚》（臺北市：新興書局，民國 58 年 11 月新一版，依日本東京岩崎氏靜嘉堂文庫藏宋刊本影印）卷 39，頁 1089。唐·徐堅撰：《初學記》（臺北市：新興書局，民國 61 年 2 月版）卷 14 引其一，至「慶及眾臣」止。

34　《三國志·蜀志·霍戈傳》裴注引《漢晉春秋》，收於《三國志》，頁 853b。

會群臣，除了歡宴的目的外，還藉此訪求啟用蜀地人士，以營造仁德之君的形象。

除了利用華林園宴集的君臣聚會，透過群賢詩賦作品營造聲望與王朝繁榮氣象外，晉武帝在這個時期的文治中，也相當重視儒術，而有一連串的重視儒家禮教的典禮及措施，詳見後文。

關於武帝的滅吳政策，《晉書・杜預傳》中提到：「時帝密有滅吳之計，而朝議多違，唯預、羊祜、張華與帝意合。」[35]以此看來，似乎主張伐吳的聲音並不多，然而就晉武帝鞏固司馬氏以及自身政治實力，甚至未來太子繼承皇位是否穩固而言，又屬必要。

仇鹿鳴以為就魏晉的禪代過程而言，晉武帝之父親司馬昭幾乎完成所有嬗代的準備工作，包括滅蜀稱王、開建五等、制定禮律等，在咸熙二年完成建天子旌旗、進王妃為王后、立世子為太子，建晉國百官等程序後突然去世，並由司馬炎倉促的在短短四個月內完成魏晉禪讓。因此，晉武帝雖然在咸熙二年完成建立西晉的大業，但是他不但缺少政治歷練，沒有擔任過關鍵性的行政要職，也沒有領兵出征或鎮州郡的經驗，武帝初繼位時僅能依靠父祖遺業以及父祖的老臣做為決策班底，處境相對弱勢。[36]

由於司馬昭在準備禪代的過程中突然過世，打亂了

35　《晉書・杜預傳》，頁 719b。
36　仇鹿鳴著：《魏晉之際的政治權力與家族網絡》，頁 194-195。

禪代的布局，在臣下拱立下，司馬炎雖無祥瑞可記，卻仍迅速完成禪代登基的儀式，因此，司馬炎的即位，既缺乏禪代受命徵兆的保證，也缺乏足夠的「功德」。導致晉武帝在位的二十六年間不斷尋求祥瑞徵兆，以做為上天「受命」的認同。因此，伐吳以完成天下一統，成為證明司馬炎「功德」的重要目標。[37]因此，羊祜死前不久，透過張華向武帝建言：「今主上有禪代之美，而功德未著，吳人虐政已甚，可不戰而剋，混一六合，以興文教，則主齊堯舜，臣同稷契，為百代之盛軌。」[38]即指出晉武帝禪代缺乏足夠的「功德」，透過伐吳以完成大一統一事，除了可以做為晉武帝「功德」之證明外，更能穩固晉朝基業。

　　尤其，從當時民心而言，彭丰文以為，兩漢以來，「大一統」國家理論已深入人心，人們形成國家只有統一才是正常的心理。[39]因此，漢末以至於三國分立，就三國的士人及統治者而言，追求統一是理所當然的目標，這個目標尤以魏、蜀為然，因此，魏滅蜀之後，滅吳的呼聲就順勢而起[40]，然而終究拖遲了十多年。

---

37 謝明憲：〈「泰始為斷」的歷史書寫：《晉書》限斷的難題與陸機的新義〉，《臺大中文學報》49 期，2015 年 6 月 1 日，頁 99-128。
38 《晉書‧羊祜傳》，頁 714a-714b。
39 彭丰文著：《兩晉時期國家認同研究》（北京：民族出版社，2008年 8 月一版），頁 88-89。關於秦漢以來形成的統一論述，參見本書 60-76。
40 羊祜曰：「蜀平之時，天下皆謂吳當并之，自此來十三年，是謂一周。」參《晉書‧羊祜傳》，頁 712b。

　　晉平吳的過程是由晉武帝先於咸寧二年十月封平南大將軍羊祜為征南大將軍開始，並賜予羊祜開府儀同三司，得專辟召的權力，羊祜在武帝支持下進行伐吳的準備工作，並建議留任益州刺史王濬，由王濬進行造船等籌備事宜。咸寧三年，武帝命王渾都督揚州諸軍事，以左將軍胡奮都督江北諸軍事。仇鹿鳴比對武帝伐吳布署與其時政局關係，以為晉武帝突然在這個時間點加快伐吳的進程，和咸寧元年年底到咸寧二年年初間武帝重病，朝野形成一股強大的擁立齊王攸的勢力，武帝為了更加鞏固政權，因此加快滅吳的進程。[41]

　　就吳的政情而言，此時亦為伐吳良機。

　　羊祜〈請伐吳疏〉分析情勢，以為吳可伐而當伐，分析彼我情勢亦極明析：

> 凡以險阻得存者，謂所敵者同，力足自固，苟其輕重不齊，強弱異勢，則智士不能謀，而險阻不可保也。蜀之為國，非不險也，……至劉禪降服，諸營堡者，索然俱散，今江淮之難，不過劍閣，山川之險，不過岷漢，孫皓之暴，侈于劉禪，吳人之困，甚于巴蜀，而大晉兵眾，多于前世，資儲器械，盛于往時，今不于此平吳，而更阻兵相守，征夫苦役，日尋干戈，經歷盛衰，不可長久，

---

41 仇鹿鳴著：《魏晉之際的政治權力與家族網絡》，頁 249-256。

宜當時定，以一四海。……吳緣江為國，無有內
外，東西數千里，以藩籬自持，所敵者大，無有
窺息，孫皓恣情任意，與下多忌，名臣重將，不
復自信，是以孫秀之徒，皆畏逼而至。將疑于朝，
士困于野，無有保世之計，一定之心，平常之日，
猶懷去就，兵臨之際，必有應者，終不能齊力致
死，已可知也。[42]

其力主伐吳，最主要的分析是在於「時機」，亦即此時
孫皓暴政，晉、吳強弱異勢，其實也就是陸機〈辯亡論〉
篇所末所辯析之「在德不在險」之意。故羊祜書云：「蜀
平之時，天下皆謂吳當並亡」[43]，兩漢後，天下一統之
心態已深入人心，滅蜀之後，滅吳已為晉朝既定的對外
方針，是無須辨証的目標。史書中所謂「而朝議多違」
者，正反意見交鋒之處，多在討論時機的問題，即「是

---

42 《晉書・羊祜傳》，頁 712a-712b。
43 《晉書・羊祜傳》，頁 712b。按，《文選》卷 43 有孫楚〈為石仲容
與孫皓書〉，頁 615a-618a。本書寫作目的主要在威嚇吳國，要求「北
面稱臣，伏聽告策」。文中以公孫淵、蜀漢為例，說明不降服的後
果，又舉交阯呂興為例，以示當明天命所在，文辭誇耀，氣盛而辭
斷。然依《晉書・石苞傳》所述，石苞都督揚州諸軍事時，回京後
不多久發生成濟殺高貴鄉公事，其後，石苞進位安東將軍，俄遷驃
騎將軍，其後文帝崩，不多久，司馬炎即篡位。此篇約作於石苞都
督揚州諸軍事到司馬昭崩中間的一段時期，為魏末的作品。可知在
魏末以來，晉以征戰之實力，在滅西蜀之後，其聲勢頗為高昂，參
《晉書》，頁 702a-702b。

否要積極伐吳」？「是否要立即伐吳」？甚至到了出兵
伐吳，眾軍會議之時，還有「百年之寇，未可盡剋，今
向暑，水潦方降，疾疫將起。宜俟來冬，更為大舉。」[44]
的主張。因此，主張伐吳派的臣子前後所上疏論，其論
述重點皆在於「孫皓暴虐」、「機不可失」的論點，觀
杜預〈陳伐吳至計表〉、〈又表〉，以及王濬〈上疏請
平吳〉等文[45]。

　　主張伐吳者並不止實際策畫、率軍討伐的羊祜、杜
預、張華、王濬數人，《晉書》記錄了裴秀制作《禹貢
地域圖》十八篇以獻，其序中提到：

> 大晉龍興，混一六合，以清宇宙，始於庸蜀，寔
> 入其岨。文皇帝乃命有司撰訪吳蜀地圖，蜀土既
> 定，六軍所經，地域遠近，山川險易，征路迂直，
> 校驗圖記，罔或有差。今上考禹貢山海川流，古
> 之九州，乃今之十六州，郡國縣邑，疆界鄉陬，
> 及古國盟會舊名，水陸徑路，為地圖十八篇。[46]

裴秀主持繪制《禹貢地域圖》，其目的本來就為了「混
一六合，以清宇宙」，帶有強烈的軍事目的[47]，在制作

---

44 《晉書・杜預傳》，頁 720b。
45 參《晉書・杜預傳》，頁 719b-720。《晉書・王濬傳》，頁 837a。
46 《晉書・裴秀傳》，頁 727a-727b。
47 可參許聖和著：《「博物思維」與六朝文學》，東華大學中國語文
　　學系碩士論文，民國 95 年 7 月。

地圖時也特別撰訪吳、蜀地圖，其軍事意義更為明顯。此事乃出於晉文帝司馬昭之命令，可見得滅吳、蜀本為既定國策。

《晉書》記裴巑後，其友人料其書記，得表草言平吳之事，其詞曰：「孫皓酷虐，不及聖明御世，兼弱攻昧，使遺子孫，將遂不能臣，時有否泰，非萬安之勢也，臣昔雖已屢言，未有成旨，今既疾篤不起，謹重尸啟，願陛下時共施用。」[48]其論點與羊祜等人相同，尤其裴秀於疾篤不起之時，仍草奏以促成平吳之事，尤其顯出裴秀對此事之重視。羊祜在〈與從弟琇書〉書中亦提到自己的志願：「吾以布衣，忝荷重任，每以尸素為愧，大命既隆，唯江南未夷，此人臣之責，是以不量所能，畢力吳會，當憑朝廷之威，賴士大夫之謀，以全克之舉，除萬世之患。」等到「既定邊事」後，他就要「角巾東路，還歸鄉里」。[49]可見羊祜亦以伐吳為畢生最重要的志業，從裴秀、羊祜盡畢生之力以促成伐吳可知，此事實為有志之士所力倡，亦為國家最重要的目標。

另外，段灼〈上表陳五事〉亦云：

其二曰：……今大晉應期運之所授，齊聖美于有

48　《晉書・裴秀傳》，頁 729a。

49　清・嚴可均輯：《全上古三代秦漢三國六朝文・全晉文》（北京：中華書局，1958 年 12 月一版）卷 41，頁 1696a。以下以時代為記，簡稱為《全文》之一集。

虞，而吳人不臣，稱帝私附，此亦國之羞也。陛
下誠欲致熊羆之士，不二心之臣，使奮威淮浦，
震服蠻荊者，故宜疇咨博采，廣開貢士之路，薦
巖穴，舉賢才，徵命考試，匪俊莫用。……其三
曰，……今天下雖定，而華山之陽，無放馬之群，
桃林之下，未有休息之牛，故以吳人尚未臣服故
也，夫飢者易為食，渴者易為飲，天下元元，瞻
望新政，願陛下思子方之仁，念犬馬之勞，思惟
蓋之報，發仁惠之詔，廣開養老之制。……況夫
巍巍大晉，方將登太山，禪梁父，刻石書勳，垂
示無窮。……[50]

　　在段灼的上書中，吳之不臣，實為國恥，故在表中
一再陳述，其建議的數項政策，亦以滅吳平天下為前提，
並認為如果政事施行，最後國家終將「登太山，禪梁父，
刻石書勳，垂示無窮」。從這些表奏中，亦可知除滅吳
國，以統天下，此事實為許多積極之士志於政事，並期
勉國家的目標。

　　此時期的詩作中亦可見一些志於討伐「不庭」[51]的
作品，如夏侯湛的〈江上泛歌〉起首即歌：「悠悠兮遠

---

50 《晉書·段灼傳》，頁 920a-925a。
51 胡大雷以為「『不庭』，不朝於王庭者。晉時面臨長江的不庭之國
　　就是吳，稱對方為『不庭』，就是自以『天命』在我。」見氏著：
　　《金戈鐵馬　詩裏乾坤──漢魏晉南北朝軍事戰爭詩研究》（北
　　京：中國社會科學出版社，2010 年 9 月一版），頁 21。

征，倏倏兮暨南荊。南荊兮臨長江，臨江河兮討不庭。」[52]此歌頗表現出慷慨之氣。此外，又有左思的〈詠史詩〉，棗據〈雜詩〉等。

左思〈詠史詩〉這一組詩中，可以看到左思奮發之壯志與期待立功的心情，但也同時在奮發與壯志中，透露著缺少施展才學的不遇之情。在第一首中，左思即自述才志，說自己是「著論準過秦，作賦擬子虛」，又說「雖非甲冑士，疇昔覽穰苴。長嘯激清風，志若無東吳。」甚至想要「左眄澄江湘，右眄定羌胡」。王文進以為詩中標舉的為文準則，無論是賈誼〈過秦論〉，或是司馬相如的〈子虛賦〉，都是漢代帝國大一統格局下的產物，詩中提到，無論是長江、湘水地域的東吳地區，或西北甘肅、青海一帶的羌族，都是他想要發揮志意才學的地方，詩中志高氣昂，完全不把東吳等地域放在眼裏。[53]或是在〈詠史詩〉第三首中說：「吾希段干木，偃息藩魏君。吾慕魯仲連，談笑卻秦軍。」說明自己想要立下不朽之功，並在功成之後，瀟灑離去。

又有棗據〈雜詩〉云：

> 吳寇未殄滅，亂象侵邊疆。天子命上宰，作蕃于

52　《藝文類聚》卷 8，頁 262。

53　王文進：〈三分歸晉前後的文化宣言〉，頁 323-324。收入氏著：《南朝山水與長城想像》（臺北市：里仁書局，西元 2008 年 6 月 30 日初版），頁 317-354。

　　漢陽。開國建元士，玉帛聘賢良。予非荊山璞，
謬登和氏場。羊質復虎文，燕翼假鳳翔。既懼非
所任，怨彼南路長。千里既悠邈，路次限關梁。
僕夫罷遠涉，車馬困山岡。深谷下無底，高巖暨
穹蒼。豐草停滋潤，霧露沾衣裳。玄林結陰氣，
不風自寒涼。顧瞻情感切，惻愴心哀傷。士生則
懸弧，有事在四方。安得恒逍遙，端坐守閨房。
引義割外情，內感實難忘。[54]

　　據《晉書・棗據傳》提到：「賈充伐吳，請為從事
中郎。」[55]依此觀之，本詩應寫作於棗據隨賈充伐吳之
時。本詩繼承建安以來從軍詩描寫從軍苦辛的寫法，描
述從軍之過程，並加強描寫山川悠長險阻，以及環境的
苦寒，以加強此行之艱難。然本詩開篇又云：「吳寇未
殄滅，亂象侵邊疆。天子命上宰，作蕃于漢陽。開國建
元士，玉帛聘賢良。」在開篇營造奮發之氣，至「予非
荊山璞，謬登和氏場，羊質復虎文，燕翼假鳳翔。」四
句頗有自感不足，過蒙恩遇之羸弱感，並在擔憂自我才
學不足之下，詩中情志轉弱，開始描述行軍過程的艱困
險阻，以及環境天候的寒冷，描寫從軍之辛苦。在結尾
詩意又有所提振，言：「士生則懸弧，有事在四方。安
得恒逍遙，端坐守閨房。」因此，在從軍之辛苦與情感

54　《文選》卷 29，頁 427a-427b。
55　《晉書・棗據傳》，頁 1556b。

之惻愴外，又頗具吳寇未滅、男兒當志在四方的提振之
情，詩意遂在兩種情感糾葛中完成，形成悲壯愴然之情。
若說左思的〈詠史詩〉主要在透過自己想建功立業的才
志，以表達不遇之悲慨，棗據〈雜詩〉則寫出一方面以
承擔家國征伐之業，另一方面又充滿辭家事君以追求功
名的複雜心情。

第三節　大一統的榮景

　　晉武帝平吳之後，功業達到極盛，王濬〈平吳詩〉
有殘句云：「茫茫禹跡，九域乃賓。庶士交正，無思不
順。」「馬怠其衡，車曳其輪。飛龍造造，天命有晉。」
[56]觀其詩意，除了強調大晉帝國的「天命」以外，也頗
有將西晉一統天下的功業上侔古代聖王大禹之意。
　　漢末以來長久的分裂終告結束，世界重歸一統，平
吳之後，西晉對於君臣基本上已經覺得這個新的王朝實
在不值得拿魏來相較，他們把眼光往前看，以漢代自比，
甚至，更多的時候認為歷史上幅員廣大，軍事國力強大
的秦、漢也不足與晉相提並論。
　　當時頗有將晉武帝比擬為漢文帝的說法，《晉書‧
劉毅傳》載：

---

56 逯欽立輯：《先秦漢魏晉南北朝詩》（臺北市：木鐸出版社，民國
　 77 年 7 月版）卷 2，頁 591。

> 帝嘗南郊，禮畢，喟然問毅曰：「卿以朕方漢何
> 帝也？」對曰：「可方桓靈。」帝曰：「吾雖德
> 不及古人，猶克己為政。又平吳會，混一天下。
> 方之桓靈，其已甚乎！」對曰：「桓靈賣官，錢
> 入官庫；陛下賣官，錢入私門。以此言之，殆不
> 如也。」帝大笑曰：「桓靈之世，不聞此言。今
> 有直臣，故不同也。」散騎常侍鄒湛進曰：「世
> 談以陛下比漢文帝，人心猶不多同。昔馮唐答文
> 帝，云不能用頗牧，而文帝怒，今劉毅言犯順而
> 陛下歡然，以此相校，聖德乃過之矣。」[57]

劉毅藉著故意比擬晉武帝為桓靈，以評擊當時權貴把持
朝中，安插人事以謀利，並非真正認為晉武帝和桓、靈
相等，因此武帝對他的比擬亦不甚介意，顯出武帝的自
信。然這段話值得注意的是晉武帝及當時朝臣以漢朝帝
王自比，他們的眼光已經跨越三國，直追漢代。由鄒湛
的話可知，當時人頗多認為晉武帝可上比漢代賢君文
帝，不過「人心猶不多同」，不見得每個人都滿意，但
鄒湛認為，以晉武帝能容納直言，他的寬容與胸襟可說
是超越了漢文帝。

　　又如劉頌〈除淮南相在郡上疏〉主要在建議封建，

---

57 《晉書‧劉毅傳》，頁 878b-879a。

然而在行文中處處可見對於西晉帝國的自信與驕傲。以為西晉伐吳後，大行封建，其立國的規模，已「超秦漢魏氏之局節，紹五帝三代之絕跡，功被無外，光流後裔，巍巍盛美，三五之君，殆有慚德。」[58]又論述晉德：

> 又魏氏雖正位居體，南面稱帝，然三方未賓，正朔有所不加，實有戰國相持之勢，大晉之興，宣帝定燕，太祖平蜀，陛下滅吳，可謂功格天地，土廣三王。舟車所至，人跡所及，皆為臣妾，四海大同，始于今日。……世之私議，竊比陛下于孝文，臣以為聖德隆殺，將在乎後，不在當今。何則？陛下龍飛鳳翔，應期踐阼，有創業之勳矣，掃滅強吳，奄征南海，又有之矣，以天子之貴，而躬行布衣之所難，孝儉之德，冠于百王，又有之矣，履宜無細，動成軌度，又有之矣，若善當身之政，建藩屏之固，使晉代久長，後世仰瞻遺跡，校功考事，實與湯武比隆，何孝文足云。[59]

劉頌提到：「世之私議，竊比陛下于孝文」，可見把晉武帝比為漢文帝是當時極為流行的說法，對於這種比較，劉頌頗不以為然，因為晉武帝建國開業，又掃滅強吳，且躬行孝儉之德，德治萬民，凡是孝文帝擁有的德

---

58 《晉書・劉頌傳》，頁892b。
59 《晉書・劉頌傳》，頁894b-900a。

行功業，晉武帝都具備，根本不足為奇，劉頌並以為武
帝若能力行封建，則將可與古代聖王湯武相較，漢文帝
根本不值得做為比較的對象。可見得晉在平吳之後，對
於漢代的帝國景象並不認為值得羨慕，他們的眼光已經
放在三代的聖王之上。

　　此時朝廷群臣亦有實行封禪的呼聲。《宋書・禮志
三》載：

> 晉武帝平吳，混一區宇。太康元年九月庚寅，尚
> 書令衛瓘、尚書左僕射山濤、魏舒、尚書劉寔、
> 張華等奏曰：「聖德隆茂，光被四表，諸夏乂清，
> 幽荒率從。神策廟算，席捲吳越，孫皓稽顙，六
> 合為家，巍巍之功，格於天地。宜同古典，勒封
> 東嶽，告三府太堂為儀制。」[60]

　　封禪之議因為晉武帝的謙退，而終於被擱置了，但
群臣為此上了數次的封禪請求。陸雲〈與兄平原書〉中
提到：「頃得張公〈封禪事〉，平平耳，不及李氏，其
文無比，恐非其所作。」[61]「李氏」為何人，由於史料
缺乏，無法得知，然由此可知當時議封禪之事者頗眾，

60　梁・沈約撰：《宋書・禮志三》（臺北市：藝文印書館據清乾隆武
　　英殿刊本景印），頁 218b。
61　晉・陸雲著，劉運好整理：《陸士龍文集校注》（南京市：鳳凰出
　　版社，2010 年 12 月 1 版），頁 1066。

並不僅止於《宋書‧禮志三》及《晉書‧禮志下》所載。
這些封禪議的陳述中，為了說明晉之德足以封禪，自然
不免提及滅吳及混一六合之事，並且陳述晉德，如：

> 大晉之德，始自重黎，實佐顓頊，至于夏商，世
> 序天地，其在于周，不失其緒。金德將升，世濟
> 明聖，外平蜀漢，海內歸心，武功之盛，實由文
> 德。至于陛下，受命踐阼，弘建大業，群生仰流，
> 唯獨江湖沅湘之表，凶桀負固，歷代不賓，神謀
> 獨斷，命將出討，兵威暫加，數旬蕩定，羈其鯨
> 鯢，赦其罪逆，雲覆雨施，八方來同，聲教所被，
> 達于四極，雖黃軒之征，大禹遠略，周之弈世，
> 何以尚今。……然符瑞之應，備物之盛，未有若
> 今之富者也。今東漸于海，西被于流沙，大漠之
> 陰，日南北戶，莫不通屬，芒芒禹蹟，今實過之，
> 則天人之道已周，巍巍之功已著。……今陛下勳
> 高百王，德無與二，茂績弘規，巍巍之業，固非
> 臣等所能究論。[62]

冬，王公有司又奏：

> 陛下應期龍興，混壹六合，澤被群生，威震無外，

> 昔漢氏失統，吳蜀鼎峙，兵興以來，近將百年，
> 地險俗殊，民望絕塞，以為分外，其日久矣。大
> 業之隆，重光四葉，不羈之寇，二世而平，非聰
> 明神武，先天弗違，孰能巍巍其有成功若茲者歟！
> 臣等幸以千載，得遭運會，親服大化，目睹太平，
> 至公至美，誰與為讓？[63]

　　在這些一再強調的功業中，可以看到在漢末以來長
久的紛亂中，竟然有朝一日達到天下一統，「親服大化，
目睹太平」，對於這些朝臣來說，本來就是非常值得引
以為榮的事。而統一後的疆域廣大，「東漸于海，西被
于流沙，大漠之陰，日南北戶，莫不通屬」，亦已超越
當年聖王大禹所統轄的範圍。所以說「雖黃軒之征，大
禹遠略，周之弈世，何以尚今」，這些朝臣們已經把大
晉的功業推尊到與黃帝、大禹、周朝相較而有過之的程
度，認為武帝「勳高百王，德無與二」。石崇〈大雅吟〉
主要歌頌晉文帝及武帝，在歌頌武帝的部分曰：

> 於穆武王，奕世載聰。欽明沖默，文思允恭。武
> 則不猛，化則時雍。庭有儀鳳，郊有遊龍。啟路
> 千里，萬國率從。蕩清吳會，六合乃同。百姓仰
> 德，良史書功。超越三代，唐虞比蹤。

63　《宋書・禮志三》，頁 220a。及《晉書・禮志下》，頁 494b-495a。

所謂「超越三代，唐虞比蹤」，亦明顯可知當時的
人對晉武帝推崇備至，唯有古代的聖君方能相較。[64]

摯虞亦因「吳寇新平，天下乂安」，上〈太康頌〉
以美晉德。辭曰：

> 於休上古，人之資始。四隩咸宅，萬國同軌。有
> 漢不競，喪亂靡紀。畿服外叛，侯衛內圯。天難
> 既降，時惟鞠凶。龍戰獸爭，分裂遐邦。備僭岷
> 蜀，度逆海東。權乃緣間，割據三江。明明上帝，
> 臨下有赫。乃宣皇威，致天之辟。奮武遼隧，罪
> 人斯獲。撫定朝鮮，奄征韓、貊。文既應期，席
> 捲梁、益。元憝委命，九夷重譯。邛、冉、哀牢，
> 是焉底績。我皇之登，二國既平。靡適不懷，以
> 育群生。吳乃負固，放命南冥。聲教未暨，弗及
> 王靈。皇震其威，赫如雷霆。截彼江、沔，荊、
> 舒以清。邈矣聖皇，參乾兩離。陶化以正，取亂
> 以奇。耀武六旬，興徒不疲。飲至數實，干旄無
> 虧。洋洋四海，率禮和樂。穆穆宮廟，歌雍詠鑠。
> 光天之下，莫匪帝略。窮發反景，承正受朔。龍
> 馬駓駓，風於華陽。弓矢櫜服，干戈戢藏。嚴嚴
> 南金，業業餘皇。雄劍班朝，造舟為梁。聖明有

---

64 逯欽立輯：《先秦漢魏晉南北朝詩》，頁 641-641。

　　造，寔代天工。天地不違，黎元時邕。三務斯協，
　　用底厥庸。既遠其跡，將明其蹤。喬山惟嶽，望
　　帝之封。猗歟聖帝，胡不封哉！[65]

在這篇頌文中，摯虞歷敘漢末天下之亂，劉備、公孫度、
孫權等分裂天下，在宣帝、景帝、文帝之努力下，一一
收服討平，最後僅餘吳國依恃山河險固而不臣，於是聖
皇「陶化以正，取亂以奇」，以文德及武功，收復南方，
文中特別以「耀武六旬，輿徒不疲。飲至數賞，干旄無
虧」數句，強調出兵之輕易及迅速，以顯示王者之德風，
以及王師之精良。頌文最後，除了強調天下已臻太平之
喜悅，同時以希望皇帝封禪泰山的願望結尾，表達對於
晉朝功業的崇仰。

　　張載亦以為：「夫太上成功，非頌不顯，情動于中，
非言不彰，獫狁既攘，出車以興，淮夷既平，江漢用作。」
因此作了〈平吳頌〉[66]。

　　序中首先舉古代聖王為例，說明「聖帝明王，平暴
靜亂，未有不用兵而制之者也」，力陳征伐之正當性。
其次則陳述吳之為凶作惡，以說明武帝伐吳之必要，表
示這是一場順天應人的戰役。值得注意的是，序中說：

65　《晉書・摯虞傳》，頁 972a-972b。
66　唐・許敬宗編、羅國威整理：《文館詞林校證》（北京：中華書局，
　　2001 年 10 月一版），頁 124-125。以下稱為《文館詞林》。《藝
　　文類聚》卷 59，頁 1622-1623。

> 吳為長虵，僭虐歷代，跋扈楊越，不供貢職。既
> 憑京山洞庭之險，又限三江五湖之難，自近代之
> 所常患，前葉未遑而服焉。

所謂「僭虐歷代」、「自近代之所常患，前葉未遑而服
焉」，皆突顯吳不臣服問題由來已久，是歷代的禍患，
前人難以解決，藉著刻意強化吳患問題，以達到頌美解
決者的作用。其下說明晉武帝征伐時間迅速，超越古代
聖君，以說明武帝功德：「方將遒導遠舒，跨跡踔蹤，
考上皇以比德，課古昔以論功，豈徒韜闔三五，牢籠秦
漢云爾哉。」透過古代聖王與現代聖君晉武帝的對比，
尤突顯其功業之偉大。序中又認為晉朝可上方唐堯、虞
舜等古代聖君的治道，並且將平吳一事比為聖王討伐不
庭之戰役，故以周宣王討伐玁狁、淮夷之後，《詩經》
中留下〈小雅・出車〉以及〈大雅・江漢〉二詩，以為
歌頌，作為自己創作〈平吳頌〉的動機說明，這是為了
效法雅頌精神，表達對於聖主賢王開創功業的喜悅光榮
之情而進行的創作。其下頌云：

> 上哉仁聖，曰惟皇晉。光澤四表，繼天垂胤。……
> 帝道煥于唐堯，義聲邈乎虞舜。若夫懷生之類，
> 莫不侵淫膏液，含和而渥潤。于時三隅仰化，八
> 區同軌，西夷納珍，肅慎貢矢。洪荒大漢，罔有

不蠢。蠢爾鯨吳，憑山阻水。肆虐播毒，而作豺
虺。菁茅闕而不貢，越裳替其白雉。聲教壅滯而
不暢，皇澤霾翳而隔坦。於是我皇怨中夏之既戰，
忿江表之跋扈，制廟勝於帷幄，發神策於獨覩。
違眾臣之常議，任聖聰而弗顧。乃雷奮而電激，
遂有事於金武。于時鳥行戰耀，虞女寢光。攙搶
南掃，太白擒芒。歲次眥諏，運在玄英。人神合
契，天應孔明。乃命將帥，爰率軍征。左引青、
徐，右率荊梁。師出以時，眾然允臧。正九伐之
明典，申號令之舊章。布亘地之長羅，振天網之
脩綱。制征期于一朝，並箕驅而慕張。爾乃拔丹
陽之峻壁，屠西陵之高墉。日不移晷，群醜率從。
望會稽而振鐸，臨吳地而奮旅。眾軍競趣，烽颮
具舉。挫其輕銳，走其守禦。[67]

　　頌的前面歌頌晉德，其後斥責吳為虐南方，又以「菁茅
闕而不貢，越裳替其白雉」，連用「楚」、「越裳」兩
個南方國家的典故來表示吳不向天子稱臣，故晉之伐吳
戰爭具備正當性，並強調武帝「制廟勝於帷幄，發神策
於獨覩。違眾臣之常議，任聖聰而弗顧」，歌頌武帝超
越常情俗見，力排眾議以伐吳的明智，其文字中又特意
加強描寫戰爭之輕易與迅捷，以顯見王師出征之天威。

67　《文館詞林》，頁 124-125。《藝文類聚》卷 59，頁 1622-1623。

　　這個時期的詩作方面，程咸有〈平吳後三月三日從
華林園作詩〉：「皇帝升龍舟，侍幄十二人。天吳（水
神）奏安流，水伯衛帝津。」[68]本詩殘句只寫出皇帝到
水邊泛舟，看不出詩中意旨。然而荀勖的〈三月三日從
華林園詩〉殘句則言：「清節中季春，姑洗通滯塞。玉
輅扶渌池，臨川蕩苛慝。」[69]雖然詩題沒有註明是那一
年的三月三日，但從詩句「姑洗通滯塞」、「臨川蕩苛
慝」等充滿政治性的語言看來，本詩應該與程咸為同一
次宴集所作，這幾句詩歌頌春天大地煥然一新，但詩中
又刻意使用政治概念的語詞，在一定程度中展現了蕩平
天下的開闊氣氛。

　　王濟亦作〈平吳後三月三日華林園詩〉：

　　蠢爾長蛇，荐食江沔。我皇神武，汎舟萬里。迅
　　雷電邁，弗及掩耳。思樂華林，薄采其蘭。皇居
　　偉則，芳園巨觀。仁以山悅，水為智歡。清池流
　　爵，祕樂通玄。脩罟灑鱗，大庖妙饌。物以時序，

---

68 見逯欽立輯：《先秦漢魏晉南北朝詩》，頁552。
69 《初學記》卷4頁，189。荀勖又有〈從武帝華林園詩〉二章（「習
　習春陽」二章），逯欽立以為當與此為同時所作，「蓋一用四言，
　一用五言也。」逯欽立輯：《先秦漢魏晉南北朝詩》，頁592。然
　仔細觀察詩意，本詩為〈三月三日從華林園詩〉，作於三月三日之
　宴集，姑繫於與王濟等人同作之平吳後三月三日宴集，據詩意亦與
　蕩平天下之氣氛相合。〈從武帝華林園詩〉詩中有「天施地生，以
　應仲春」之句，可知作於二月仲春，故該詩應與作於泰始四年二月，
　與應貞詩作應為同一集會。

　　情以化宣。終溫且克，有肅初筵。嘉賓在茲，千
　　祿永年。[70]

本詩前半貶抑吳國，歌頌晉皇武功，論述的重點與前面
諸文雷同，後半則著重描寫華林園饗宴之盛美歡悅，「清
池流爵，祕樂通玄。脩罾灑鱗，大庖妙饌」數句加強描
寫宴會場景，既有流觴，又有美好的音樂，有獲魚之歡
樂，亦有美妙之饌食，充滿太平歡樂的氣氛。

　　又，潘尼有〈後園頌〉云：

　　芒芒在昔，悠悠結繩，太樸未散，玄化靄凝。羲
　　皇繼踵，三代相承，五德更王，文質迭興。天命
　　匪諶，祐謙輔信，乃眷我皇，光有大晉。應期納
　　祚，天人是順，和氣四充，惠澤旁潤。神祇告祥，
　　四靈效質，游龍升雲，儀鳳翳日。甘露晨流，醴
　　泉涌溢，華夏既寧，八荒靜謐。人亦有言，吾何
　　以休，乃延卿士，從皇以遊。長筵遠布，廣幕四
　　周，嘉肴惟芳，旨酒思柔。巖巖峻岳，湯湯玄流，
　　翔鳥鼓翼，游魚載浮。明明天子，肅肅庶官，文
　　士濟濟，武夫桓桓。講藝華林，肆射後園，威儀
　　既具，弓矢斯閑。恂恂謙德，穆穆聖顏，賜以宴
　　飲，詔以話言。黍稷既登，貨財既豐，仁風潛運，

---

70 逯欽立輯：《先秦漢魏晉南北朝詩》，頁597。

皇化彌隆。征夫釋甲，戰士罷戎，遐夷慕義，絕
域望風。無或慢易，在始慮終，無或安逸，在盈
思沖。[71]

本篇作品稱頌大晉之德，以為這個王朝乃受命自天，為
神靈所祜佑，天下清寧無事，於是皇帝延請卿士，遊於
後園。其次稱美宴飲嘉肴、美酒、美景，並形容濟濟多
士，以襯託王朝之強盛。其後說到「講藝華林，肆射後
園」，說明講武會場之威儀與參與者之嫻熟有序，武帝
之雍穆氣質，「黍稷既登」四句形容社會富庶、教化仁
善，「征夫釋甲，戰士罷戎，遐夷慕義，絕域望風」數
句說明天下混同太平，四方歸心，最後歸於勸勉之意。
本篇由「講藝華林，肆射後園」到「征夫釋甲，戰士罷
戎」，乃一個由講武、習武轉向釋甲的過程，其背景即
在於天下統一，無武備之必要，遂轉而棄武備修文治，
以示太平。《世說新語‧識鑑》第 4 則載：「晉武帝講
武於宣武場，帝欲偃武修文，親自臨幸，悉召群臣。山
公謂不宜爾，因與諸尚書言孫、吳用兵本意。」劉孝標
注引《竹林七賢論》曰：「咸寧中，吳既平，上將為桃
林、華山之事，息役弭兵，示天下以大安。於是州郡悉
去兵，大郡置武吏百人，小郡五十人。時京師猶講武，
山濤因論孫、吳用兵本意。濤為人常簡默，蓋以為國者

71　參《藝文類聚》卷 65，頁 1750。

不可以忘戰，故及之。」[72]按《晉書・武帝紀》中所載，武帝大閱於宣武觀中共有兩次，一次在咸寧三年十一月景戌至壬辰，一次在太康四年十二月庚午，「偃武修文」或「為桃林、華山之事」當在平吳後，因此《世說》、《竹林七賢論》中所述時間當在此時，潘尼〈後園頌〉所歌頌的正是太康四年由講武而轉為息役弭兵，示天下以大安的觀武宴會活動，可以看出當時上下皆處於天下太平的樂觀而自信的氛圍中。另外，張華亦有〈太康六年三月三日後園會詩〉[73]，本詩除歌頌武帝「臨下渥仁，訓以慈惠」、「詢納廣神」之外，亦表達自已慕恩之心，本詩的特點主要在敘述景物相當清新，如云：「暮春元日，陽氣清明。祁祁甘雨，膏澤流盈。習習祥風，啟滯導生。禽鳥翔逸，卉木滋榮。纖條被綠，翠華含英。」雖然是四言詩句，然卻能將春天景物描寫得具有新鮮的活力，並且在這種陽氣清明、萬物滋生氛圍中，更能體現其下要表達的君臣相得的和諧氣氛。

　　除了華林園宴集詩作以外，其餘作品中亦頗見盛世

72　余嘉錫編撰，《世說新語箋疏》（臺北：華正書局有限公司，民國78年3月版），頁388-389。以下稱為《世說新語》。

73　逯欽立輯：《先秦漢魏晉南北朝詩・晉詩》，頁616。又，張華有〈上巳篇〉亦描寫了三月三日之宴會活動，有學者以為此亦屬晉武帝華林園宴集所作，應該不是，蓋本詩屬於樂府詩，詩意中並無與皇家相關之處，詩末又對「眾君子」提出期勉，云：「盛時不努力，歲暮將何因？勉哉眾君子，茂德景日新。高飛撫鳳翼，輕舉攀龍鱗。」詩中意涵較像是以長輩身分勉勵晚輩努力，以便日後能夠飛黃騰達，應非參與帝王宴集應有的內容。

之氣象，如孫楚〈登樓賦〉云：

> 有都城之百雉，加曾樓之五尋，從明王以登極，
> 聊暇日以娛心。涇渭泊以阻邁，卉木鬱而成林，
> 晞朝陽之素暉，羨綠竹之茂陰，望秦墳於驪山，
> 睹八陵於北岑。青石連岡，終南嵯峨，鳴鳩拂羽
> 於桑榆，游鳧濯翅於素波，牧豎吟嘯於阡陌，舟
> 人鼓枻而揚歌。營巷基峙，列宅萬區，黎民布野，
> 商旅充衢，杞柳綢繆，芙蓉吐芳，俯依青川，仰
> 翳朱楊，體象濛汜，幽若扶桑，白日爲之晝昏，
> 鳥禽爲之頡頏。百僚雲集，促坐華臺，嘉肴滿俎，
> 旨酒盈杯，談三墳而詠五典，釋聖哲之所裁。[74]

　　本賦描寫都城建築之偉麗，以及地理位置、景物之
優異，寫景細緻而充滿太平之悠遊安定感，不管是「牧
豎吟嘯於阡陌，舟人鼓枻而揚歌」，或是「營巷基峙，

---

[74] 《全晉文》卷 60，頁 1800b。《藝文類聚》卷 63 兩引，頁 1705，
頁 1714。按，《晉書·孫楚傳》載孫楚因「多所陵傲，缺鄉曲之
譽」年四十餘，始參石苞鎮東將軍府參軍，歷任著作佐郎、石苞驃
騎參軍，又以不敬府主石苞等事遭壓抑，後因征西將軍扶風王駿與
孫楚為舊好，起為參軍，轉深令、遷衛將軍司馬，在晚年擔任一段
馮翊太守之職。賦中所稱「明王」，應指扶風王司馬駿。據《晉書·
武帝本紀》及《晉書·扶風王駿傳》載，咸寧三年徙汝陰王司馬駿
為扶風王，太康三年，諫阻齊王攸出鎮一事，武帝不從，發病而薨，
因此本賦約作於咸寧三年到太康三年之間。見《晉書》頁 76b，頁
785b-786a。

列宅萬區，黎民布野，商旅充衢」，都描寫出經濟的富
庶繁榮和社會的安定，賦末云：「百僚雲集，促坐華臺，
嘉肴滿俎，旨酒盈杯，談三墳而詠五典，釋聖哲之所裁。」
則回到賦之歌頌禮樂文化之旨，以顯示這是一個充滿儒
雅理想的賢士聚會。此外，如棗據之〈登樓賦〉雖以懷
鄉為主旨，然其中亦形容上京為：「原隰開闢，蕩滌夷
藪，桑麻被野，黍稷盈畝，禮儀既度，民繁財阜。」[75]可
見在晉武帝平吳前後，西晉確實擁有一段以儒雅和禮教
為風氣，並且繁榮昌盛的時期。

　　潘岳有〈世祖武皇帝誄〉敘述晉武帝功德，主要有
三類，第一是文治，其次是武功，最後則是功成不居。
文治方面有：

> 愛盡事親，教加百姓，于喪過哀，在祭餘敬。后
> 蠶冕服，躬籍粢盛，六代畢奏，九功咸詠。行敦
> 醇樸，思貫玄妙，蒞政端位，臨朝光曜。胄子入
> 學，辟雍宗禮，國老恂恂，貴遊濟濟。[76]

武功方面則以滅吳為主，第三則是功成不居，拒絕封禪，
云：「恭惟大行，功成不居，議寢封禪，心栖沖虛，策
告不足，太平有餘，七十二君，方之蔑如。」潘岳本篇
誄文頌美晉武帝之文治武功，尤其稱頌他拒絕封禪一

---

75 參《藝文類聚》卷 63，頁 1705。
76 《全晉文》，頁 1992a-1992b。

事，較古代封於泰山告成的七十二君尤其崇高，可謂極
盡歌頌之能事。

　　《藝文類聚》卷 88「木部」上載有數篇桑樹賦[77]，
這些都是透過桑樹追思晉武帝的。三首的寫作都以桑來
頌美先皇，可見是共題共作詩。陸機、傅咸作品有序，
由序中可知本詩頌美對象為晉武帝司馬炎，皇太子之便
坐本為晉武帝任中壘將軍時之直盧，當年晉武帝
在此種下桑樹，今已枝葉繁茂。可推知這些賦應該是愍
懷太子聚會時的文學賞會活動作品。[78]

　　陸機〈桑樹賦〉曰：

> 皇太子便坐，蓋本將軍直盧也。初世祖武皇帝為
> 中壘將軍，植桑一株，世更二代，年漸三紀，扶
> 疏豐衍，抑有瑰異焉。（以上賦序）
> 夫何佳樹之洪麗，超託居乎紫庭，羅萬根以下洞，
> 矯千條而上征，豈民黎之能植，乃世武之所營，
> 故其形瑰族類，體黼眾木，黃中爽理，滋榮煩縟，
> 綠葉興而盈尺，崇條蔓而曾尋，希太極以延峙，
> 映承明而廣臨，華飛鴉之流響，想鳴鳥之遺音，

---

77 《藝文類聚》卷 88，頁 2265-2266。
78 據招祥麒考証，以為司馬炎於西元 260 年任中壘將軍，傅咸謂其種
桑「迄今三十餘年」，陸機謂「年漸三紀」，故知賦作於 291-295
年間。傅咸元康元年（291）為太子庶子，同年遷御史中丞，故知
此賦作於太康元年（291）。招祥麒著：《潘尼賦研究》（上海：
上海古籍出版社，2011 年 11 月 1 版），頁 44-45。

惟歷數之有紀，恆依物以表德，豈神明之所相，
將我皇之先識，跨百世而勿翦，超長年以永植。

潘尼〈桑樹賦〉曰：

從明儲以省膳，憩便房以偃息，觀茲樹之特瑋，
感先皇之攸植。蔚蕭森以四射，邈洪傭而端直。
爾乃徘徊周覽，俯仰逍遙，俛睇靈根，上眺脩條。
洞芳泉於九壤，含溢露於清霄，倚增城之飛觀，
拂綺窗之疏寮。下迢遞以極望，上扶疏而參差，
匪眾鳥之攸萃，相皇鸞之羽儀。理有微而至顯，
道有隱而應期，豈皇晉之貞瑞，兆先見而啟茲。
起尋抱於纖毫，崇萬匱於始基。

傅咸〈桑樹賦〉曰：

世祖昔為中壘將軍，於直廬種桑一株，迄今三十
餘年，其茂盛不衰，皇太子入朝，以此廬為便坐。
（以上賦序）
伊茲樹之僥倖，蒙生生之渥惠，降皇躬以斯植，
遂弘茂於聖世。厥茂伊何，其大連尋，脩柯遠揚，
洪條梢摻。布篁枝之沃若，播密葉以垂陰，蔭華
宇而作涼，清隆暑之難任。以厥樹之巨偉，登九
日於朝陽，且積小以高大，生合抱於毫芒，猶帝

道之將升，亦累德以彌光。湯躬禱於斯林，用獲
雨而興商，惟皇晉之基命，爰於斯而發祥。從皇
儲於斯館，物無改於平生，心惻切以興思，思有
感於聖明，步旁遑以周覽，庶髣彿於儀形。

桑樹本為一般常見的樹種，然而這棵桑樹因為是司馬炎
過去任中壘將軍時所種植，因此具有特殊意義。陸機賦
的寫作先誇大讚美此桑樹之洪麗，以點出種植者身份，
並再一次加強桑樹之瑰偉，以其瑰偉而能集眾鳥，來襯
托武帝之德。[79]潘尼賦亦著重鋪陳此桑樹異於眾樹之茂
密巨大，並透過桑樹而想像鸞鳥來集，並以此樹異於凡

---

[79] 關於陸機此賦，劉運好在《陸士衡文集校注》卷 4 以為陸機：「運
用『鴟鴞』、『鳴鳥』之典故，隱隱表達自己對亂世的憂慮和輔佐
晉室以成大業的渴望。」此處應該是誤解陸機典故用意。劉注以為：
「華，通嘩。」並引《詩・豳風・鴟鴞》序：「《鴟鴞》，周公救
亂也。」又以鳴鳥為鳳凰，引《書・君奭》云：「收罔勖不及，耇
造德不降，我則鳴鳥不聞，矧曰其有能格。」劉注以為：「士衡謂
『飛鴞之流響』，隱含救亂治世之意；『鳴鳥之遺音』，隱含同心
輔王之意。流響、遺音，均喻遺訓。此二句言此樹猶存，如言『鴟
鴞』之訓戒，冀『鳴鳥』之遺囑。」參晉・陸機著，劉運好校注整
理：《陸士衡文集校注》卷 4（南京：鳳凰出版社，2007 年 12 月
一版），頁 261。實則陸機此賦引《詩・魯頌・泮水》：「翩彼飛
鴞，集于泮林，食我桑黮，懷我好音。」箋云：「懷，歸也。言鴞
恒惡鳴，歸就我以善音，今來止於泮水之木上，食其桑黮，為此之
故，故改其鳴，歸就我以善音。喻人感於恩則化也。」因此，陸機
此賦乃善頌此樹之神妙，可以令惡鳴之鳥改善音，以喻武帝教化流
布，令普天之下之人皆因其德而改化。鳴鳥可能指鳳凰，即武帝之
意，故以此傳達對晉武帝之追思。

木之宏偉，來做為晉朝貞祥之象徵，以頌美晉朝。傅咸則在頌美此樹之外，加上更強烈的勸戒太子之意，說明：「且積小以高大，生合抱於毫芒，猶帝道之將升，亦累德以彌光。」這三篇皆透過對桑樹的神妙奇偉加以誇大的描寫，以此樹做為晉武帝之德澤流衍，以詠物來頌德，在描寫的技巧上頗有類似之處，只是潘尼出之以鼓勵，傅咸之作品則有更多的勸勉，而陸機則以典雅頌美為主。這樣的一組作品雖然可能是出於愍懷太子要求而作，然亦可見晉武帝在時人心目中之形象。

第四節　帝國意識下的寬宏視野

西晉朝廷人才奕奕，《晉書‧華譚傳》史臣評論曰：「武皇之世，天下乂安，朝廷屬意於求賢，薀軸有懷於干祿。」[80]《晉書》卷 44〈鄭、李、盧、華、石、溫等傳〉史臣論亦以為：「晉氏中朝承累世之資，建兼并之業，衣冠斯盛，英彥如林。」[81]

此時的許多贈答詩中可以看到「羽儀上京」、「播名上京」、「翻飛上京」、「翻飛名都」等詞語[82]，或

80　見《晉書‧郤詵、阮种、華譚傳》，頁 992b。
81　《晉書》卷 44〈鄭、李、盧、華、石、溫等傳〉，頁 876b。
82　如傅咸：〈贈褚武良詩〉：「爰暨于褚，惟晉之禎。肇振鳳翼，羽儀上京。」見《藝文類聚》卷 31，頁 848。潘岳：〈為賈謐作贈陸

是說「濟濟皇朝，峨峨髦士。序爵以賢，惟儁萃止。」[83]
「大晉盛得人，儲宮畜髦士」[84]等句式，代表各地的人
才都集中到京城，以為國效勞。關於西晉文人群體之活
動時間及地點分布，俞士玲曾有詳細考證，茲附其圖表
於本文末，由此圖表可見西晉文化文流接觸的情形。

　　另一方面，也可以看到許多人才被外派到各地出守。

　　如摯虞的〈贈李叔龍以尚書郎遷建平太守詩〉[85]是
寫給由中央出守南方曠遠之地的李叔龍。建平為東吳舊
地，出守應被視為外放，但摯虞詩云：「惟彼建平，居
江之瀨。明明在上，率下和會。誰謂水深，曾不浮芥。
誰謂曠遠，王道無外。」以普天之下，皆為王道所化之
地來勸勉之，詩中境界開闊。

　　摯虞又有〈贈褚武良以尚書出為安東詩〉[86]，本詩
之褚武良亦以居中央的尚書之職，外放到江淮地區擔任
安東太守，但摯虞寫作此詩，一開端亦曰：「蕩蕩大晉，
奄有八荒。畿服既寧，守在四疆。」說明大晉武功克成，
統一四方，領土及於荒遠之地，需要有能臣以守四方，

機詩〉：「長離云誰？咨爾陸生。鶴鳴九皋，猶載厥聲。況乃海隅，
播名上京。」見《文選》卷 24 頁，357a-357b。摯虞的〈贈李叔龍
以尚書郎遷建平太守詩〉，見《文館詞林》卷 156，頁 24。陸機〈贈
顧令公文為宜春令詩〉，《文館詞林》卷 156，頁 33。

83　孫拯：〈贈陸士龍詩〉。參《文館詞林》卷 156，頁 23。按「芥」
　　作「芳」，非。

84　潘尼：〈贈滎陽太守吳子仲詩〉。見《藝文類聚》卷 31，頁 852。

85　《文館詞林》卷 156，頁 24。

86　《文館詞林》卷 156，頁 24。

以此開啟下面詩句，點出褚武良正是可以「鎮彼遐方」
的重要人選。[87]從這些贈答的詩句中，我們也可以看出
天下一統之後，各地英彥齊聚京城，互相交接、援結，
並因為治理之需要而又被派到各地，一方面促成各地人
才的互動，另一方面也開拓了士人的眼界。[88]

　　作於平吳前夕，咸寧四年（278）之〈晉皇帝三臨辟
雍皇太子再蒞盛德頌〉，碑陰載有四百多人，多為太學
儒生，有博士、弟子、禮生、散生等級別，除了姓名字
以外，亦記錄了這些人的籍貫。這些儒生與西晉版圖相
比對，可以發現西晉十九州中，除了吳四州當時尚未臣
服，故未併入西晉版圖外，蜀地亦尚無，但其餘十四州
皆有儒生在太學，其中涼州占 45 人，西域有 3 人。[89]碑
文中提到晉文帝主政時：「廓開太學，廣延群生。天下
鱗萃，遠方慕訓。東越於海，西及流沙，並時集至，萬
有餘人。」可見晉太學廣納各地生員的情形，是延續魏
時政策，對於文化的傳播以及文人間的相互影響，應有
相當的作用。碑文又云：「於時方國貢使及報塞入獻之

87　按，傅咸：〈贈褚武良詩〉云：「方任之重，實在江揚。乃授旄鉞，
　　宣曜威靈。」創作時事應與摯虞相同。見《先秦漢魏晉南北朝詩‧
　　晉詩》卷 3，頁 605。

88　關於西晉文人活動狀況可參俞士玲《西晉文學考論》上編考證，詳
　　附表「西晉文學創作群體與文人分布表」。

89　參韓理洲等輯校編年：《全三國兩晉南朝文補遺》（西安：三秦出
　　版社，2013 年 3 月 1 版），頁 70-73。王東洋著：〈《晉辟雍碑‧
　　碑陰》所反映的幾個問題〉，《重慶社會科學》，2007 年第 2 期，
　　總第 147 期，頁 82-85。

戎，倍於海外者，蓋以萬數。」[90]透過這樣的資料，我們也能想像當時首都洛陽做為一個全國文化中心，萃集四方人才、貢使的樣貌。

《晉書‧四夷傳》載：武帝「撫舊懷新，歲時無感，凡四夷入貢者，有二十三國。」[91]《晉書‧匈奴傳》曰：「爰及泰始，匪革前迷，廣闢塞垣，更招種落，納萎莎之後附，開育鞠之新降，接帳連轘，充效掩甸。」「關中之人，百餘萬口，率其少多，而戎狄居半。」[92]雖然，歷史上因此導致五胡亂華，史書記載，多半認為郭欽或江統之「徙戎」主張為具有先見之明，但從另一個角度來看，西晉盛時，其國境之中實為一個民族的大融爐，據尚志邁先生統計，晉武帝在位 26 年，就有周邊一百一十多個少數民族政權和國家來晉貢獻近二百次，有東夷、南夷、西域、扶南、林邑諸國，最遠的有大秦國。[93]以此觀之，在太康時期，西晉王朝之國力以及士人的眼界，其世界觀應該是相當開闊的。

---

90 參《全三國兩晉南朝文補遺》，頁 68、69。按，魏太學立於黃初五年（225）四月，開始有弟子數百人，至太和、青龍中，人數多達千人，至晉文帝司馬昭主政的正始年間則達到萬人，雖然這些人多半為了「避役」而來，學習效果很差，但仍有聚集各地人才，開拓視野之功。

91 《晉書‧四夷傳》，頁 1652a。

92 《晉書‧四夷‧北狄‧匈奴傳》，頁 1671b-1671a。又參江統〈徙戎論〉，見《晉書‧江統傳》，頁 1039a。

93 參尚志邁：〈晉武帝與太康之治〉，《張家口師專學報（社會科學版）》，1994 年第 2 期。頁 53-58。

　　摯虞的〈雍州詩〉說：

　　於皇先王，經啟九有，有州維雍，居京之右。土
　　載奧區，山苞神藪。嘉生惟繁，庶類伊阜。悠悠
　　州城，有華有戎。外接皮服，內含岐豐。周餘既
　　沒，遺德未終。莫不慕義，易俗移風。[94]

　　皮服即皮衣，詩中所謂「皮服」乃用《書・禹貢》
典故曰：「島夷皮服。」蔡沉集注曰：「海島之夷，以
皮服來貢也。」岐豐為平王賜秦襄公之地，為秦國開始
壯大之處。此詩歌頌雍州是一個華戎交雜之處，但也具
備秦國原有的強悍之風，而這個地區雖然有外族，然而
「莫不慕義，易俗移風」，對於華夷雜處的現象並不排
斥，反而頗有種族融合，外族接受大晉德風熏陶之意，
可知在華夷有別的觀點外，晉朝實有另一個角度來看待
這種華人與外族雜處的現象，並不皆欲攘斥。

　　西晉平吳後，據《晉書・武帝紀》載：「薦酃淥於
太廟」[95]。《御覽》八百四十五卷引郭仲產《湘州記》
曰：「衡陽東南大酃湖，士人取此水以釀酒，其味醇美，
所謂酃酒，每年常獻之，晉平吳始薦酃酒於太廟是也。」
產於南方之美酒，於平吳之後獻於太廟，除了酒本身的

---

94 《初學記》卷 8，頁 416。宋・宋敏求：《長安志》卷 2，頁 2。收
　　入《欽定四庫全書》史部 11，「地理類」，頁 21-22。
95 《晉書・武帝紀》，頁 80a。

美好外，此舉尤其具有以大一統告功於祖宗之意味。西
晉時，這種產自南方的好酒，也是時人特別重視的，故
西晉曹攄《贈石崇》詩就提到：「飲必酃綠，肴則時鮮。」
[96]張協〈七命〉曰：「乃有荊南烏程」。《文選》李善
注引南朝宋盛弘之《荊州記》：「淥水出豫章康樂縣，其
閒烏程鄉有酒官，取水為酒。酒極甘美，與湘東酃湖酒，
年常獻之，世稱酃淥酒。」[97]

　　張載亦撰有〈酃酒賦〉云：

> 惟聖賢之興作，貴垂功而不泯。嘉康狄之先識，
> 亦應天而順人。擬酒旗于玄象，造甘醴以頤神。
> 雖賢愚之同好，似大化之齊均。物無往而不變，
> 獨居舊而彌新。經盛衰而無廢，歷百代而作珍。
> 若乃中山冬啟，醇酎秋發，長安春禦，樂浪夏設，
> 漂蟻萍布，分香酷烈，垂嘉稱於百代，信人神之
> 所悅。未聞珍酒，出於湘東，丕顯於皇都，乃潛
> 淪于吳邦。往逢天地之否運，今遭六合之開通，
> 播殊美於聖代，宣至味而大同，匪徒法用之窮理，
> 信泉壤之所鍾。故其為酒也，殊功絕倫，三事既
> 節，五齊必均，造釀以秋，告成以春，備味滋和，
> 體淳色清，宣禦神志，導氣養形，遣憂消患，適
> 性順情，言之者嘉其美志，味之者棄事忘榮。於

96　參《文館詞林》，頁42。
97　《文選》，頁506b。

是糾合同好，以遨以遊，嘉賓雲會，矩坐四周。
設金樽于南楹，酌浮觴以旋流，備鮮肴以綺錯，
進時膳之珍羞，禮儀攸序，是獻是酬。賴顏微發，
溢思凱休，德音晏晏，弘此徽猷，咸得志以自足，
願棲遲於一丘。於是歡樂既洽，日薄西隅，主稱
湛露，賓歌驪駒，僕夫整駕，言旋其居。乃憑軾
以回軌，騁輕駒於通衢，反衡門以隱跡，覽前聖
之典謨，感夏禹之防微，悟儀氏之見疏，鑒往事
而作戒，罔非酒而惟愆哀秦穆之既醉，殲良人而
棄賢，嘉衛武之能悔，著屢舞于初筵。察成敗于
往古，垂將來於茲篇。[98]

本賦除了描述並頌揚酃酒之美好以外，亦述其德，賦末
歸於戒諫之意。然賦中說到：「未聞珍酒，出於湘東。
丕顯於皇都，乃潛淪于吳邦。往逢天地之否運，今遭六
合之開通。播殊美於聖代，宣至味而大同。」本段即借
酃酒之丕顯於皇都，而隱沒於吳邦，稱頌今天下統一，
乃美酒效勞於聖代之時，乃其顯揚自我美好以傳達至味
之日，頗有萬物皆得其所之意，借著詠物賦，張載亦達
到頌美皇代的效用。

　　因統一而獲得天下重視的物產尚有羽扇。傅咸《羽
扇賦》曰：「吳人截鳥翼而搖風，既勝於方圓二扇，而

98 收入《藝文類聚》卷 72，頁 1872-1873。《初學記》卷 26。

中國莫有生意，滅吳之後，翕然貴之。」[99]羽扇本為南
方特有物產，本不為北方所珍，滅吳後受到極大重視。
嵇含又有《羽扇賦》云：「吳楚之士，多執鶴翼以為扇。
雖曰出自南鄙，而可以邀陽隔暑。昔秦之兼趙，寫其冕
服，以□侍臣。大晉附吳，亦遷其羽扇，御於上國。」[100]
依照嵇含的寫法，羽扇是大晉平定吳國所吸納的戰利
品，充滿戰勝者意識，然由此我們亦可觀察到這時期的
人對於來自各方的物產得以聚集、流通，充滿王朝富強
的驕傲。

　　西晉王朝隨著疆域與各地人物的交流，同時也帶來
豐厚而多元的物產，以及人們對於新世界、新王朝的探
索與想象，人們對遠方的風土、名物、珍產、藥草，皆
具有好奇蒐羅之興趣。張載有一首失題之作品云：

> 大谷石榴，木滋之最，膚如凝脂，汁如清瀨。江
> 南都蔗，張掖豐柿，三巴黃甘，瓜州素柰。凡此
> 數品，殊美絕快。渴者所思，銘之裳帶。[101]

殷巨則有[102]〈奇布賦〉歌頌大秦國來貢的火布：

99　《藝文類聚》卷 69，頁 1820。
100　《全晉文》卷 65，頁 1830。
101　《先秦漢魏晉南北朝詩》，頁 739。逯欽立以為是失題詩作，但
　　據其體式，應該是銘文。
102　殷巨字元大，雲陽（治今江蘇丹陽）人。殷禮之孫，殷興（興一
　　作基）之子。有才器，初仕吳為偏將軍，統領家兵部曲，築城夏
　　口。吳平後，任晉蒼梧、交阯二郡太守。

> 維泰（太）康二年，安南將軍廣州牧滕侯作鎮南
> 方，余時承乏，忝備下僚，俄而大秦國奉獻琛來
> 經于州，眾寶既麗，火布尤奇，乃作賦曰伊荒服
> 之外國，建大秦以為名，仰皇風而悅化，超重譯
> 而來庭。貢方物之綺麗，亦受氣于妙靈。美斯布
> 之出類，稟太陽之純精，越常品乎意外，獨詭異
> 而特生。森森豐林，在海之洲，煌煌烈火，禁焉
> 靡休，天性固然，滋殖是由。牙萌炭中，類發爐
> 隅，葉因焰潔，翹與炎敷，焱榮華寶，焚灼蕚珠，
> 丹輝電近，彤炳星流，飛耀衝霄，光赫天區。惟
> 造化之所陶，理萬端而難察，燎無爍而不燋，在
> 茲林而獨昵，火焚木而弗枯，木吐火而無竭，同
> 五行而並在，與大椿其相率。乃採乃枌，是紡是
> 績，每以為布，不盈數尺，以為布帊，服之無數。
> 既垢既汙，以焚為濯，投之朱鑪，載燃載赫，停
> 而冷之，皎潔凝白[103]

雖然魏時已有「火布」傳入，但此處所謂「仰皇風而悅
化，超重譯而來庭」乃以奇物來貢，歌頌晉王朝仁風遠
播，對為王朝之偉大頗為自豪。同時，無論是對於各地
殊美食物的渴望，或是對於奇布的歌頌，在在都顯示出

103　《藝文類聚》卷 85，頁 2184-2185。

人們生活的世界相當開闊，這種蒐珍獵奇的心態，尤以石崇等人的鬥富故事最炫人心目。在《晉書・食貨志》提到：

> 世祖武皇帝太康元年，既平孫皓，納百萬而罄三吳之資，接千年而總西蜀之用，韜干戈於府庫，破舟船於江壑，河濱海岸，三丘八藪，耒耨之所不至者，人皆受焉。農祥晨正，平秩東作，荷鍤贏糧，有同雲布。若夫因天而資五緯，因地而興五材。世屬升平，物流倉府，官闈增飾，服翫相輝，於是王君夫、武子、石崇等更相誇尚，輿服鼎俎之盛，連衡帝室，布金埒之泉，粉珊瑚之樹。[104]

此處點出王君夫、王武子、石崇等人的誇尚奢靡的行為的背景在於天下一統，農事有成，同時吳、蜀各方的物產皆納入大一統的王朝中，物資豐厚，才能「物流倉府，官闈增飾，服翫相輝」，這些巨富方可以「布金埒之泉，粉珊瑚之樹」，以競相誇耀。

《晉書》載何曾「食日萬錢，猶曰無下箸處」其子何劭「衣裳服翫，新故巨積，食必盡四方珍異，一日之供，以錢二萬為限，時論以為太官御膳，無以加之。」[105]石崇則：「財產豐積，室宇宏麗。後房百數，皆曳紈繡，

104　《晉書・食貨志》，頁 576a-576b。
105　《晉書・何曾傳》及《晉書・何劭傳》，頁 700a，頁 700b。

珥金翠。絲竹盡當時之選，庖膳窮水陸之珍。」史傳稱
其與王愷等人相競富，「崇塗屋以椒，愷用赤石脂」，
又與之競珊瑚樹之高大盛美[106]，這些物產皆蒐集四方之
奇珍，多非產於中原者，若非大一統之環境，各地商貿、
使節頻繁往來，交通便利，物產運輸容易，實亦難以如
此豪奢相競。從這些豪門巨富的誇富行為中，一方面可
以看到他們對於物質生活享受的誇耀或滿意，另一方面
也從中透顯出屬於新興偉大王朝的自信和豐足感。

　　隨著王朝的一統、疆域的拓大而來的，就是對於疆
域的好奇與探索。三國分立以來，隨著各地的開發，記
述各地地域、風土、人文的、異物的著作大量出現[107]，
顯示出人們對於各地的地形、風土具有極高的興趣與了
解的需要。這個時期具有大一統格局的宏大著作除了有
裴秀的《禹貢地域圖》帶有強烈的政治、軍事外，依《隋
書・經籍志・地理小序》言：

　　　晉世，摯虞依《禹貢》、《周官》，作《畿服經》。
　　　其州郡及縣，分野、封略、事業、國邑、山陵、

---

106 《晉書・石崇傳》載：「武帝每助愷，嘗以珊瑚樹賜之，高二尺
　　許，枝柯扶疏，世所罕比。愷以示崇，崇便以鐵如意擊之，應手
　　而碎。愷既惋惜，又以為嫉己之寶，聲色方厲。崇曰：『不足多
　　恨，今還卿。』乃命左右悉取珊瑚樹，有高三四尺者六七株，條
　　榦絕俗，光彩曜日，如愷比者甚眾。愷悅然自失矣。」
107 參《隋書・經籍志・史部》「雜傳」及「地理」二類記錄可知。
　　見唐・長孫無忌等撰：《隋書》（臺北市：藝文印書館，據清乾
　　隆武英殿刊本景印），頁 494b-499b。

水泉、鄉、亭、城、道里、土田、民物、風俗、
先賢、舊好，靡不具悉，凡一百七十卷，今亡。[108]

　　摯虞作《畿服經》記述各地的地理、物產及人文，這是
依照《禹貢》、《周官》的概念所作，這部著作很明顯
地帶有王朝統治的目的，透過對各地風土民情的了解，
可以幫助中央政府以及外派的官員掌握各地狀況，人們
在往來交通之際，對於陌生的地域，也能進行了解。

　　恐怕也正是基於同樣的需要以及對於新王朝的想
象，造成左思〈三都賦〉有「洛陽紙貴」效應的。[109]左
思〈三都賦〉著作時間說法紛歧，但不論那一個說法，
至少我們可以肯定〈三都賦〉在平吳前後推出，並造成
「豪貴之家，競相傳寫，洛陽為之紙貴」[110]的效應。

　　《晉書·左思傳》載左思欲賦三都，藉其妹左芬入
宮之便而移家京師，又詣著作郎張載，訪以岷邛之事，
構思十年，並自以所見不博而求為祕書郎，《晉書》又

108　《隋書·經籍志》，頁 499b。

109　周勛初師以為左思〈三都賦〉能造成「洛陽紙貴」的效應，主要
　　是因為當時人們對於地理探索的興趣與需要，〈三都賦〉在寫作
　　過程以及賦序所強調的「徵實」，正與此功能相應，故能造成轟
　　動。參氏著：〈左思《三都賦》成功經驗之研討〉，《魏晉南北
　　朝文學論叢》（南京市：江蘇古籍出版社，1999 年 11 月 1 版），
　　頁 36-48。王文進先生在〈三分歸晉前後的文化宣言 —— 從左思《三
　　都賦》談南北文化之爭〉中亦以為〈三都賦〉是左思在為即將統
　　一的新帝國所作的歷史傳承追認與帝國遠景的建構。

110　《晉書·左思傳》，頁 1554a。

云左思賦成後，除了求皇甫謐為之序以外，又有張載為
注魏都，劉逵注吳、蜀，陳留衛瓘又為之作〈略解序〉[111]，
凡此皆可見左思創作時講究徵實之狀況，以及其作推出
後，造成的鑽研風潮。

　　西晉這個新興的王朝因為統一的氣氛所帶出的廣闊
視野，開啟了王朝子民的榮耀和廣闊世界的探尋。並且，
這個世界不只是聽聞，而且是可行可踐，對於遠方的珍
異奇景，山川鳥獸，不再只是神奇的傳說和虛誇的想像，
而是可以徵實、求證的，這樣的思潮，在左思強調徵實
的《三都賦》中，人們滿足了對於新王朝的探索，以及
對遠方風土、名物、珍產的興趣。賦中推尊中原政權，
誇耀王朝氣象，更令讀者感受王朝統合蜀、吳之豐厚物
產，並折以中原之王道。左思的〈三都賦〉為西晉這個
新興的王朝寫下了宏偉豐美的論述。

第五節　政教風尚與文學趨向

　　西晉建國的過程中，是取得世家大族合作的，其核
心人物多來自士族，如賈充、王肅、荀顗、荀勗、衛瓘

---

111 《世說新語・文學》篇 69 注引《思別傳》以為皇甫謐序、張載注、
　　劉逵注、衛瓘序皆為左思「欲重其文，故假時人名姓。」然《晉
　　書》注引《魏志・衛臻傳》注，證明衛瓘乃衛覬之子衛權之誤。
　　並辨明諸序、注皆非假託，可參考。見《世說新語》，頁 1553b。
　　《晉書・左思傳》，頁 1553b。

等，晉武帝曾說：「吾本諸生家，傳禮來久。」[112]頗以
世代傳承儒術自許，因此，西晉建國之初，武帝即加強
了崇儒的政策。傅玄曾上疏云：

> 臣聞先王之臨天下也，明其大教，長其義節；道
> 化隆於上，清議行於下，上下相奉，人懷義心。
> 亡秦蕩滅先王之制，以法術相御，而義心亡矣。
> 近者魏武好法術，而天下貴刑名；魏文慕通達，
> 而天下賤守節。其後綱維不攝，而虛無放誕之論
> 盈於朝野，使天下無復清議，而亡秦之病復發於
> 今。[113]

　　傅玄批評曹魏政治文化的弊病，認為西晉立國，應
該有別於曹魏之貴刑名法術，而要採取王道。並且建議
武帝要「舉清遠有禮之臣，以敦風節」，退「虛鄙」之
人，「以懲不恪」，武帝贊許傅玄的看法，依其建議，
選拔清遠有禮之臣。傅玄又進一步建議：「尊儒尚學，
貴農賤商」，並改善太學虛浮之失，培育人才。[114]就晉
武帝的行政措施觀之，傅玄的建議得到一定程度的認同。
　　武帝在崇儒方面，進行了幾個措施，首先是尊孔，
其次是太學制度，第三則是進行帝王與皇太子講習經典

112　《晉書・禮志中》，頁 4705b。
113　《晉書・傅玄傳》，頁 905a-905b。
114　《晉書・傅玄傳》，頁 905a-905b。

的制度，並加強禮制建設。在尊孔方面，晉於泰始三年
十一月，改封宗聖侯孔震為奉亭侯，規定魯國四時備三
牲祭祀孔子。並完善太學祭孔禮制，甚至在祭孔時經常
由皇太子親釋奠。在太學建設方面，加強了太學的職官
體制以及博士的選拔標準，「皆取履行清淳、通明典義
者，若散騎常侍、中書侍郎、太子中庶子以上，乃得召
試。」兼顧德養和職官級別。在帝王與皇太子講習經典
制度上也確實執行，有一定的執行次數。在禮制方面，
在魏代的基礎上，由荀顗撰為《新禮》，參考古今，更其
節文，由羊祜、任愷、庾峻、應貞共同刊定，成百六十
五篇，奏之。又由摯虞依王景侯所撰《喪服變除》擬定
新禮，元康元年奏上施行。[115]

　　此外，晉武帝亦透過釋奠、藉田、鄉飲酒、鄉射、
大射等典禮，以各種典禮來進行教化與統治。《晉書‧庾
峻傳》載庾峻：「常侍帝講《詩》，中庶子何劭論風雅正
變之義，峻起難往反，四坐莫能屈之。」[116]這是以清談
的形式辯難《詩經》經義，一時朝廷上充滿儒雅之風。

　　除了太學以外，西晉有許多地方官亦十分重視儒學
教育，如鄱陽內史虞溥「大修庠序，廣招學徒」，「至
者七百人」[117]。達在幽州的唐彬除了「訓卒厲兵，廣農

---

115 以上晉代措施，田漢雲有清楚的說明，詳參田漢雲著：《六朝經
　　學與玄學》(南京市：南京出版社，2003 年 12 月一版)，頁 110-114。
116 《晉書‧庾峻傳》，頁 953a。
117 《晉書‧虞溥傳》，頁 1411a-1411b。

重稼」以外，亦「兼修學校，誨誘無倦」[118]，有些名儒在家教授數千人。可見從中央到各地，都致力於崇儒雅、敦教育。

1931 年出土的〈晉皇帝三臨辟雍皇太子再蒞盛德頌〉中提到晉文帝司馬昭主政時期，即「廓開太學，廣延群生」，使得由各地來的諸生達到萬餘人，至武帝時：

> 暨聖上踐祚，崇光前軌，闡五帝之絕業，邁三代之弘風，敦禮明化，以庠序為先。乃遣相國長史東萊侯史光、主薄東萊劉毅奉詔詣學，延博士，會學生，諮詢讜言。又下丙辰詔書，興行古禮，備其器服。太常樂安亭侯琅琊諸葛緒、博士祭酒騎都尉濟南劉憙、博士京兆段溥，考合儀制，述造弦歌。
>
> 泰始三年十月，始行鄉飲酒、鄉射禮。鄭、王、馬三家之義，並時而施。然後罍樽列於公堂，俎豆陳於庭階。鄉縣之樂設，百拜之義陳。縉紳之士，始睹揖讓之節，金石之音。六年正月，憙、溥等又奏行大射禮，乃抗大侯，設泮縣，用肆夏，歌騶虞，邦君之制，於是而顯。其年十月，行鄉飲酒禮，皇帝躬臨幸之。正法服，負黼衣，延王公、卿士，博士、助教、治禮、掌故、弟子、門

---

118 《晉書・唐彬傳》，頁 843a。

人，咸在列位，莫不被文相德，祗服憲度。[119]

這裏敘述的各種崇儒政策，包括：

泰始三年十月，始行鄉飲酒、鄉射禮。

泰始六年正月，行大射禮。

泰始六年十月，行鄉飲酒禮。

咸寧三年，講肆大禮。

咸寧三年冬十一月，行鄉飲酒禮。

咸寧四年二月，行大射禮於辟雍。

童嶺以為，晉武帝在泰始年間施行種種儒術儀式，與泰始三年立皇太子司馬衷有關，從碑文中可知，晉武帝連續兩次破古例，一為讓皇太子行皇帝禮「臨辟雍」，以鞏固皇太子司馬中衷的地位，二為晉武帝親自參與原本屬於士族的「鄉飲酒禮」，將自身士族化，以取得士族認同。[120]可以看出晉武帝對這些典禮的重視，並藉以團結士族、鞏固王朝。

碑文又以為西晉雅重儒學教化，稱美這個王朝：

---

119 參《全三國兩晉南朝文補遺》，頁 68-69。

120 參童嶺著：〈晉初禮制與司馬氏帝室 ——《大晉龍興皇帝三臨辟雍碑》勝義蠡測〉，《學術月刊》，第 45 卷 10 月號，2013 年 10 月，頁 148-160。

今變通之符，典模之則，順天承運，肇造區域，
則虞夏之烈也；建皇極之中，恢配天之範，則義
農之略也；蹈威邁德，樹之風聲，則湯武之軌也；
闡化本，垂道綱，則宣尼之教也。兼六代之美跡，
苞七聖之遐蹤，巍巍蕩蕩，大晉是也！

從西晉的儒教政策，從尊孔、禮制的制定、各種典禮的
施行、學校的完善和普及，以及帝王、太子的講經示範，
都說明這個時代對儒學的重視，而且，統治者是有意識
地透過經學儒典，讓儒學、經學成為王朝、帝室統治的
堅實基礎。雖然這個時代亦崇尚玄學，但其社會中亦有
濃厚的儒學風氣，形成儒玄結合的文化風尚。這樣的文
化下，西晉文學有兩種突出的傾向，一為雅化、復古的
傾向。另一個則是家族、宗親倫理題材作品增加。

　　受到濃厚儒風影響，西晉文學有明顯的雅化現象，
出現大量四言詩，其廟堂雅樂歌辭、文人贈答，大多用
典重奧博的四言雅頌體，其文學審美以頌美為主，重視
文學的政教作用，葛曉音以為：「晉人反覆強調只有頌
美王政方可稱為雅音正聲，『刺時』、『譏惡』一類概
念基本上已從他們的文論中消失。」[121]

　　西晉文學呈現雅化、復古的傾向相當明顯，四言詩
興盛。據崔宇錫依逯欽立《先秦漢魏晉南北朝詩》統計，

---

121 葛曉音著：〈論漢魏六朝詩教說演變及其在詩歌發展中的作用〉，
　　《漢唐文學的嬗變》（北京大學出版社，1990 年 11 月 1 版），頁 23。

西晉五十多年間，作者有七十多人，詩作有五百五十多
首流傳至今，七十多人位作者中，五十多人有四言詩（包
括殘句），數量高達一百八十多首，約占詩壇 30%。甚
至有的詩人現存詩幾乎都是四言，可見四言詩「中興」
的現象。[122]

　　當時頗有儒家經典為西晉詩作題材、語言形式、用
典的重來源的現象，如束皙有〈補亡詩〉、傅咸有〈七
經詩〉、夏侯湛有〈昆弟誥〉、〈周詩〉，潘岳〈家風
詩〉，陸雲與鄭曼季以並且，由西晉詩人「補亡詩」、
《詩經》為篇題的贈答詩等，由這些「作周詩」、「擬
經」的現象，一方面可見當時博學化、宗經化、儒雅化
的現象，同時可見「西晉四言詩創作顯然已不限於潛在
地對《詩經》統緒與精神進行遵守和摹仿，而是意圖非
常明確地對《詩經》統緒進行續接與闡述，構成了非常
鮮明的時代創作傾向。」[123]可見這種雅化、復古、博奧
的詩風，體現了與西晉文化博學儒雅的文化理想。

　　西晉在文學審美上重詩教、重四言、以頌美為主，
這種傾向在摯虞的《文章流別論》中有明析的體現。摯
虞開宗明義說明文學的本質是：「文章者，所以宣上下
之象，明人倫之敘，窮理盡性，以究萬物之宜者也。」

---

122 韓・崔錫宇著：《魏晉四言詩研究》（成都市：巴蜀書社，2006
　　年6月一版），頁146-147。
123 張朝富著：《漢末魏晉文人群落與文學變遷──關於中國古代「文
　　學自覺」的歷史闡釋》，頁297-298。

認為文章是足以究天理、明教化、人倫，甚至能夠「盡性」，除了提示了文學的形上原理外，也帶有濃厚的詩教觀點。[124] 又說：

> 頌，詩之美者也。古者聖帝明王，功成治定，而頌聲興於是，史錄其篇，工歌其章，以奏於宗廟，告於鬼神。故頌之所美，聖王之德也。則以為律呂，或以頌形，或以頌聲，其細已甚，非古頌之意。[125]

摯虞論諸文類，首論頌體，代表他對頌體的重視，以為頌是美「聖王之德」者，正體現了西晉的頌美詩風。又說：

> 《書》云：「詩言志，歌永言。」言其志謂之詩。古有採詩之官，王者以之得失。……夫詩雖以情志為本，而以成聲為節。然則雅音之韻，四言為正，其餘雖備曲折之體，而非音之正也。[126]

詩為詩的本質是「言志」，而又特別重視四言，其所謂「志」，尤其指能夠反映王者之得失者。

---

124 廖棟樑著：〈復古中的發展：談摯虞《文章流別論》〉，《第六屆魏晉南北朝文學與思想學術研討會論文集》，2010 年 7 月 1 日，頁 122-124。
125 《全晉文》，頁 1905a。
126 《全晉文》，頁 1905b。

在文學作品內容及題材方面，此時期亦呈現重視家
族倫理與孝道之情形。西晉統治者因為篡奪手段殘酷，
無法名正言順提供「忠」，且因世家大族倫理維繫所需，
必須提倡孝道，故西晉政權打著「以孝治天下」的名號
統治天下，因此，特別重視家族倫理。[127]在潘岳的〈藉
田賦〉中歌頌泰始四年晉武帝的藉田禮，在這個重視國
本、強調農耕的典禮讚頌中，潘岳特別提到：

> 古人有言曰：聖人之德，無以加於孝乎！夫孝，
> 天地之生，人之所由靈也。昔者明王以孝治天下，
> 其或繼之者鮮哉希矣！逮我皇晉，實光斯道。儀
> 刑孚于萬國，愛敬盡於祖考。故躬稼以供粢盛，
> 所以致孝也。勸穡以足百姓，所以固本也。能本
> 而孝，盛德大業至矣哉！此一役也，而二美具焉。
> 不亦遠乎，不亦重乎！[128]

潘岳此文乃刻意強化「孝」在經國務民上的根本作用，
將國家的重要典禮視為「孝」之一倫的發揚。

就「忠」之一倫而言，當忠孝兩種倫理衝突時，亦
必須說明「忠」與「孝」亦無異，方能符合時論。故嵇
紹父為司馬氏所殺，然而嵇紹以家庭發展之故而出仕於
晉，後於蕩陰之役殉主而死。為了解釋這仕於父之仇以

127　羅宗強著：《玄學與魏晉士人心態》，頁 187-199。
128　《文選》，頁 121b。

成忠的行為，〈晉裴希聲侍中嵇侯碑〉曰：「夫君親之重，非名教之謂也，愛敬出於自然，而忠孝之道畢矣。」「君」、「父」先後本為漢魏以來的舊論題，但此處以為忠、孝並無差異，只要出於愛敬，出於自然之性，就算圓滿實踐忠孝之道了。因此，嵇紹對君、親之敬愛出於自然之性，也完成了忠孝之道，故於文末歌頌他是：「在親成孝，於敬成忠」。[129]這種故意模糊忠與孝的差異的說法，實導因於魏晉特重家族倫理之下，又想讚許「忠」節之故。

因家族倫理乃家族生活、政治、社會、文化之維繫標準，此倫理以孝為核心，而擴及其它倫理，時人以此為人物品評之最重要標準，國家標榜「以孝治天下」，遂產生種種扭曲與士人矛盾之言行，在《世說新語》、史料及當時文人作品中亦可見到相關記錄及討論，在文學的創作及品賞方面，這種對「家族意識」的強調，亦形成對家族文學題材以及家族情感作品的重視。

這種以家族血脈及先祖光榮事跡為自我定位的方式已有文學傳統，早在屈原的〈離騷〉、韋孟的〈諷諫詩〉、韋玄成的〈自劾詩〉等作品中已有呈現，然而此風於魏晉以來特盛，翻檢其時諸多文學作品，尤其是與族人的贈答和某些與仕隱出處相關的作品中，更可發現這種標榜祖德，以家風定位自我的書寫模式，如裴頠曾作〈追

---

129 《藝文類聚》卷 48「侍中」條，頁 1321-1322。

遠詩〉，束皙有〈補亡詩〉六首，陸機有〈祖德賦〉和〈述先賦〉，潘岳有〈家風詩〉等，這種書寫模式除了表現士人的身份認同和家族意識，更形成此時文學創作的特殊風貌。由於時人以「塚中枯骨」見驕，故亦必極力提高祖先之功業，諸多述「祖德」、頌「家風」之作品，則頗為普遍，另外，如碑、誄等對亡故者之稱頌，亦在時人重視的作品類別中。歌頌祖德以標榜自我及宗族成員的現象，尤其在贈答詩作中亦經常可見，特別是出現在宗族之間的互贈詩作，此時期的詩、散文及賦類作品中，創作題材及於親情之歌詠、先祖世德之稱頌、訓誨誡誥，或是如碑、誄、讚等形製的作品，自東漢以來，至此亦具有一定的數量。這種標榜、吹捧祖德家風，或以此自警自勵者，實為整個以門第為重要社會脈絡的魏晉以來文學與文化的重要現象。

這種文辭若有虧失，則子孫亦必感到極大的羞辱感。如《世說‧方正》篇載有陳元方答客及陸機答盧志二則值得注意。陳太丘友人對陳元方罵太丘，陳元方雖僅七歲，乃直斥曰：「君與家君期日中。日中不至，則是無信；對子罵父，則是無禮。」蓋當時人對於家中長上受辱，雖為幼童，亦必力爭，乃為方正。[130]又如犯家諱，亦為必須極力悍衛之一端，故《世說新語‧方正》第 18 則載：

---

130 《世說新語‧方正》第 1 則，頁 279。

> 盧志於眾坐問陸士衡：「陸遜、陸抗，是君何物？」
> 答曰：「如卿於盧毓、盧珽。」士龍失色。既出
> 戶，謂兄曰：「何至如此，彼容不相知也？」士
> 衡正色答曰：「我父祖名播海內，甯有不知？鬼
> 子敢爾！」議者疑二陸優劣，謝公以此定之。[131]

所謂謝公以此定之，乃定陸機為優，陸雲為劣，觀此則
入「方正篇」亦可知，然則時人所謂之「方正」以為人
品之優者，乃在於不惜一切以維護門第之尊嚴者。[132]

　　在極力爭取祖先面子的同時，如果遇到祖宗不光彩
之事，則受挫甚深，此風直到東晉後依舊如此，《世說
新語・尤悔》第 7 則云：

> 王導、溫嶠俱見明帝，帝問溫前世所以得天下之
> 由。溫未答。頃，王曰：「溫嶠年少未諳，臣為
> 陛下陳之。」王迺具敍宣王創業之始，誅夷名族，
> 寵樹同己。及文王之末，高貴鄉公事。明帝聞之，

131　《世說新語・方正》第 13 則，頁 299-300。
132　另外如《世說新語・排調》第 33 則載：「庾園客詣孫監，值行，
　　見齊莊在外，尚幼，而有神意。庾試之，曰：『孫安國何在？』
　　即答曰：『庾稚恭家。』庾大笑曰：『諸孫大盛，有兒如此！』
　　又答曰：『未若諸庾之翼翼。』還，語人曰：『我故勝，得重喚
　　奴父名。』」其意亦同。《世說新語》，頁 804-805。

覆面箸牀曰：「若如公言，祚安得長！」[133]

明帝「覆面箸牀」乃導因遲祖先的不德而感到汗顏難堪，蓋父、祖、宗門之才德實為魏晉以來士人定義自我之最重要條件之故。

在文學理論方面，陸機〈文賦〉中提到：「詠世德之駿烈，誦先人之清芬」，明白標舉家族意識，李善注以為：「言歌咏世有俊德者之甚業。先民，謂先世之人，有清美芬芳之德而誦勉。」[134]庾信〈哀江南賦序〉云：「潘岳之文采，始述家風；陸機之辭賦，先陳世德。」[135]李善以為「世德」泛指先世之人，非專指創作者之先祖，而庾信則以「世德」特指自我之祖先，孫明君調和二說，以為「即使『世德』不是特指自己的祖先之德，而是泛指古代『世有俊德者』，其中也必然包含自己的祖先。在陸機的觀念中，配得上『世德俊烈』之稱謂的家族屈指可數。」[136]實則庾信為六朝人，恐怕對「世德」之體會，較李善更確切。「詠世德」成為文學創作的重要題材，和士族的「家族意識」有密切關係。

因魏晉南北朝門第之發展，欲維繫門第，故標榜孝，

---

133 《世說新語‧尤悔》第 7 則，頁 900。
134 晉‧陸機著，劉運好校注整理：《陸士衡文集校注》，頁 6。
135 北周‧庾信撰，清‧倪璠注，許逸民校點：《庾子山集注》（北京：中華書局，1980 年 10 月 1 版），頁 94。
136 孫明君著：〈陸機《文賦》與士族文學創作論〉，收於《兩晉士族文學研究》，頁 99-100。

尤其以孝為人倫品鑑之最重要考量，視為一個人品德、性行之最重要表現。如阮咸即於母喪時親自追姑家鮮卑婢，累騎而返，因此「世議紛然」，自魏末沈淪閭巷，逮晉咸寧中始出仕。[137]其後，到東晉初年，《世說新語·尤悔》第9則提到：「溫公初受劉司空使勸進，母崔氏固駐之，嶠絕裾而去。迄於崇貴，鄉品猶不過也。每爵皆發詔。」

阮咸守喪失禮，溫嶠絕母而去，皆屬不孝，故為清議所不恥，然值得注意者，在《晉書·孔愉傳》載：

> 初，愉為司徒長史，以平南將軍溫嶠母亡，遭亂不葬，乃不過其品。至蘇峻平，而嶠有重功。愉往石頭詣嶠，嶠執愉手而流涕曰：「天下喪亂，忠孝道廢。能持古人之節，歲寒不凋者，唯君一人耳。」時人咸稱嶠居公而重愉之守正。[138]

觀溫嶠對於孔愉貶低自己鄉品一事竟然大加肯定，以孔愉為能維繫天下之道者而推尊之，可見當時對於孝道之重視。本則故事發生在西晉末東晉初，可能為西晉風氣的延續。

基於對「孝」之一倫的重視，發揚孝道之作品乃當時特別欣賞重視者。《世說新語·文學》第71則中提到：

---

137 參《世說新語·任誕》第13則，及劉孝標注引《竹林七賢論》。
138 《晉書》，頁1354b。

「夏侯湛作《周詩》成,示潘安仁。安仁曰:『此非徒溫雅,乃別見孝悌之性。』潘因此遂作〈家風詩〉。」[139] 夏侯湛為《詩經》有目無辭的六篇作了補亡詩,潘岳一方面賞其文學風格具「溫雅」之美,又更稱讚其「乃別見孝悌之性」,夏侯湛詩據現存部份看來,主要在抒發對父母的敬慎之情,同時也提到了身為人子者,對於家道責任的戒懼與承擔,由於這是當時士人共具的家庭意識,故潘岳認為其詩別見孝悌之性,亦因此作〈家風詩〉,其詩載祖宗之德,並以此自戒,其情感與內容基本上是和夏侯湛相應的。夏侯湛又刻意摩仿《尚書》作〈昆弟誥〉,家族意識影響之下,家族倫理之情亦為當時抒情詩所抒發的要點,為文學品賞之重點。

可以說對祖德家風以及家族意識的重視,為西晉的特殊時代風氣,家族意識除了塑造士人自我身份認同外,更形成文學創作及賞鑑的特殊風貌。

第六節　結　語

《晉書・食貨志》曰:「及平吳之後是時天下無事,賦稅平均,人咸安其業而樂其事。」[140]謝靈運《晉書・武帝論》記述武帝時期曰:「世祖受命,禎祥屢臻,苟

139　《世說新語・文學篇》第 71 則,頁 253。
140　《晉書・食貨志》,頁 581a-581b。

惡不作。萬國欣戴，遠至邇安。足以彰天啟其運，民樂
其功矣。」[141]在這樣的記錄中，呈現的是一派的安樂景
象。在干寶《晉紀‧總論》描述的太康時期景象為：

> 天下書同文，車同軌。牛馬被野，餘糧棲畝，行
> 旅草舍，外閭不閉。民相遇者如親，其匱乏者，
> 取資於道路，故于時有天下無窮人之諺。雖太平
> 未洽，亦足以明吏奉其法，民樂其生，百代之一
> 時矣。[142]

在歷史記錄中，我們可以了解，晉朝曾經有過一段光榮
的盛世，當時的人在文治武功皆臻極致的情形下，對於
自己的國家充滿信心與驕傲，也有開闊的世界觀，在漢
末以來的喪亂分立之後，竟然能夠令天下重歸一統，並
且有此豐厚安樂的景象，晉武帝的早年實累積了相當的
努力，並也促成了文化的興盛。我們除了在史料中蒐檢
出導致後期迅速衰敗的因素外，也應同時注意這個時期
的另一個屬於「盛世」的面向，如此當更能呈現這個時
代豐富而複雜的樣態。

141　《太平御覽》卷 96〈皇王部〉21「世祖武皇帝」，頁 588a-588b。
142　甘寶：《晉紀‧總論》，收於《文選》卷 49，頁 700b-707b。

附表：西晉文學創作群體與文人分布表。[143]

地點 群體和 個人時間	中央	地方或在野
泰始	散騎省：張華、傅玄、成公綏、裴秀、張敏等 華林園：應貞、荀勖等 太子府：摯虞、夏侯湛、傅咸等	潘岳、潘尼、左思（泰始末）
咸寧	書書秘書省：張華、陳壽、左思、張載等；張協 太僕寺：傅咸、武君寶 司空、太尉賈充府：曹攄、韓壽、潘岳等	聞喜：摯虞
太康	華林園：王濟、張華等 尚書府：太康六年前：傅咸、褚碧、伏武仲、李驤、陸瑁等。太康六年後：摯虞、束皙、索靖、潘岳、羅尚等 太子府：陸雲、荀息；鄭曼季。	新安（或魏郡）：皇甫謐、摯虞、左思（約太康元年至三年） 河陽、懷縣等：潘岳（太康四年前） 吳地：陸機
元康	太子府（元康四年前）：何劭、王戎、張華、劉寔、裴楷、和嶠、賈謐、虞濬、傅咸、張載、潘尼、馮熊等 金谷集（元康六年）：石崇、王詡、蘇紹、杜育、潘岳、潘豹、劉遺等 司空府（元康六年後）：張華、左思等 秘書省（元康八年）：賈謐、陸機、束皙等	荊州（元康元年）：石崇、曹攄 徐州（元康六年後）：石崇、嵇紹、棗腆、歐陽建等 長安：潘岳（元康五年前） 征北將軍府（元康中）：張協 弘農等：張載 關中：潘尼等

143　轉引自俞士玲《西晉文學考論》，頁 208-209。

	吳王府（元康六年）：陸雲 中書省（元康八年後）：潘岳 散騎省：杜斌、摯虞（？）等 南人：陸機、陸雲、顧榮、張翰、賀循、戴淵、紀瞻、褚陶、郭訥、孫惠等	
永康元年	趙王倫相國府：荀組、李重、王堪、劉謨、裴劭、卞粹、潘尼、陸機、荀崧、習協、荀邃、傅宣、劉琨、應詹等	
太安元年、二年	摯虞、潘尼	大將軍府：王粹、牽秀、陸機、陸雲、棗嵩、崔君曲、何道彥、孫丞等 冀州：張載、張協、左思

第三章　西晉吳人之歷史與自我

第一節　前　言

　　《文選》收有〈為吳令謝詢求為諸孫置守冢人表〉[1]一文，乃張悛為吳令謝詢所作，主要目的在為孫堅、孫策等吳之故君爭取設置守冢人，以備墳冢之維護，其政治象徵意義亦相當濃厚。

　　吳令謝詢《晉書》無傳，依李善註引孫盛《晉陽秋》曰：「謝詢，河東人，終吳令。」因此謝詢為北方人士。[2]本文之作者張悛，據李善注引孫盛《晉陽秋》曰：「張悛，字士然，吳國人也。元康中，吳令謝詢表為孫氏置

1　梁・昭明太子蕭統編，唐・李善注，《文選》（臺北：藝文印書館，據宋淳熙本重雕鄱陽胡氏藏版印），頁 540a-541a。

2　《文選》，頁 540a。習鑿齒《漢晉春秋》有一則記載云：「初魏軍始入蜀，劉禪分二千人付羅憲留守。吳聞蜀敗，遂起兵，遣盛憲、謝詢等水陸幷到，說憲以合從之計。憲謂諸將曰：『今處孤城，百姓無主。吳人因釁，公敢西過，宜一決戰以示衆心。』遂衙枚出擊破憲。」《漢晉春秋》所載之謝詢，恐非吳令謝詢。清・湯球、黃奭輯，喬治忠校注：《眾家編年體晉書》（天津：天津古籍出版社，1989 年 8 月），頁 86。

守冢人，悛為其文，詔從之。」善注又引《晉百官名》曰：「悛為太子庶子。」[3]《文選》卷 24 有陸機〈答張士然〉詩，抒發仕宦之辛勤及見聞，詩末述鄉土之思，李善注引孫盛《晉陽秋》曰：「張悛，字士然，少以文章與陸機友善。」[4]《文選》卷 25 亦收錄陸雲〈答張士然〉詩[5]，詩中敘述入洛途中所見，景物風俗殊異，人地生疏，除了懷念故鄉以外，亦表達對同鄉的張悛之親厚情誼。可見張悛與陸機、陸雲交往密切，佐藤利行以為應為二陸南人集團的成員之一。[6]

　　本文撰寫時間據《晉陽秋》所載，為晉惠帝（291-299）元康中，約在吳亡十餘年後。學者指出，吳令謝詢建議為諸孫設置守冢人，乃出於安撫江南民心，樹立晉朝仁德之形象，進而為任內轄區的平安奠定基礎等職責性考慮。然而吳故君曾為當朝之死敵，張悛以吳遺民身份建言此事，故撰寫之際，又必須謹慎處理。故本文開端即借用歷史經驗，說明商、周時期有「成湯革夏而封杞，武王入殷而建宋」；春秋征伐有「晉修虞祀，燕祭齊廟」，到了漢代，則「漢高受命，追存六國，凡諸絕祚，一時

3　《文選》，頁 540a。
4　《文選》，頁 356a。
5　《文選》，頁 362a-362b。
6　《文選》，頁 540a-541a。佐藤利行著，周延良譯：《西晉文學研究》（北京：中國社會科學出版社，2004 年 6 月一版），頁 166-168。又，《隋書‧經籍志四‧集部》載有：「宗正卿張俊集五卷，錄一卷」，疑非此人。參唐‧長孫無忌等撰：《隋書》（臺北：藝文印書館據清乾隆武英殿版景印），頁 524b。

并祀。」究其原因，在於敬奉先賢，也哀悼後嗣之愚暴而不能守成，也就是「一國為一人興，先賢為後愚廢，誠仁聖所哀悼而不忍也」。如此將立論提高到「仁聖」的道德高度，即為所請之事提供了權威的榜樣，並表達對故國先君之思，以及對亡國之君孫皓的痛惜。因此，作者跨越了一個常人難以跨越的困難，而達到「詔從之」的結果。[7]

　　本文之寫作確實擔負了一些政治包袱，然其間仍有部分細節值得再做探討，尤其文中對於吳國歷史的敘說亦值得注意。

第二節　歸晉後的吳地歷史詮釋

　　首先，吳於太康元年三月歸降之後，晉中央對吳地士族及百姓進行了一些安撫的措施。晉書《武帝紀》載：「其牧守下皆因吳所置，除其苛政，示之簡易，吳人大悅。」「吳之舊望，隨才擢敘。孫氏大將戰亡之家徙於壽陽，將吏渡江復十年，百姓及百工復二十年。」[8]又《通典・禮》「周喪察舉議」條有毘陵內史論及江南貢舉事：

---

7 李乃龍著：〈論告請表 ── 《文選》「表」類研究之一〉，《廣西民族師範學院學報》第 27 卷第 6 期，2010 年 12 月，頁 10。

8 唐・房玄齡奉敕撰，吳士鑑、劉承幹注，《晉書斠注・武帝紀》，臺北：藝文印書館，據乾隆武英殿刊本景印，頁 79a-79b。以下稱本書為《晉書》。

「江表初附，未與華夏同，貢士之宜，與中國法異。前舉孝廉，不避喪孝，亦受行不辭以為宜。訪問餘郡，多有此比。」[9]

　　與滅蜀之時，晉廷強制將蜀漢將相大臣後代及「豪將大族」大規模北遷相比，司馬氏雖亦對吳人進行控制，但亦較為寬容。[10]

　　對於孫吳皇室亦施以優禮。於太康元年四月封孫皓為歸命侯，下詔曰：「孫皓窮迫歸降，前詔待之以不死。今皓垂至，意猶愍之。其賜號為歸命侯，進給衣服、車乘、田三十頃。歲給穀五千斛、錢五十萬、絹五百匹、綿五百斤。皓太子瑾拜中郎。諸子為王者拜郎中。」[11]

　　相較於孫皓，蜀主劉禪受封為安樂縣公，「食邑萬戶，賜絹萬匹，奴婢百人，他物稱是。子孫為三都尉封侯者五十餘人。」[12]所受封賜皆較吳主孫皓優厚，然而，依詔文可知晉武帝原有詔書，僅「待之以不死」，其後方改封為歸命侯，並加封賞，乃特意曲加仁寵。由於孫

9　唐・杜佑撰：《通典・禮》六十一，卷 101（北京：中華書局，1988年 12 月一版），頁 2673。

10　王永平著：〈入晉之蜀漢人士命運的浮沈〉，《史學月刊》，2003年 2 期，24-29 頁。劉東升著：〈西晉政權對蜀吳兩國降人的相關政策〉，《南都學壇（人文社會科學學報）》，第 29 卷第 4 期，2009 年 7 月，頁 36。

11　西晉・陳壽撰，清・盧弼集解，《三國志集解・吳書・嗣主孫皓傳》（臺北縣：漢京文化事業有限公司，民國 70 年 4 月初版），頁 980b。以下稱本書為《三國志》。按，《晉書・武帝紀》作太康元年五月詔。

12　《三國志・蜀書・後主傳》，頁 779b。

皓暴虐，晉廷未加誅殺，反而封賜，實有違弔民伐罪之
義，故史家紛紛表示異議。如陳壽評孫皓為「凶頑」、
「肆行殘暴」、「忠諫者誅，讒諛者進，虐用其民，窮
淫極侈」，並以為「宜腰首分離，以謝百姓。即蒙不死
之詔，復加歸命之寵，豈非曠蕩之恩，過厚之澤也哉！」
[13]孫盛《晉陽秋》亦以為孫皓：「罪為逋寇，虐過辛癸，
梟首素旗，猶不足以謝冤魂，湮室荐社，未足以紀暴跡，
而乃優以顯命，寵錫仍加，豈恭行天罰，伐罪弔民之義
乎？……且神旍電埽，兵臨偽窟，理窮勢迫，然後請命，
不赦之罪既彰，三驅之義又塞，極之權道，亦無取焉。」
[14]由於前有詔待以不死，後又加以封賜，且此封賜頗有
過度恩寵之嫌，故張悛文中乃言：「孫氏雖家失吳祚，
而族蒙晉榮，子弟量才，比肩進取，懷金侯服，佩青千
里，當時受恩，多有過望。」其稱譽晉廷恩惠並非過度
歌頌，而是實情。

　　其次，文章開篇援古為例，說明商、周滅夏、商之
時，皆分封前代遺民，此為聖王之德。春秋之時，晉、
燕亦為攻滅之國立廟修祀，此為霸主之義。值得注意的
是，無論商、周滅夏、商，或是春秋晉、燕攻虞、齊，
舉例的兩組關係一為前朝與新朝，另一組則是相對等的

13　《三國志・吳書・嗣主孫皓傳》，頁 981a-981b。
14　《三國志・吳書・嗣主孫皓傳》，頁 981a-981b。《晉書・吾彥傳》
　　載吳之舊臣薛瑩曰：「歸命侯臣皓之君吳，昵近小人，刑罰妄加，
　　大臣大將，無所親信，人人憂恐，各不自安，敗亡之釁，由此而作
　　矣！」頁 1058。

敵國。其下所引之「漢高受命，追存六國」，為秦及六國置守冢人，[15]並以魯公的地位安葬項羽「殘戮之尸」，這些都是「三王敦繼絕之德，春秋貴柔服之義」的具體說明。

「三王敦繼絕之德」，典出《論語・堯曰》：「興滅國，繼絕世，舉逸民，天下之民歸心焉。」其下又云：「所重：民、食、喪、祭。」[16]因此，「繼絕世」實為得天下人民歸心之要務，尤其在喪、祭等方面尤應重視。「春秋貴柔服之義」出自《左傳・宣公十二年》：「伐叛，刑也。柔服，德也。」亦即對已順服者，應以德安撫。因此，文章很明確地提出封前代遺民、為攻滅之國立廟修祀等等，其功用就是能得「天下之民歸心焉」，能「柔服」以德。

同樣值得注意的是文中以較大的篇幅，舉劉邦與項羽為例，此二方曾勢力均等，為互相爭勝的敵營，劉邦乃「『親』與項羽，對爭存亡」，強調劉、項之間在爭霸過程中親身經歷、不斷累積的敵意，以說明不忍之情與恩禮之德確實是「仁聖」之君的典範。同時又提出一個假設，「若使羽位承前緒，世有哲王，一朝力屈，全

---

15 李善注引《漢書》曰：「又詔曰：『秦皇帝、楚隱王、魏安釐王、齊愍王、趙悼襄王皆絕，亡後，其餘秦始皇帝守冢三十家，趙及魏公子亡忌各五家，令視其冢，復亡與他事也。』」參《文選》，頁540b。

16 楊伯峻譯注：《論語譯注》（北京：中華書局，1980 年 12 月 2 版），頁 208-209。

身從命，則楚廟不墮，有後可冀。」呂延濟注曰：「使
項羽承諸侯之緒，代有智王，力屈於漢，全身歸命，則
必楚廟不廢，可冀望也。」舉楚漢相爭為例，其意乃暗
示孫吳諸君身為王侯，且代有智王，「一朝力屈，全身
從命」，以漢高祖之仁，必將不廢其廟。故晉室如何對
待受降者，自然顯現其君主之德義，以及立國之高度，
當然，更重要的是民心之歸向與否。

　　由於以上的推論，緊接著產生的是一個問題，即「晉
朝如何？」換而言之，過去的仁聖之君、聖德之朝，其
觀念行事已見諸上文，則現在的大晉天子，是否符合仁
聖之君的標準？

　　故其後稱頌晉之文德武功，「西戎有即序之人，京
邑開吳蜀之館，興滅加乎萬國，繼絕接于百世」，並以
「興滅加乎萬國，繼絕接於百世」表示極度的肯定，以
為晉君可以說是功侔古人，德比聖主賢王，對於孫吳皇
室，亦已有過度的恩澤。其下乃引一小小遺憾，以為孫
吳之故君，如孫堅、孫策，一乃「威震群狄，名顯往朝」，
一為「家積義勇之基，世傳扶危之業；進為徇漢之臣，
退為開吳之主」，竟然落入「蒸嘗絕於三葉，園陵殘於
薪采」這樣荒涼冷落的境地，隱含著對於大晉文德功虧
一簣的遺憾。又以吳初平時，武帝曾下詔追錄吳地先賢，
欲封其墓，故即使不從古人為前代修廟之例，退而求其
次，以吳先主之功業德惠，亦當列入先賢之數，受到特
殊的尊崇。其末言「二君私奴，多在墓側，今為平民」，

故設置守冢人實輕而易舉，且可收懷柔之效。

　　就文章而言，本文以歷史經驗進行理論之勾勒，標舉仁聖之君當「敦繼絕之德」、「貴柔服之義」，並在晉室已優禮吳君臣，恩德備施之情況下，提及孫吳二君園陵殘毀，實有缺憾，由於優禮生者為難，照顧園陵為易，此舉一方面沒有什麼政治風險，但另一方面，所收柔懷之功效卻頗大，故文末提出為二君設置守冢人之議，自然容易得到認可，本文寫作可謂理順詞婉。

　　此篇之意旨如此，然前已提及，文中引用之典故皆援引「敵國」、「前朝」關係為說明，對於孫吳立國，不僅不視為賊寇，且認為「舉勞則力輸先代，論德則惠存江南，正刑則罪非晉寇，從坐則異代已輕」，其對於孫吳之歷史觀點，頗值得再加討論。

第三節　吳人之三國正統主張

　　就魏、蜀、吳三國的正統而言，最具正統發言權者為魏與蜀。蓋魏受禪於漢，且據有中夏，[17]可據以說明天命在魏。蜀則以劉備為漢之宗室，魏篡漢後乃以繼承

---

17 《三國志‧蜀書‧後主傳》注引王隱《蜀記》載鄧艾〈報後主降書〉曰：「王綱失道，群英并起，龍戰虎爭，終歸真主，此蓋天命去就之道也。自古聖帝，爰逮漢魏，受命而王者，莫不在乎中土。」頁778a。

漢統自居，至於吳則僅以分立為立國方針。

　　然以魏人的觀點，吳蜀皆為賊、虜，故曰：「吳、蜀二賊，非徒白地小虜、聚邑之寇，乃據險乘流，跨有士眾，僭號稱帝，欲與中國爭衡。」[18]「逆賊孫權，遭遇亂階，因其先人，刦略州郡，遂成群兇，自擅江表，含垢藏疾。」[19]「往者季漢分崩，九土顛覆，劉備、孫權，乘間作禍。」[20]皆指斥吳、蜀為「賊」、「虜」、「寇」，指他們是「據險乘流，跨有士眾」，是「刦略州郡」、「乘間作禍」，皆是以寇亂、賊黨視之。

　　就蜀之降人而言，雖然不以賊虜自稱，然而，如譙周、李密、陳壽等人，亦以魏為正統。

　　如李密〈陳情表〉自陳：「少仕偽朝，歷職郎署。……今臣亡國賤俘，至微至陋」，乃直接以「偽朝」稱蜀漢。[21]在巴蜀學派而言，原已有天命在魏之觀念，譙周據此而提倡蜀歸命於魏的說法，並撰〈仇國論〉，視魏晉為「肇建之國」，蜀漢為「因餘之國」，所謂的「肇建」乃指天命所在，「因餘」則為天意殘存。[22]陳壽撰《三國志》，雖不以吳、蜀為「偽朝」，撰寫時亦盡量保留

18 《三國志‧魏書‧高堂隆傳》，頁 621a。
19 《三國志‧魏書‧公孫度傳》，頁 280a。
20 《三國志‧魏志‧少帝紀》引〈遣徐紹、孫彧還吳詔〉，頁 190a。
21 李密〈陳情表〉，參《文選》，頁 534a。參朱曉海著：〈陸機心靈的困境〉，《中華文史論叢》，76 輯，頁 3-4。
22 雷家驥著：《中古史學觀念史》（臺北：學生書局，民國 79 年 10 月初版），頁 306。

三國各自之歷史文化，維持魏蜀吳三國的平均視角。[23]然而，《三國志》中以魏為「帝」，稱蜀、吳為「主」，其主從關係亦可分辨。可以說蜀地臣民，在艱難的局勢與尷尬的貳臣身分處境下，僅能接受魏為正統。[24]

與魏、蜀相較，吳人則多明確持三國分立之說。[25]於

23　參王文進著：〈魏晉時期巴蜀文化史確立的三部曲〉，收於氏著：《南朝山水與長城想像》（臺北：里仁書局，西元 2008 年 6 月 30 日初版），頁 440-404。

24　按，蜀人入晉後迅速臣服，無攜貳之心，並接受晉之正統，陳寅恪以為此乃與吳、蜀統治階級組成不同有關，氏云：「吳、蜀之人對於洛陽統治政權態度不同，雖與被征服時間之長短有關，然非其主因，其主因在兩國統治者之階級性各殊所致。蜀漢與曹魏固是死敵，但曹操出身寒族，以法術為治。劉備雖自云漢之宗室，然淵源既遠，不能紀其世數，與漢之光武迥異，實亦等於寒族。諸葛亮為諸葛豐之後，乃亦家世相傳之法家，故兩國施政之道正復相同。蜀亡以後，西晉政亂，洛陽政府失去統治權，然終能恢復獨立者非蜀漢舊境內之漢人，而是自漢中北徙，乘機南返之巴賨部落，蓋蜀漢境內無強宗大族之漢人組織，地方反抗力薄弱，洛陽征服者易於統治，此晉武帝所謂『蜀人服化，無攜貳之心』者是也。吳之情勢則大不然，孫氏之建國乃由江淮地域之強宗大族因漢末之擾亂，擁戴江東地域具有戰鬥力之豪族，即當時不以文化見稱之次等士族孫氏，借其武力，以求保全而組織之政權。故其政治社會之勢力全操於地方豪族之手，西晉滅吳以後，此種地方勢力並未因之消滅，所以能反抗洛陽之統治，而與蜀亡後之情勢不同也。」陳寅恪著：〈述東晉王導之功業〉，收於《陳寅恪集‧金明館叢稿初編》（北京：三聯書店，2001 年 6 月一版），頁 56-57。

25　甘懷真以為「天下型政權」可區分為「一個天下型」與「併立天下型」。一個天下型政權宣稱自是天下之內的唯一合法政權，即便當時並未實然支配全天下，併立天下型政權則以其統治的區域為天下，但承認與其併立的天下型政權的存在或合法性。三國政權中，魏、蜀屬於「一個天下型」政權，吳則屬於「併立天下型」。參甘

吳未滅之時，吳、蜀皆針對當時天下局勢，而有明確的「三分」之說，如蜀諸葛亮〈出師表〉云：「今天下三分，益州疲敝，此誠危急存亡之秋也。」雍闓〈答李嚴書〉曰：「蓋聞天無二日，土無二王，今天下鼎立，正朔有三，是以遠人惶惑，不知所歸也。」[26]吳左丞相陸凱上〈諫徙都武昌疏〉云：「近者漢之衰末，三家鼎立」[27]。三國時期，天下三分乃屬於當時之政治現實，但吳滅之後，天下歸於一統，「三分」之說則又成為吳人維繫尊嚴和南方意識的來源。

　　如吳平之時，王渾登建鄴宮釃酒，出於戰勝者之傲慢，故於酒酣耳熱之際譏刺吳人曰：「諸君亡國之餘，得無慼乎？」周處對曰：「漢末分崩，三國鼎立，魏滅於前，吳亡於後，亡國之慼，豈惟一人。」[28]陸機相當稱道這種說法，故於〈晉平西將軍孝侯周處碑〉[29]中詳

懷真：〈魏晉南北朝時期的胡族國家政體〉，發表國立臺灣師範大學歷史學系主辦之《跨越想像的邊界：族群・禮法・社會—中國史國際學術研討會》，2013 年 11 月 29-30 日，頁 B2-51。

26 《三國志・蜀書・諸葛亮傳》，頁 791a。《三國志・蜀書・呂凱傳》，頁 878b。

27 《三國志・吳書・陸凱傳》，頁 1134b。

28 《晉書・周處傳》，頁 1063a。

29 按本篇作品語言風格不一，又前後語似有錯簡，故其真偽頗有疑義，姜亮夫《陸平原年譜》以為本文應為陸機所作，「從語言、結構、敘事、文風看，與陸文差近，然因碑文漫滅，後人妄加增補，導致敘事間有抵牾。」但主要內容仍是陸機所作。參晉・陸機著，劉運好校注整理：《陸士衡文集校注》（南京：鳳凰出版社，2007 年 12 月一版），頁 1105-1111。

載此事，除了因為周處打擊傲慢的北人，維繫了吳人的
尊嚴之外，當因此種說法與陸機對三國之定位相同。

　　陸機的三國分立意識，亦表現在他對晉書的斷限主
張中。

　　西晉正式受魏禪之後，對於晉政治之合法性必須有
所申說，故曾進行《晉書》限斷之討論。第一次討論的
時間應在武帝太康八年以前，主要有兩派，中書監荀勖
主張始於正始，著作郎王瓚主張始於嘉平。[30]第二次討
論的時間則在惠帝元康八年[31]，意見有三派，除了荀勖
子荀藩、孫荀畯主張始於正始；荀熙、刁協主張始於嘉
平，還有一派以賈謐為首，主張始於泰始。[32]之所以有
這三種意見，乃在於正始時期，司馬懿始受顧命，故可
稱為受命之始；第二種則以嘉平陵事件後，司馬氏方正
式掌權，以此為受命之基；第三種則以晉正式受魏禪為
晉朝之始建。

　　所以有此三種意見，除了史學的討論之外，更重要

30　范家偉：〈陳壽與《晉書》限斷爭議〉，《大陸雜誌》，第 97 卷
　　第 3 期，1998 年 9 月，頁 1-13。

31　俞灝敏：〈西晉議《晉書》限斷考辨〉，《安徽史學》，1996 年 2
　　期，頁 26-28。

32　「晉書限斷」相關討論亦可參曹道衡、沈玉成著：〈陸機為著作郎
　　年月與議《晉書限斷》〉，《中古文學史料叢考》（北京，中華書
　　局，2003 年 7 月一版），頁 133-135。李傳印著：《魏晉南北朝時
　　期史學與政治的關係》（武漢：華中科技大學出版社，2004 年 8
　　月一版），頁 53-56。郝潤華著：《六朝史籍與史學》（北京：中
　　華書局，2005 年 3 月一版），頁 230-232。

的是其中牽涉了晉朝的受命的合法性，也就是晉朝是繼
承漢或是魏的問題，延伸下去，也可以發展出三國正統
的問題。

　　《初學記》卷 21《文部・史傳》引陸機《晉書限斷
議》云：「三祖實終為臣，故書為臣之事，不可如傳，
此實錄之設也。而名同帝王，故自帝王之籍，不可以不
稱紀，則追王之義。」這段資料中談到的是《晉書》的
體例問題，[33]陸機關於晉起元之議如何，因僅餘片斷，
無法明確得知主張，然而賈謐曾令束皙難之，顯見雙方
意見不合，不合之處除了限斷的時間外，立傳的方式亦
頗有異。對於陸機的觀點，今僅能由隋・李德林的評論

33　劉知幾：《史通》卷二云：「陸機《晉書》列紀三祖，直序其事，
　　竟不編年，年既不編，何紀之有？」又卷十二云：「洛京時，著作
　　郎陸機始撰《三祖紀》，佐著作郎束皙又撰《十志》，會中朝喪亂，
　　其書不存。」參（唐）劉知幾撰、（清）浦起龍釋：《史通通釋》
　　（臺北：九思出版有限公司，民國 67 年 10 月 10 日台一版），頁
　　37 及 349。《初學記》卷九引一則陸機史料云：「文帝勢崇於三分，
　　而身終於北面，雖曰未暇，王業已固矣。」參唐・徐堅撰，《初學
　　記》卷九（臺北：新興書局，民國 61 年 2 月版），頁 504。此「文
　　帝」當指晉文帝司馬昭，其人掌有三國魏之政權，又於 263 年滅蜀，
　　三分天下有其二，故稱「勢崇於三分」，因此，本段資料應為陸機
　　《晉書》「三祖紀」的殘文。又，李德林「欲使三方鼎峙，同為霸
　　名」隱然有以「霸朝」一詞指稱陸機所認知的三國地位，然這個名
　　詞最早出自東晉袁宏，陳壽甚至稍晚的范曄皆未使用此詞，故為袁
　　宏獨特歷史觀所創之指稱，且「霸朝」一詞指稱非正統政權的軍閥
　　政權，並不符合陸機推尊吳孫堅、孫權為「帝」的主張，故對於李
　　德林對陸機主張的認知，僅能就其視三國各分天下為確。

來了解陸機主張為「欲使三方鼎峙，同為霸名」[34]，可以推知，陸機等南方人對於「三方鼎峙，同為霸名」的主張，乃基於承認西晉天命之狀況下，視三國皆為具有同等地位的王朝，三國之民同為亡國之遺，以此反擊北方士族之輕慢，維繫國族尊嚴的論述。

除了強烈主張天下三分、三國地位等同外，南人亦透過對吳主孫堅、孫策、孫權之歌頌，以集體記憶的強化，鞏固族群的文化及國族認同。[35]陸機於〈辯亡論〉述吳國之興，明確表現了吳人的三分天下意識，就孫堅而言，則云：

> 昔漢氏失御，姦臣竊命，禍基京畿，毒遍宇內，皇綱弛紊，王室遂卑。於是群雄蜂駭，義兵四合。吳武烈皇帝，慷慨下國，電發荊南。權略紛紜，忠勇伯世，威棱則夷羿震盪，兵交則醜虜授馘，遂掃清宗祊，蒸禋皇祖。於時雲興之將帶州，飆起之師跨邑，哮闞之群風驅，熊羆之族霧集，雖

---

34 朱曉海：〈潘岳論〉，《燕京學報》新 15 期，2003 年 11 月，頁 141-196。又可參考謝明憲：〈「泰始為斷」的歷史書寫：《晉書》限斷的難題與陸機的新義〉，《臺大中文學報》49 期，2015 年 6 月 1 日，頁 99-128。

35 廖炳惠以為：「不同族群與文化都會形構其不同的『集體記憶』（collective memory），『記憶』的形構與再現，因而對『文化認同』和『國族認同』的確立與鞏固十分重要，它也和弱裔族群自我構述的能力有關。」參氏著：《關鍵詞 200：文學與批評研究的通用辭彙編》（臺北市：麥田出版社，2003 年 9 月 28 日），頁 162。

> 兵以義合，同盟戮力，然皆苞藏禍心，阻兵怙亂，
> 或師無謀律，喪威稔寇，忠規武節，未有若此其
> 著者也。

就孫策而言，則云：

> 武烈既沒，長沙桓王逸才命世，弱冠秀發，招攬
> 遺老，與之述業。神兵東驅，奮寡犯眾，攻無堅
> 城之將，戰無交鋒之虜。誅叛柔服而江外底定；
> 飾法修師則威德翕赫。賓禮名賢而張昭為之雄，
> 交禦豪俊而周瑜為之傑。彼二君子，皆弘敏而多
> 奇，雅達而聰哲，故同方者以類附，等契者以氣
> 集，而江東蓋多士矣。將北伐諸華，誅鉏干紀；
> 旋皇輿於夷庚，反帝座乎紫闥；挾天子以令諸侯，
> 清天步而歸舊物。[36]

由文辭中所敘述的史實而言，孫堅興於「皇綱弛紊，王
室遂卑」之際，不僅能征善戰，尤其能「掃清宗祊，蒸
禋皇祖」，因此，雖然「雲興之將帶州，飆起之師跨邑」，
並結為同盟，然而，這些漢末群雄「皆苞藏禍心，阻兵
怙亂，或師無謀律，喪威稔寇」，陸機藉著充滿熱情的
文學筆法，一方面抹殺了當時反董卓的關東聯軍與曹操

---

36 《文選》，頁 749a-755b。

等群雄的貢獻，另一方面則刻意塑造孫堅無人能及的「忠規武節」形象。

《後漢書·董卓傳》載董卓聞東方兵起，於是鴆殺弘農王，徙都長安，「悉燒宮廟宮府居家，二百里內，無復孑遺，又使呂布發諸帝陵及公卿以下冢墓，收其珍寶」。孫堅率豫州諸郡兵討董卓，步步進逼，並拒絕董卓請和，最終，「卓自出與堅戰於諸陵墓間，卓敗走。……堅進洛陽宣陽城門，更擊呂布，布復破走。堅乃掃除宗廟，平塞諸陵。……卓謂長史劉艾曰：『關東諸將數敗矣，無能為也。唯孫堅小憨，諸將軍宜慎之。』」[37]因此，陸機對於孫堅「掃清宗祊，蒸禋皇祖」的論述，是具有史實依據。

在對孫策的敘述上，陸機除了強調孫策善戰的形象外，亦提到其任用張昭、周瑜兩位賢臣，以加強其明君形象，並特別提到孫策「將北伐諸華，誅鉏干紀；旋皇輿於夷庚，反帝座乎紫闥；挾天子以令諸侯，清天步而歸舊物。」據《三國志·吳志·孫策傳》載：「建安五年，曹公與袁紹相拒於官渡，策陰欲襲許，迎漢帝。密治兵，部署諸將，未發，會為故吳郡太守許貢客所殺。」[38]

就孫策出北之動機，本應為趁曹公與袁紹的鷸蚌相

---

37 宋·范曄撰，唐·李賢注，清·王先謙集解：《後漢書集解》（臺北：藝文印書館，據乙卯秋中長沙王氏校刊本景印），頁 832b-833a。以下稱本書為《後漢書》。

38 參《三國志·吳志·孫策傳》，頁 922a-923a。

爭，欲收漁翁之利的擴張勢力思維，然而在陸機文學筆法下，則一方面強化其三國分立的主張，表示吳之興起與曹魏相同，皆出於漢末群雄爭霸，同時更藉其出兵意圖迎漢帝，「挾天子以令諸侯」，以強調吳忠於漢，有「清天步而歸舊物」之心，只可惜未竟其功。陸機刻意營造這些敘述，以表示在地位上，吳與魏並無不同，只在於一方實際上完成了「挾天子以令諸侯」之事，另一方則未能完成而已，而雙方為漢臣則一。而在態度與道德的高度而言，則孫堅、孫策之忠勇，則非曹魏所能及。

若回到孫惓〈為吳令謝詢求為諸孫置守冢人表〉一文中亦敘述孫堅乃「遭漢室之弱，值亂臣之強，首唱義兵，先眾犯難。」孫策亦曾「西赴許都，將迎幼主，雖元勳未終，然至忠已著。」其敘述之功業與敘述方式皆與陸機相同。孫惓與陸機、陸雲兄弟皆為入晉後出仕的吳人，於吳國歷史及先君之詮釋相同，由此亦可見吳人普遍如此形塑其歷史記憶。

對於稱帝的孫權，陸機在〈辨亡論〉中提供了最大的篇幅，最豐沛而昂揚的筆墨來描寫這個東吳盛世，首先敘述孫權德行，再羅列當時各方英豪能臣以強調人和，續以赤壁之戰、吳蜀之戰之光榮勝利，而以「由是二邦之將，喪氣挫鋒，勢衄財匱，而吳莞然坐乘其弊。故魏人請好，漢氏乞盟，遂躋天號，鼎跱而立。」這段文字強調吳之所以得以稱帝，與魏、蜀鼎跱而立，最主要的原因在於君聖臣賢，國力強盛。

　　陳俊偉在〈陸機《辨亡論》的故國歷史圖像〉中蒐羅、比對當時各家史料，以為陸機〈辨亡論〉中省略了孫權晚年的昏瞶與跟眾賢臣間的隔閡，又隱藏孫吳在外交上對曹魏卑躬屈膝的稱臣事蹟，扭曲了是孫權「乞盟」而非蜀漢「乞盟」的史實，以營造今吳人魂牽夢縈的美好時代。[39]

　　然而，孫氏建國江東的歷史中，早期充滿屠戮英豪的史蹟，孫權後期亦頗見誅殺士族，蓋孫權政治思想崇尚法家，與士族以儒學為主的政治觀念有分歧之故，因此，孫氏早期是一支以武力征伐江東的軍團，晚期則以法家專斷為政治手段，不少朝臣及士族皆受到殘殺、摧抑。[40]尤其，孫氏一門本無文化，純以武力興起，孫堅出身無名而又好勇輕狡，並殘殺名士張咨、盛憲等，故孫堅欲強娶吳夫人時，吳氏親戚嫌堅「輕狡」，令堅「甚以慚恨」，夫人以為：「何愛一女以取禍乎？如有不遇，命也。」遂許婚。[41]由此觀之，孫堅之行徑與名聲不佳。因此，陸機在〈辨亡論〉中對吳開國君主孫策、孫堅、

---

39 陳俊偉：〈陸機《辨亡論》的故國歷史圖像〉，《東吳中文線上學術論文》，第十九期，2012 年 9 月，頁 39-58。

40 參田餘慶：〈孫吳建國的道路〉、〈暨艷案及相關問題〉，收於氏著：《秦漢魏晉史探微》（北京：中華書局，1993 年 11 月），頁 244-275，頁 276-304。又參王永平〈論孫權父子之"輕脫"〉、〈論孫權與儒學朝臣間政治觀念的分歧及其鬥爭〉，收於氏著：《孫吳政治與文化史論》（上海：上海古籍出版社，2005 年一版），頁 1-30，頁 31-51。

41 《三國志‧吳書‧孫破虜吳夫人傳》，頁 994a。

孫權三祖的德行、功業如此熱烈歌頌，實呈現了過度的褒揚和曲解的偏頗史觀。

　　這種強烈的南人史觀，亦見於西晉虞溥之《江表傳》。此書作於虞溥任鄱陽內史任內，於晉政權渡江後，由虞溥之子獻給晉元帝，虞溥編纂目的在於蒐集民情。然觀其北人立場與晉吏身份，此書表面上看，可以說是一本以北方立場來定位南方視野的著作，但即便如此，《江表傳》中有許多內容仍偏向吳國立場，保存了江東地區人士話語之原貌。據王文進考證，《江表傳》有以下幾點特質，首先是對孫氏江東霸業的頌揚、呈現江東之人對孫氏政權的認同，並且有明確的擁吳仇蜀的立場，尤其集中呈現在表彰「赤壁之戰」中吳人智慧與軍力所發揮的領導力量，《江表傳》透過將赤壁戰前劉備的駐軍捏造改動至孫權勢力範圍樊口，又於戰後藉孫權「借荊州數郡」與劉備事，而矮化劉備成為孫權轄下的一支軍團，並將赤壁之戰塑造成孫吳與曹魏之對決，以突顯東吳政權在赤壁戰中的犧牲與光榮勝利，並塑造周瑜的英雄形象，這種孫吳霸業的歷史，成為江東士民的共同國族記憶，也是他們維繫自我認同的重要來源。[42]

　　《文化批評關鍵詞研究》中解釋「民族身份」：「不是與生俱來的，而是在民族文化的再現與作用下形成和改變。」民族文化則：「是一種再現體系，引導人們建

---

42 參見王文進：〈論《江表傳》中的南方立場與東吳意象〉，《成大中文學報》，46 期，2014 年 9 月，頁 99-101、103-136。

構共享的歸屬感和同盟感。通過民族起源的神話、歷史
人物和民族英雄的塑造、代表景觀的設計等再現策略和
文學文本、大眾傳媒等宣傳手段,民族文化以生產意義
的方式影響人們的意識和觀念,規範他們的行為和生
活。」[43]透過對於東吳之開國君主孫堅忠漢之歌頌,以
及對孫策、孫堅、孫權三祖霸業的頌揚,吳人通過王朝
歷史起源與三祖形象的再塑造,營構出屬於吳人之光榮
年代,以維繫吳人的群體認同。

　　吳滅之後,身為貳臣,入仕北方,承認晉之天命,
實屬必然,然而陸機等吳人乃明確而堅定的主張吳為正
統政權,至少為與魏、蜀同具合法政權地位者,同時,
陸機亦不避諱地以「帝」稱吳主。針對於潘岳代賈謐所
撰之〈為賈謐作贈陸機〉詩提到:「南吳伊何,僭號稱
王,大晉統天,仁風遐揚,偽孫銜璧,奉土歸壇。」[44]的
挑釁言辭,陸機〈答賈長淵〉則先敘漢末大亂:「王室
之亂,靡邦不泯。如彼墜景,曾不可振。乃眷三哲,俾
乂斯民。啟土雖難,改物承天。」陸機詩又云:「爰茲
有魏,即宮天邑。吳實龍飛,劉亦岳立。」詩中提到:
「天厭霸德,黃祚告豐。獄訟違魏,謳歌適晉。陳留歸
蕃,我皇登禪。庸岷稽顙,三江改獻」[45],皆強烈主張

43　參王曉路等著:《文化批評關鍵詞研究》(北京市:北京大學出版
　　社,2007 年 7 月一版),頁 285-286。

44　《文選》,357b。

45　晉・陸機著,劉運好校注整理:《陸士衡文集校注》,頁 349。

三分天下，並無任何一國較其餘兩國更正統或更受天命，陸機回應的詩中，亦可見周處答王渾見解的脈絡。

　　然而，值得注意的是陸機以「我皇」這樣明確肯定的用字來表達對吳國的肯定，陸機〈祖德賦〉中稱頌其祖陸遜西陵之戰，大敗劉備的功業時，提到：「西夏坦其無塵，帝命赫而大壯。」[46]以「帝」指稱孫權，又〈與弟清河雲詩〉前半敘父祖及二昆功德時，亦屢屢使用「惟帝念功，載繁其錫」、「奕世臺衡，扶帝紫極」、「帝曰欽哉，纂戎列祚」等句，皆以「帝」指稱孫吳君主。即使在〈謝平原內史表〉中，陸機仍對成都王穎稱：「臣本吳人，出於敵國」[47]，可見陸機對於三國分立，皆屬合法政權，無分高下、主從之意相當明確而堅持原則。不僅陸機，在陸雲〈與兄平原詩〉亦云：「天子命我，鎮弼于外」，另外，陸雲與鄭曼季（鄭豐）之贈答詩中，鄭曼季答詩云：「穆穆閶闔，南端啟篇。庶明以庸，帝聽式闢。」[48]亦皆以「天子」、「帝」指稱吳之君主，故知這樣明確以魏、蜀、吳皆屬合法政權，無分主從，亦不僅以魏為正統的觀念，實為吳人普遍之歷史認知。

---

46 劉運好繫本篇為西晉永寧二年（公元 302 年）所作。晉・陸機著，劉運好整理：《陸士衡文集校注》，頁 1112-1117。

47 晉・陸機著，劉運好整理：《陸士衡文集校注》，頁 888。

48 晉・陸機著，劉運好整理：《陸士龍文集校注》，頁 373，頁 473。

第四節　矜誇吳地風土文化

　　吳人入晉，除了承認晉之天命，並進行三國分立之
論述以維繫自尊外，亦積極誇耀吳地風土人物，以對抗
晉人之中原本位。

　　南方人受到北方歧視，在魏晉南北朝極為常見，如
《晉書・陸機傳》載：

> 初，宦人孟玖弟超並為穎所嬖寵。超領萬人為小
> 都督，未戰，縱兵大掠。機錄其主者。超將鐵騎
> 百餘人，直入機麾下奪之，顧謂機曰：「貉奴能
> 作督不！」[49]

　　孫秀亦曾受其妻罵為「貉子」[50]。《笑林》有一則
笑話說：「吳人至京為設食者有酪蘇，未知是何物也，
強而食之，歸吐，遂至困頓。謂其子曰，與傖人同死，

49　見《晉書・陸機傳》，頁 1008a。
50　《世說新語》載：「孫秀降晉，晉武帝厚存寵之，妻以姨妹蒯氏，
　　室家甚篤。妻嘗妒，乃罵秀為『貉子』。秀大不平，遂不復入。蒯
　　氏大自悔責，請救於帝。時大赦，羣臣咸見。既出，帝獨留秀，從
　　容謂曰：『天下曠蕩，蒯夫人可得從其例不？』秀免冠而謝，遂為
　　夫婦如初。」引自余嘉錫：《世說新語箋疏》（台北：華正書局，
　　1993 年 10 月），頁 920。以下稱本書為《世說新語》。

亦無所恨，然汝故宜慎之。」[51]無論是笑話或歧視的稱呼，都狠狠地嘲笑了南方人的無知愚昧、文化低落，歧視的意味非常強烈。

按，南方的開發較晚，故早期多視為蠻荒之地，《史記·貨殖列傳》云：「楚越之地，地廣人希，飯稻羹魚，或火耕而水耨，果隋蠃蛤，不待賈而足，地勢饒食，無飢饉之患，以故呰窳偷生，無積聚而多貧。是故江淮以南無凍餓之人，亦無千金之家。」[52]《漢書·地理志》亦云：「江南地廣，或火耕水耨。民食魚稻，以漁獵山伐為業，果蓏蠃蛤，食物常足。故呰窳媮生，而亡積聚，飲食還給，不憂凍餓，亦亡千金之家。信巫鬼，重淫祀。……吳、粵之君皆好勇，故其民至今好用劍，輕死易發。」[53]班固《漢書》的敘述大段援引《史記》觀點，所謂「火耕而水耨」、「不待賈而足」、「無千金之家」都顯示早期的江南從農耕技術，到社會階級皆未完備，處於開發不完全的狀態。「輕死易發」則表示當地風俗野蠻，禮義尚不普及。[54]此後發展至東漢，江南漸有開發，亦頗見人才，然而北方仍視南方為落後地區。如漢

51　《藝文類聚》卷 63，頁 1864。

52　漢·司馬遷撰：《史記三家注》（臺北：七略出版社據清乾隆武英殿刊本景印），頁 1341。

53　漢·班固撰，清·王先謙補注：《漢書補注》（臺北：藝文印書館，據清乾隆武英殿刊本景印），頁 861a-861b。

54　王永平著：《中古士人遷移與文化交流》（北京：社會科學文獻出版社，2005 年 6 月），頁 11。

末孫策向虞翻說：「孤昔再至壽春，見馬日磾，及與中
州士大夫會，語我東方人多才耳，但恨學問不博，語議
之間，有所不及耳。孤意猶謂未耳。卿博學洽聞，故前
欲令卿一詣許，交見朝士，以折中國妄語兒。」[55]所謂
多才而學問不博，即後天教育低落之意，孫策不服氣，
故令虞翻出使北方以折之。

又孫權遣趙咨使於魏，據《三國志‧吳書‧吳主傳》
所載：

> 遣都尉趙咨使魏。魏帝問曰：「吳王何等主也？」
> 咨對曰：「聰明仁智，雄略之主也。」帝問其狀，
> 咨曰：「納魯肅於凡品，是其聰也；拔呂蒙於行
> 陳，是其明也；獲于禁而不害，是其仁也；取荊
> 州而兵不血刃，是其智也；據三州虎視於天下，
> 是其雄也；屈身於陛下，是其略也。」

裴注引《吳書》云：

> 咨字德度，南陽人，博聞多識，應對辯捷，權為
> 吳王，擢中大夫，使魏。魏文帝善之，嘲咨曰：
> 「吳王頗知學乎？」答曰：「吳王浮江萬艘，帶
> 甲百萬，任賢使能，志存經略，雖有餘閒，博覽

---

55 《三國志‧吳書‧虞翻傳》注引《江表傳》，頁1079b。

書傳歷史，藉採奇異，不效諸生尋章摘句而
已。」……又曰：「吳如大夫者幾人？」咨曰：
「聰明特達者八九十人，如臣之比，車載斗量，
不可勝數。」咨頻載使，北人敬異。[56]

曹丕問：「吳王頗知學乎？」這樣的提問本身即帶
有極度的輕蔑，故趙咨回應以吳王以治國為務，閒暇乃
博覽書傳歷史，但不做尋章摘句之事，對應於好為文藝
之曹丕，頗有反諷之意味。曹丕問：「吳如大夫者幾人？」
提問中頗有視南方為人才不普及之意，故趙咨回應以為
數眾多，可謂善於外交辭令者。

其後，袁準亦對曹爽說：

吳楚之民，脆弱寡能，英才大賢，不出其土，比
技量力，不足與中國抗，然自上世以來，常為中
國患者，蓋以江漢為池，舟楫為用，利則陸鈔，
不利則入水，道遠，中國之長技無所用之也。[57]

袁準的看法，認為南方缺乏賢才，組織脆弱，能夠依恃
的只有地利之便。

其實，東漢以來，江南已漸漸開發，知識分子亦頗
增加，考察史籍，東漢一百九十多年間入仕者有七十五
人，其中如鄭弘、朱儁、許荊、鍾離意、陸閎、黃昌等

---

56 《三國志・吳書・吳主傳》，頁 934b-935a。
57 《三國志・魏晉・齊王芳紀》，頁 160a。

位至三公、宰輔、九卿，地方郡守、刺史、縣令、州郡
僚佐者則不勝枚舉，此地擅長經學、思想、文學者有王
充、趙曄、包咸、闞澤、韓說、虞翻、賀純等。[58]漢末
天下動亂，許多士人避禍南遷，如張昭、諸葛瑾、張紘、
嚴畯、程秉、薛綜等皆為南方文化的開發與深耕，帶來
極大貢獻。[59]據胡阿祥統計，魏晉時期江東本土文學繁
盛，三國江東文學家有 18 人，西晉有 17 人，僅次於範
圍數倍於江東的河淮地區，而居於天下第二。[60]故《抱
朴子·審舉篇》云：「江表雖遠，密邇海隅，然染道化，
率禮教，亦既千餘載矣。往雖暫隔，不盈百年。而儒學
之事，亦不偏廢也。惟以其土宇褊於中州，故人士之數，
不得鈞其多少耳。及其德行才學之高者，子游、仲任之
徒，亦未謝上國也。」[61]可見南方人才雖不如中原，但
仍可稱繁多。

　　然而北人對南方的歧視，並未隨之改變。

　　西晉滅吳後，蔡洪赴洛，遭到「亡國之餘」的譏諷。

---

58 參見高敏：〈從東漢時期入仕者與知名人士出生地的分佈狀況看東
　　漢江南經濟的發展〉，《鄭州大學學報》（哲學社會科學版）第
　　36 卷第 3 期（2003 年 5 月），頁 15-18，頁 47。以及王永平著：
　　《中古士人遷移與文化交流》，頁 16-19。

59 王永平：〈孫吳學術文化風尚考論〉，收錄於氏著：《孫吳政治與
　　文化史論》，頁 338-374。

60 胡阿祥著：《魏晉本土文學地理研究》（南京：南京大學出版社，
　　2001 年 5 月一版），頁 131-133。

61 東晉·葛洪著，楊明照撰：《抱朴子內篇校釋（增訂本）》卷 15
　　〈審舉〉（北京：中華書局，1991 年 12 月一版），頁 411。

《世說新語・言語》載：

> 蔡洪赴洛，洛中人問曰：「幕府初開，群公辟命，求英奇於仄陋，采賢俊於巖穴。君吳楚之士，亡國之餘，有何異才，而應斯舉？」蔡答曰：「夜光之珠，不必出於孟津之河；盈握之璧，不必采於崑崙之山。聖賢所出，何必常處。昔武王伐紂，遷頑民於洛邑，得無諸君是其苗裔乎？」[62]

「亡國之餘」的譏諷話語與王渾登建鄴宮釃酒的輕蔑相同，可見得此為北人一般之心態，蔡洪之回答有兩個重點，其一乃以各種異物多出於遠方，以說明「聖賢所出，何必常處」，故聖賢亦不必僅生於中原的道理。其二則微諷洛邑諸權貴或者亦為殷商遺民，然其「遺民」之旨，或亦暗暗指出周處所云「魏滅於前，吳亡於後」之意，蓋洛下諸君亦為魏之遺民，其恥笑吳人，亦不過五十步笑百步耳。故蔡洪之反答，一乃正面反擊，二乃暗諷而又不流於正面對抗，確實是精妙之言語，故為《世說》選入〈言語〉篇。就其論點而言，其第二點乃吳人利用三國鼎立的論述做為北方歧視之反擊，前一節已述及，就蔡洪的第一個論點而言，則又必須建立一個南方的文化論述，故吳人在面對北方士族的歧視之時，對於南方

62　《世說新語・言語》第 22 則。斐注以為蔡洪應為華譚，余嘉錫有詳細考證，參《世說新語》，頁 83-84。

之物種、人士及文明，皆需加以申述。

　　首先是物產。

　　前已論及，中華文化發源於北方中原地區，自古皆以南方為蠻夷未開發之地，至三國之時，孫吳立國江東，故於南方大力開發，然北方人因南北隔閡，加上滅吳後的勝利者心態，故輕視南方，對於南方，多以蠻夷不文視之。故《世說新語》載「陸機詣王武子，武子前置數斛羊酪，指以示陸曰：『卿江東何以敵此？』陸云：『有千里蓴羹，末下鹽豉耳！』」[63]此即北人以為南方物產不如北方之心態。

　　又如車永與陸雲書亦提到其外甥石季甫被任命為鄮令[64]，竟「舉家慘慼，不可深言」，又聽一個句章人說：「此縣既有短狐之疾，又有沙虱害人」，於是更增添憂恐之情。可見得北方人以南方為蠻荒危險之地。因此陸雲寫了〈答車茂安書〉詳細敘述了鄮縣地理之優越，水土之豐厚，並且說此地「衣食常充，倉庫恆實。榮辱既明，禮節甚備。為君甚簡，為民亦易。」又以大量鋪陳之筆寫其物產之盛，足以破除北方人對南方的誤解。故車永得信後，乃「舉家大小，豁然忘愁」。[65]

　　最足以說明南方人的物產及文化之優良者，在於陸

63　《世說新語・言語》第 26 則，頁 88-89。

64　今浙江鄞山之北。

65　車永與陸雲書信見晉・陸雲著：劉運好整理，《陸士龍文集校注》（南京：鳳凰出版社，2010 年 12 月一版），頁 1286-1301。

機的〈羽扇賦〉。現存晉人〈羽扇賦〉共六篇，傅咸賦序曰：「吳人截鳥翼而搖風，既勝於方圓二扇，而中國莫有生意。滅吳之後，翕然貴之。」可知羽扇乃吳地物產，本不受北方人重視，然滅吳後乃大盛於北方，故嵇含亦曰：「昔秦之兼趙，寫其冕服，以□侍臣。大晉附吳，亦遷其羽扇，御於上國。」嵇含的寫法乃視羽扇為戰利品，是出於征服者吸納各地產物以為用的戰勝者意識，然而陸機之〈羽扇賦〉則假設了楚襄王故事，言楚王於章臺之上大會諸侯，楚大夫宋玉、景差操羽扇而為持麈尾的中原諸侯所笑，以為楚地鄙陋，不合先王法度。宋玉乃說明羽扇之妙用，又以北方清談玄學中的「自然」觀念說明羽扇在形制上是「自然」之體，在功用上，能「反寒暑於一掌之末，回八風乎六翮之杪」，又能導自然之風，故能「襄王仰而捫節，諸侯伏而引非。皆委扇於楚庭，執鳥羽而言歸」，達到令北方諸侯折服的結果。文中巧妙使用北方的五明、安眾等扇，代表北方之中原文化傳統，以羽扇代表南方文化，不同於嵇含之「上國」中心論，陸機實借物以寄託吳楚文化應可與諸夏抗衡，在以中原為中心的西晉文化中應占有一席之地的心理，而這正亦足以說明吳人的渴望。[66]

---

[66] 于浴賢以為〈羽扇賦〉最鮮明地表現了陸機的東吳情結及文化意識，參氏著：〈論陸機賦的東吳情結〉，貴州大學學報，第 22 卷第 3 期，2003 年 3 月，頁 52-57。又沈揚：〈深文隱蔚　餘味曲包── 論陸機《羽扇賦》的隱喻空間〉對於〈羽扇賦〉使用之語詞、

對於吳人而言，誇耀物產之盛又不如誇耀人才之盛重要。早在三國時期，孔融即對虞翻說：

> 聞延陵之理樂，覩吾子之治易，乃知東南之美者，非徒會稽之竹箭也。[67]

孔融稱頌虞翻之餘，其實潛藏了北方人對南方僅有物產，缺少文化及人才的歧視，這是中原士人長久以來的觀念。故，在二陸與吳人群體的贈答作品與向朝廷之推荐諸作，可以看到許多互相頌揚、讚譽的語言，可知吳人對於自我人才之肯定，而在二陸之書信、表啟中，更可以發現他們對於吳地人才未受足夠重視、肯定的焦慮與希冀受到重視之情感。例如陸雲〈與戴季甫書〉七首中提到：「江南初平，人物失敘。」陸機〈薦賀循郭訥表〉提到賀循、郭訥：「皆出自新邦，朝無知己，居在遐外，志不自營。年時倏忽，而邈無階緒，實州黨愚智所為恨恨。……至于荆、揚二州，戶各數十萬，今揚州無郎，而荆州江南乃無一人為京城職者，誠非聖朝待四方之本心。」[68]皆表達對於吳地人才受到忽視，因缺

文化象徵等皆有詳細考證。參氏著：〈深文隱蔚　餘味曲包 —— 論陸機《羽扇賦》的隱喻空間〉，《中國韵文學刊》，第 27 卷第 4 期，2013 年 10 月，頁 58-62。

67 《三國志·吳書·虞翻傳》注引《江表傳》，頁 1080a。

68 晉·陸雲著：劉運好整理：《陸士龍文集校注》，頁 1227。晉·陸機著，劉運好校注整理：《陸士衡文集校注》，頁 1246-1248。

少援助，地處偏遠，而未獲引用的遺憾不平。陸雲〈與陸典書〉十首之五中提到：

> 國士之邦，實鍾俊哲。太伯清風邈世立德。龍蜿東嶽，三讓天下。垂化邁迹，百代所睎。高蹤越於先民，盛德稱乎在昔。續及延陸，繼嚮馳聲。沈淪漂流，優遊上國。聽音察微，智越眾俊。通幽暢邈，明同聖哲。言偃昭烈於孔堂，員武邁功於諸侯。自秀偉相承，明德繼踵，亦為不少。吳國初祚，雄俊尤盛。今日雖衰，未皆下華夏也。來誨所及，邅邅同懷。重及二聖，下逮眾子。或生羌狄，或在邊域。勳美之隆，實如嘉誨。愚以東國之士，進無所立，退無所守，明裂眥苦，皆未如意。[69]

陸雲提到太伯即吳太伯，以讓天下為世所共德之。延陵即延陵季子，以精通華夏文明，觀周樂而知音，為世人所稱譽。言偃即子游，為孔門弟子中文學之翹楚，員武即伍子胥，輔佐吳王夫差建立霸業。陸雲歌頌吳太伯、季札、子游、伍子胥等位古人在德行、文學、功業上面的貢獻，以說明吳乃「國士之邦」，代出俊哲之士，亦隱隱回應了如同蔡洪赴洛所遇之洛中人的提問，表示

---

69 晉・陸雲著：劉運好整理：《陸士龍文集校注》，頁 1266-1267。

吳地本出俊哲,「吳國初祚,雄俊尤盛。今日雖衰,未
皆下華夏也」,則顯有與北方人士一較高下之競爭心情,
更顯南方人在北方孤立無援,不受重視的苦悶,因此,
吳人之盛誇南國人文之美、賢才之盛,實有與北方爭競
之心,以及受到輕視的不服與不滿。

以此觀之,陸機在〈辨亡論〉中盛誇吳王孫權時代
國士之盛,除了以〈辨亡論〉為吳國之史,以及說明吳
國之亡與人和之關係外,更以一一列敘吳國人才之盛,
以令北方人士明白吳地實在有人才,不應輕視的心態。

陸機在〈吳趨行〉中大肆宣揚吳地文物風土,即為
此心態之顯現,詩中尤其盛誇人文教化之美,除了古代
有泰伯、仲雍、季札等知禮謙讓之賢者外,近世亦有孫
權及各方俊彥,並歌頌「屬城咸有士,吳邑最為多。八
族未多侈,四姓實名家」,可見其地人才眾多,名家大
姓,為其中堅,以證明吳為「國士之邦,實鍾俊哲」,[70]
不容忽視貶抑。

第五節　結語

《晉書‧顧榮傳》載:

> 齊王冏召為大司馬主簿。冏擅權驕恣,榮懼及禍,

---

70 晉‧陸雲著:劉運好整理:《陸士龍文集校注》,頁 584-585。

終日昏酣，不綜府事，以情告友人長樂馮熊。熊謂冏長史葛旟曰：「以顧榮為主簿，所以甄拔才望，委以事機，不復計南北親疏，欲平海內之心也。今府大事殷，非酒客之政。」旟曰：「榮江南望士，且居職日淺，不宜輕代易之。」熊曰：「可轉為中書侍郎，榮不失清顯，而府更收實才。」旟然之，白冏，以為中書侍郎。在職不復飲酒。人或問之曰：「何前醉而後醒邪？」榮懼罪，乃復更飲。與州里楊彥明書曰：「吾為齊王主簿，恒慮禍及，見刀與繩，每欲自殺，但人不知耳。」[71]

　　顧榮對州里楊彥明寫信傾訴這段經過曰：「吾為齊王主簿，恒慮禍及，見刀與繩，每欲自殺，但人不知耳。」可見在諸王爭權的過程中，仕宦於北方的痛苦。但我們更應注意的是，經過南方士族之努力，朝廷對南方士族仍有一定的重視，故馮熊說：「委以事機，不復計南北親疏，欲平海內之心」，葛旟說：「榮江南望士，且居職日淺，不宜輕代易之」，都是為了籠絡南方士族，表達朝廷對南方人才重視的安排，因此，即使顧榮終日昏酣，有權力野心的齊王冏府中仍必須留任他，以示收納賢士，展現對各地人才的重視。

　　現今談到魏晉之際的南北文化，多著重於南北歧視及吳人所受不平待遇為觀察角度，但隋煬帝曾引用晉武

帝之言論，以責備內史舍人竇威等以吳人為東夷之觀念
云：「昔漢末三方鼎立，大吳之國，以稱人物。故晉武
帝云『江東之有吳、會，猶江西之有汝、穎，衣冠人物，
千載一時』。」[72]由這條資料看看，身為貳臣、新邦之
民的南方人以其強烈的南方意識及爭勝之心，加之以對
故國、吳地物產、文化的宣揚，令北方統治者亦不能不
正視南方的衣冠人物，這是我們在閱讀這時代南北對立
的文獻中，尤應注意之處。

---

72 宋・李昉撰：《太平御覽》卷 602（臺北：商務印書館，民國 64
　年 4 月臺三版）「隋大業拾遺」條，頁 2840b-2841a。

第四章　門閥世族中的不遇者：夏侯湛個案研究

第一節　前　言

　　西晉文學家夏侯湛（244-292）字孝若，譙國譙人，為西晉重要的文學家。《晉書》本傳說他：「幼有盛才，文章宏富，善構新詞。」[1]《文選》注引臧榮緒《晉書》稱其：「才華富盛，早有名譽。」[2]《三國志・魏志・夏侯淵傳》注引《世語》曰：「湛以才博文章至南陽相、散騎常侍。」[3]可見時人對他的、評價是博學、才華富盛，

1　唐・房玄齡奉敕撰，吳士鑑、劉承幹注，《晉書斠注・夏侯湛傳》(臺北：藝文印書館，據乾隆武英殿刊本景印)，頁 1015a。以下稱本書為《晉書》。
2　參〈東方朔畫贊〉、〈夏侯常侍誄〉注，見梁・昭明太子蕭統編，唐・李善注，《文選》（臺北：藝文印書館，據宋淳熙本重雕鄱陽胡氏藏版印），頁 680b，頁 799a。
3　西晉・陳壽撰，清・盧弼集解，《三國志集解》（臺北縣：漢京文化事業有限公司，民國 70 年 4 月初版），頁 296a。以下稱本書為《三國志》。

擅為文，而且他的文章有「善構新詞」的特點。

又，《晉書‧夏侯湛傳》傳末史臣曰：「孝若掞蔚春華，時標麗藻，覩其〈抵疑〉、〈詮理〉，本窮通於自天，作誥敷文，流英聲於孝悌，旨深致遠，殊有大雅之風烈焉。」贊曰：「湛稱弄翰，縟彩雕煥。才高位卑，往哲攸歎。」[4]從這些資料中，可見當時人對夏侯湛的文才有很高的評價，認為他的文詞華麗富宏，並且對於他感歎不遇、抒寫心志的〈抵疑〉、〈詮理〉這類作品，以及〈昆弟誥〉等和孝悌之旨的作品特別稱許。

《晉書‧文苑傳‧序》云：「張載擅銘山之美，陸機挺焚研之奇，潘、夏連輝，頡頏名輩，並綜採繁縟，杼軸清英，窮廣內之青編，緝平臺之麗曲。」[5]《文心雕龍‧時序》亦云：「然晉雖不文，人才實盛：茂先搖筆而散珠，太沖動墨而橫錦；岳、湛曜連壁之華，機、雲標二俊之采；應、傅、三張之徒，孫、摯、成公之屬，並結藻清英，流韻綺靡。」[6]從這些對西晉文壇的陳述中，可以發現，夏侯湛不但是當時的重要作家，並且往往與潘岳連稱。

所謂「潘、夏連輝」或「岳、湛曜連壁之華」，用了《世說新語‧容止》或《晉書》本傳提到潘、夏「連

---

4 《晉書‧夏侯湛傳》，頁 1035b。

5 《晉書‧文苑傳》，頁 1549a。

6 劉勰著，詹鍈義證：《文心雕龍義證》（上海：上海古籍出版社，1989 年 8 月一版），頁 1701-1702。

壁」[7]的稱號，但除了「並有美容」之外，亦兼指文名，
故《文士傳》提到夏侯湛：「有盛才，文章巧思，善補
雅詞，名亞潘岳。」[8]以當時人評價而言，潘岳、夏侯湛
之文學成就，約略可等同於陸機、陸雲之文學成就，故
有「名亞潘岳」之目。

　　《隋書‧經籍志四》集部載有：「晉散騎常侍夏侯
湛集十卷」下註「梁有錄一卷」[9]，可見其詩文早期即已
漸漸佚失，目前可考者有《文選》所選〈東方朔畫贊〉、
《晉書》所載〈抵疑〉、〈昆弟誥〉，詠物賦若干篇，
以及以楚辭體為主的詩歌。現今文學史中的討論中，對
夏侯湛的討論相對較缺乏，或有討論者，則多集中在詩
歌及辭賦[10]，因此本論文擬探究其重要作品〈抵疑〉、
〈東方朔畫贊〉，以期更深入理解這位文學家。

7　《世說新語‧容止》曰：「潘安仁、夏侯湛並有美容，喜同行，時
　　人謂之『連璧』。」見余嘉錫編撰：《世說新語箋疏》（臺北：華
　　正書局有限公司，民國 78 年 3 月版），頁 253。以下稱本書為《世
　　說新語》。《晉書‧夏侯湛傳》載夏侯湛：「美容觀，與潘岳友善，
　　每行止同輿接茵，京都謂之『連璧』。」
8　參《世說新語‧文學》第 71 則，劉孝標註，頁 253。
9　唐‧長孫無忌等撰：《隋書》（臺北：藝文印書館，據清乾隆武英
　　殿刊本景印），頁 523b。
10　如，冷衛國著：〈夏侯湛以「味」論賦〉，《文學遺產》，2001
　　年第 1 期，頁 130-131。徐利英、汪群紅著：〈試論夏侯湛賦的創
　　新意識〉，《贛南師範學院學報》，2005 年第 2 期，頁 64-67。陳
　　洁著：〈夏侯湛詩歌考述〉，《鄖陽師範高等專科學校學報》，2011
　　年 4 月，第 31 卷第 2 期，頁 21-23。楊朝蕾著：〈夏侯湛咏物賦論〉，
　　《河北理工大學學報（社會科學版）》，2011 年 5 月，第 11 卷第
　　3 期，頁 223-225。

第二節 〈抵疑〉與夏侯氏門第背景

夏侯湛之〈抵疑〉於《晉書》本傳中全文收錄，傳末史臣曰特別提到〈抵疑〉一文云：「孝若淡蔚春華，時標麗藻，覿其〈抵疑〉、〈詮理〉，本窮通於自天。」[11]可見得這是一篇重要的作品。

〈抵疑〉以主客問答之體，透過「當路子」與夏侯湛的對話，以抒發自我仕途偃蹇的慨歎並敘述其志。這種透過主客問答以回應自我不遇處境的寫作方式，是源於東方朔〈答客難〉以來的「設論體」寫作傳統。東方朔〈答客難〉之後，楊雄等人亦代有著作，如揚雄〈解嘲〉、班固〈答賓戲〉、崔駰〈達旨〉、張衡〈應間〉、崔寔〈答譏〉、蔡邕〈釋誨〉、曹植〈客問〉、庾敳〈客咨〉、郭璞〈客傲〉……等等。張溥於〈夏侯常侍集題辭〉以為：「〈抵疑〉之作，班固〈賓戲〉、蔡邕〈釋誨〉流也，高才淹躓，含文寫懷，鋪張問難，聊代萱蘇，縱觀西晉〈玄居〉、〈推論〉、〈釋勸〉、〈釋時〉，文皆近是，追踪西漢，邈乎後塵矣！」[12]張溥從文學創新角度來看，因此認為〈抵疑〉這樣的作品比不上東方

---

11 《晉書・夏侯湛傳》，頁 1035b。

12 明・張溥編：《漢魏六朝百三家集》（臺北：新興書局，民國 52 年版），頁 1349。

朔〈答客難〉、楊雄〈解嘲〉。從〈抵疑〉的結構及文
意推展脈絡看來，與楊雄〈解嘲〉非常接近，除了藉主
客問答以敘其淹躓之感與憤悶之情外，〈解嘲〉末段舉
出一些或隱或顯或無賴的古人，來說明自己無法與這些
相同的人生選擇，和〈抵疑〉末段列舉積極求仕、求仙
求隱者皆非自己的選擇，並認為季札、楊雄、蘧伯玉、
柳下惠才是自己效法的對象，這些寫作方式都可以看出
仿效〈解嘲〉的痕跡，不過，在這種對問體寫作的固定
程式中，〈抵疑〉亦開發了西晉當代特具之時代內涵，
同時，我們也能從這一篇作品更深入理解夏侯湛的人格。

　　《晉書‧夏侯湛傳》中提到夏侯湛「少為太尉掾，
泰始中，舉賢良，對策中第，拜郎中，累年不調，乃作
〈抵疑〉以自廣。」[13]可見得這一篇作品之創作動機與
其仕宦生涯淪滯之感相關。

　　以一個士族子弟之仕宦過程而言，夏侯湛之仕途確
實較多坎坷，不止拜郎中後「累年不調」，後為太子舍
人、尚書郎後，竟又放為「野王令」，「居邑累年，朝
野多歎其屈」[14]，故潘岳〈夏侯常侍誄〉云：「執戟疲
楊，長沙投賈。」《晉書》本傳之贊曰：「才高位卑，
往哲攸歎。」[15]皆對夏侯湛的仕宦不達感到遺憾。對於
夏侯湛之仕宦不達，學界目前有幾個推論：首先是認為

13　《晉書‧夏侯湛傳》，頁 1015a-1017b。
14　《晉書‧夏侯湛傳》，頁 1019a。
15　《晉書‧夏侯湛傳》，頁 1035b。

夏侯氏與曹魏帝室過於密切，尤其與夏侯玄同宗族之關係，故入晉後受到壓抑；其次則以為夏侯湛與齊王攸關係過於密切。[16]這兩點在夏侯湛之政治生涯中都起了一定的作用，但並非影響夏侯玄仕途的全部原因。

　　潘岳〈夏侯常侍誄〉提到夏侯湛：「少知名，弱冠辟太尉府。」因此，陸侃如《中古文學繫年》將夏侯湛擔任太尉掾的時間繫在夏侯湛 20 歲，也就是魏景元三年（262）。夏侯湛 26 歲時參加了賢良對策，對策中第之年為泰始四年（268）十一月二十七日。[17]《晉書·摯虞傳》提到摯虞：「舉賢良，與夏侯湛等十七人策為下第，拜中郎。」其後，武帝又詔諸賢良、方正、直言會東堂，摯虞因答策受到武帝欣賞而被擢為太子舍人。[18]摯虞之父模，曾任魏太僕卿，為九卿之一，亦為官宦世家，可見泰始四年之賢良徵舉是有一些士族子弟，不能因此認定夏侯湛之門第低落或沒落。

　　探究夏侯氏一門之盛衰，此家族雖於魏時因為軍功及婚姻，而與曹魏之關係緊密，但夏侯尚之女，夏侯玄的妹妹夏侯徽亦嫁與司馬師，即使夏侯徽其後因為是魏氏之甥，與曹魏關係過於密切，而在司馬家篡位野心漸

---

16 參高武斌著：〈夏侯湛仕宦經歷四考〉，《山西農業大學學報》，第 8 卷（第 2 期），2009 年，頁 146-148。

17 陸侃如著：《中古文學繫年》（北京市：人民文學出版社，1985年 6 月一版），頁 606-607，頁 634。

18 《晉書·摯虞傳》，頁 971b。

增後被毒死，使得夏侯氏與司馬氏的聯姻留下陰影[19]。
不過，到了西晉，夏侯湛之伯父夏侯駿之女適汝南王司
馬亮[20]，夏侯莊之女，夏侯湛之姐妹夏侯光姬仍嫁給琅
邪武王世子司馬覲[21]，可見得夏侯氏仍與司馬家族世代
通婚。

　　另外，夏侯家亦與泰山王氏、琅邪王氏這些一等士
族通婚。羊祜娶夏侯霸的女兒[22]，夏侯莊之妻、夏侯湛
之母親亦出自泰山羊氏，為羊祜之姐妹[23]，由於羊祜另
一位姐妹嫁給司馬師，為景陽皇后，因為這樣的聯姻關
係，因此，夏侯莊亦成為景陽皇后的姐夫，使得夏侯湛
與齊王司馬攸成為姨表兄弟。

　　又，夏侯莊次女，夏侯湛之姐妹適琅邪王正，為王
覽四子，王羲之的祖父，也是重要的士族，據考証，琅
邪王氏的第三代及第四代皆與夏侯氏通婚。[24]夏侯駿與

19 《晉書・后妃・景懷夏侯皇后傳》，頁 669a。
20 《晉書・傅咸傳》載傅咸諫汝南王亮曰：「夏侯長容奉使為先帝請
　　命，祈禱無感，先帝崩背，宜自咎責，而自求請命之勞，而公以為
　　少府。私竊之論，云長容則公之姻，故至於此。」晉書下文特別提
　　到：「長容者，夏侯駿也。」頁 911b。夏侯駿為夏侯湛之伯父，
　　夏侯莊之兄長。
21 《晉書・后妃・元夏侯太妃傳》，頁 681a。
22 《晉書・羊祜傳》載：「郡將夏侯威異之，以兄霸之子妻之。……夏
　　侯霸之降蜀也，姻親多告絕，祜獨安其室，恩禮有加焉。」頁 709b。
23 一說為羊祜從姐妹。
24 《晉書・王廙傳》云：「王廙，字世將，丞相導從弟，而元帝姨弟
　　也。父正，尚書郎。」可見王廙母與晉元帝同屬夏侯莊之女。《晉
　　書》，頁 1324a。據馬曉坤、孫大鵬著：《兩晉南朝琅邪王氏與陳
　　郡謝氏比較研究》（北京：中國社會科學出版社，2011 年 10 月一
　　版），頁 65。

司徒魏舒亦為姻親，因此，傅咸因為夏侯駿為豫州大中正，「與奪惟意」，參奏要免除他大中正職位時，魏舒因為是「駿之姻屬，屢卻不署，咸據正甚苦，舒終不從。」傅咸最後因獨自上奏，反而因此被貶官。[25]又，《晉書‧周處傳》載齊萬年反，周處隸夏侯駿西征，中書令陳準言於朝廷曰：「駿及梁王皆是貴戚，非將率之才，進不求名，退不畏咎。」[26]可見夏侯駿在當時的普遍認知就是「貴戚」，不需建功求名即有一定的政治地位，犯了錯也不必擔心被咎責，為當朝權貴無誤。

　　《晉書‧庾旉傳》尚有一則夏侯駿的記載。

　　庾旉與博士太叔廣、劉暾、繆蔚、郭頤、秦秀、傅珍等上表諫阻齊王攸之國一事，觸怒武帝，廷尉劉頌又奏旉等大不敬，以棄市論，求平議。尚書又奏報請聽廷尉行刑。尚書夏侯駿向朱整說：「國家乃欲誅諫臣，官立八座，正為此時，卿可共駁正之。」朱整不從，夏侯駿乃獨為駁議，左僕射魏舒、右僕射下邳不晃等從駿議。奏留中七日後下乃詔免秦秀、傅珍、庾旉等官，並皆除

25　《晉書‧傅咸傳》云：「咸在位多所執正。豫州大中正夏侯俊上言，魯國小中正、司空司馬孔毓，四移病所，不能接賓，求以尚書郎曹馥代毓，旬日復上毓為中正。司徒三卻，俊故據正。咸以俊與奪惟意，乃奏免俊大中正。司徒魏舒，駿之姻屬，屢卻不署，咸據正甚苦。舒終不從，咸遂獨上。舒奏咸激訕不直，詔轉咸為車騎司馬。」頁 909b。按，傳文中所謂「夏侯俊」者即「夏侯駿」之誤，吳士鑑、劉承幹註用《書鈔》卷 73 所引干寶《晉紀》，以及《晉書‧傅咸傳》下文諫汝南王亮者以校正。

26　《晉書‧周處傳》，頁 106a-1063b。

名，然而後數歲又復用。[27]

《晉書・賈充傳》又載：「初，武帝疾篤，朝廷屬意於攸，河南尹夏侯和謂充曰：『卿二女婿，親疏等耳，立人當立德。』充不答。」等到武帝病癒後，聽聞此事，乃徙和光祿勳，奪賈充兵權。[28]

由這些記載可推知夏侯駿、夏侯和的立場是傾向齊王攸派的名士的，與武帝欲傳位給太子的想法抵觸，因此將夏侯和由「百郡之首」的河南尹一職徙為光祿勳，以示懲戒，因此，夏侯氏在立嫡一事上支持了齊王攸，為家族發展蒙上了陰影。但另一方面，晉武帝在盛怒下，欲將上表諫阻齊王攸之國的庾旉諸人棄市示威時，卻因為夏侯駿等人的上奏而撤回，可以看出夏侯駿有一定的政治分量。

因此，即使夏侯氏入晉後地位不若曹魏之權高勢重，但夏侯和任河南尹、光祿勳，夏侯駿歷任豫州大中正、尚書、少府、安西將軍、并州刺史，夏侯湛之父夏侯莊為淮南太守，亦被封為清明亭侯，加再上這個家族的聯姻狀況可知這個家族仍為第一等的高門。尤其，《晉書・夏侯湛傳》中提到「湛族為盛門」，《晉書・元夏侯太妃傳》中亦云：「妃生自華宗」[29]，因此，入晉以後，雖然夏侯氏之地位及政治權力不若曹魏時與帝室關

27　《晉書・庾旉傳》，頁 960a-960b。
28　《晉書・賈充傳》，頁 811a。
29　參見《晉書》〈夏侯湛傳〉及〈元夏侯太妃傳〉，頁 1019b，頁 681a。

係緊密連結，但仍為第一等的士族。

　　夏侯湛與齊王攸關係過於密切，其為太子舍人後，得以轉為尚書郎，與齊王攸的推薦有極大的關係，故其後被外放為「野王令」，「居邑累年，朝野多歎其屈」[30]與齊王攸奪嫡失敗、抑憤而亡，夏侯湛被歸入齊王一黨而被絀，亦應有極大的關連。不過，這些亦非影響夏侯玄仕途的全部原因，甚至，以夏侯湛主觀的看法，以及其知交潘岳之看法而言，夏侯湛高超世俗的人格，以及對自我之堅持與不苟，恐怕是更決定性的關鍵，而這樣的自我堅持與不苟，在夏侯湛早年所作的〈抵疑〉[31]中有明確說明。

　　文章起始，當路子先概括了不遇的條件為「有其才而不遇者，時也；有其時而不遇者，命也。」以此檢視夏侯湛的仕宦條件，論其才華名聲，則「童幼而岐立，弱冠而著德，少而流聲，長而垂名。」論其出仕則「拔萃始立，而登宰相之朝；揮翼初儀，而受卿尹之舉。盪典籍之華，談先王之言。入閨闥，躡丹墀，染彤管，吐洪煇，干當世之務，觸人主之威，有效矣。」可見得夏侯湛年少知名，早登仕途，不但有才，而且也早遇於「時」。

　　但是這樣的才華與早遇於時，卻「官不過散郎，舉不過賢良。鳳棲五耆，龍蟠六年，英耀禿落，羽儀摧殘。」這當然是為官落拓了。

30　《晉書‧夏侯湛傳》，頁 1019a。
31　《晉書‧夏侯湛傳》，頁 1015a-1017b。

　　當路子又說：「且以言乎才，則吾子優矣。以言乎時，則子之所與二三公者，義則骨肉之固，交則明道之觀也。」再一次強調夏侯湛並非不遇於「時」者，甚至因為家族關係而有不錯的人際網絡。

　　那麼，夏侯湛之不遇，是否因為「命」呢？

　　「當路子」以為夏侯湛與那些當朝權貴「義則骨肉之固，交則明道之觀也」，而這些有權勢之人「富於德，貴於官，其所發明，雖叩牛操築之客，傭貨拘關之隸，負俗懷譏之士，猶將登為大夫，顯為卿尹。」這些有權勢的貴戚親交若「垂一鱗，迴一翼，令吾子攀其飛騰之勢，挂其羽翼之末，猶奮迅於雲霄之際，騰驤於四極之外。」以上都是說日夏侯湛的人際網絡足以提拔他至高位，但是這些貴戚卻漠然沈默，而不願意幫一點忙，使他沈淪末職，累年不調，當路子以為這不是「二三公之蔽賢」，而是夏侯湛之「拙惑」也。

　　因此，〈抵疑〉一文中夏侯湛的困境，並不是家族沒落，也不是缺少出仕機會，而是他個人的「拙」，也就是他不能藉著家門基礎，以攀龍附鳳，交結當世，其下文即就「拙」而抒論。

　　〈抵疑〉陳述夏侯湛之意云：

　　　　吾聞先大夫孔聖之言：「德之不修，學之不講，聞義不能徙，不善不能改，是吾憂也。」四德具而名位不至者，非吾任也。是以君子求諸己，

> 小人求諸人。僕也承門戶之業，受過庭之訓，是
> 以得接冠帶之末，充乎士大夫之列，頗闚六經之
> 文，覽百家之學。弱年而入公朝，蒙蔽而當顯舉，
> 進不能拔羣出萃，却不能抗排當世，志則乍顯乍
> 昧，文則乍幽乍蔚。知之者則謂之欲逍遙以養生，
> 不知之者則謂之欲遑遑以求達，此皆未是僕之所
> 匪也。
>
> 　僕又聞，世有道，則士無所執其節；黜陟明，
> 則下不在量其力。是以當舉而不辭，入朝而酬問。
> 僕，東野之鄙人，頑直之陋生也。不識當世之便，
> 不達朝廷之情，不能倚靡容悅，出入崎傾，逐巧
> 點妍，嘔喁辯佞。隨羣班之次，伏簡墨之後。當
> 此之時，若失水之魚，喪家之狗，行不勝衣，言
> 不出口，安能干當世之務，觸人主之威，適足以
> 露狂簡而增塵垢。縱使心有至言，言有偏直，此
> 委巷之誠，非朝廷之欲也。

　　立論首標「君子求諸己，小人求諸人」之義，以說
明自我處世之要求在己不在人，曰：「吾聞先大夫孔聖
之言：『德之不修，學之不講，聞義不能徙，不善不能
改，是吾憂也。』四德具而名位不至者，非吾任也。」
可知夏侯湛以孔子所提示的德、學、徙義、遷善做為自
我要求的標準，這就是「君子求諸己」之標準。至於交
結權貴，以為自己揚身之階之一途，夏侯湛認為自己「不

識當世之便，不達朝廷之情，不能倚靡容悅，出入崎傾，逐巧點妍，嘔喁辯佞」，這當然是「拙」，但觀其文，對自己的批評只是出於憤激之詞，其文章的重點主要是批評當朝顯貴不能拔擢人才。

文中提到古今的對比，說：

> 今天子以茂德臨天下，以八方六合為四境，海內無虞，萬國玄靜，九夷之從王化，猶洪聲之收清響；黎苗之樂函夏，若遊形之招惠景。鄉曲之徒，一介之士，曾諷急就、習甲子者，皆奮筆揚文，議制論道，出草苗，起林藪，御青瑣，入金墉者，無日不有。充三臺之寺，盈中書之閣。有司不能竟其文，當年不能編其籍，此執政之所厭聞也。若乃羣公百辟，卿士常伯，被朱佩紫，耀金帶白，坐而論道者，又充路盈寢，黃幃玉階之內，飽其尺牘矣。若僕之言，皆冀土之說，消磨灰爛，垢辱招穢，適可充衛士之饗，盈掃除之器。譬猶投盈寸之膠，而欲使江海易色；燒一羽之毛，而欲令大鑪增勢。若燎原之煙，彌天之雲，噓之不益其熱，噏之不減其氣。今子見僕入朝暫對，便欲坐望高位，吐言數百，謂陵嶒一世，何吾子之失評也！僕固脂車以須放，秣馬以待却，反耕於枳落，歸志乎渦瀨，從容乎農夫，優游乎卒歲矣。

　　古者天子畫土以封羣后，羣后受國以臨其邦，懸大賞以樂其成，列九伐以討其違，興衰相形，安危相傾。故在位者以求賢為務，受任者以進才為急。今也則九州為一家，萬國為百郡，政有常道，法有恒訓，因循而禮樂自定，揖讓而天下大順。夫道學之貴游，閭邑之搢紳，皆高門之子，世臣之胤，弘風長譽，推成而進，悠悠者皆天下之彥也。諷詁訓，傳詩書，講儒墨，說玄虛，僕皆不如也。二三公之簡僕於凡庸之肆，顯僕於細猥之中，則為功也重矣；時而清談，則為親也周矣。且古之君子，不知士，則不明不安。是以居逸而思危，對食而肴乾。今也則否。居位者以善身為靜，以寡交為慎，以弱斷為重，以怯言為信。不知士者無公誹，不得士者不私愧。彼在位者皆稷、契、咎、益、伊、呂、周、召之倫，叔豹、仲熊之儔，稽古則踰黃唐，經緯則越虞夏，蔑昆吾之功。嗤桓文之勳，抵拟管仲，蹉弝晏嬰。其遠則欲升鼎湖，近則欲超太平。方將保重齒神，獨善其身，玄白沖虛，仡爾養真。雖力挾太山，將不舉一羽；揚波萬里，將不濯一鱗。咳唾成珠玉，揮袂出風雲。豈肯蹣跚鄙事，取才進人，此又吾子之失言也。子獨不聞夫神人乎！嚙風飲露，不食五穀。登太清，遊山嶽，靡芝草，弄白玉。不因而獨備，無假而自足。不與人路同嗜欲，

不與世務齊榮辱。故能入無窮之門，享不死之年。
以此言之，何待進賢！

　　這一段依循東方朔〈答客難〉、楊雄〈解嘲〉對「時」
的批判傳統，批判西晉立國以來的人材進用多依據權勢
與家門、地位，但其下大加闥閥的則是當權之人不舉才，
以為：「居位者以善身為靜，以寡交為慎，以弱斷為重，
以怯言為信。不知士者無公誹，不得士者不私愧。」又
說他們「方將保重嗇神，獨善其身，玄白沖虛，仡爾養
真」，最後還以《莊子‧逍遙遊》藐姑射山之神人來諷
刺這些當朝權貴「噏風飲露，不食五穀。登太清，遊山
嶽，靡芝草，弄白玉。不因而獨備，無假而自足。不與
人路同嗜欲，不與世務齊榮辱。故能入無窮之門，享不
死之年。」所謂的「不與人路同嗜欲，不與世務齊榮辱」，
指的是這些人高高在上，不食人間煙火，唯以玄虛為務，
以寡交為謹慎，所批評的正是晉以來受到老莊思潮影
響，玄虛是務的士風，這種士風屢受批評而更熾，東晉
以來，陳頵批評西晉風氣，曾云：「加有老莊之俗傾惑
朝廷，養望者為弘雅，政事者為俗人，王職不恤，法物
墜喪。」[32]干寶〈晉紀總論〉亦曾痛切批評西晉士風云：

　　學者以莊老為宗，而黜六經，談者以虛薄為辯，

32　《晉書‧陳頵傳》，頁 1257b。

> 而賤名儉，行身者以放濁為通，而狹節信，進仕
> 者以苟得為貴，而鄙居正，當官者以望空為高，
> 而笑勤恪。是以目三公以蕭杌之稱，標上議以虛
> 談之名，劉頌屢言治道，傅咸每糾邪正，皆謂之
> 俗吏。其倚杖虛曠，依阿無心者，皆名重海內。……
> 而世族貴戚之子弟，陵邁超越，不拘資次，悠悠
> 風塵，皆奔競之士，列官千百，無讓賢之舉。[33]

與夏侯湛所見相同，然而夏侯湛故意以莊子藐姑射山神
人等形象，誇大形容這些當朝不務世事的玄虛之士，將
這些權貴描摹成缺乏人氣的神人，在文學性筆法之下，
更充滿嘲諷之意。

　　文末，客再一次提及「邦有道，貧且賤焉，恥也」
的理念，提出「伊尹之干成湯，甯戚之迕桓公，或投己
鼎俎，或庸身飯牛，明廢興之機，歌白水之流，德入殷
王，義感齊侯。」的建議，認為伊尹、甯戚等人以鼎俎、
庸身飯牛等方式干位，建議夏侯湛也可以效法這些人不
擇手段以謀得名位。

　　夏侯湛則明白自述己志，說明：

> 若乃伊尹負鼎以干湯，呂尚隱遊以徼文，傅說操
> 築以寤主，甯戚擊角以要君，此非僕所能也。莊

---

33 干寶：《晉紀‧總論》，收於《文選》卷49，頁705b。

> 周馹蕩以放言，君平賣卜以自賢，接輿陽狂以蔽
> 身，梅福棄家以求仙，此又非僕之所安也。若乃
> 季札抗節於延陵，楊雄覃思於太玄，伯玉和柔於
> 人懷，柳惠三絀於士官，僕雖不敏，竊頗仿佛其
> 清塵。

以為伊尹、呂尚、傅說、甯戚等人，以負鼎、隱遊、操
築、擊角等種種方式，不惜身處下流，想盡一切辦法干
祿，這是自己做不到的，至於像莊周、嚴君平、接輿、
梅福等求道者或隱逸之士，雖然高超世俗，但也不是夏
侯湛的目標，其自我惕厲效法的目標乃如季札讓國一
樣，不接受非份之權位，如楊雄一樣精研於道，如蘧伯玉
一樣「邦有道則仕，邦無道則卷而懷之」的君子風格，如
柳下惠以直道行事，不以官位為考量，寧願三絀於士官。
　　所謂「直道」，夏侯湛著有一篇〈浮萍賦〉亦有提及：

> 步長渠以游目兮，覽隨波之微草。紛漂澈以澄茂
> 兮，羌孤生於靈沼。因纖根以自滋兮，乃逸蕩乎
> 波表。散圓葉以舒形兮，發翠綠以含縹。蔭修魚
> 之華鱗兮，翳蘭池之清潦。既澹淡以順流兮，又
> 雍容以隨風。有纏薄於崖側兮，或回滯乎湍中。
> 紛上下以靡常兮，漂往來其無窮。仰熙陽曜，俯
> 憑綠水。渟不安處，行無定軌。流息則寧，濤擾
> 則動。浮輕善移，勢危易蕩。似孤臣之介立，隨

排擠之所往。內一志以奉朝兮，外結心以絕黨。
萍出水而立枯兮，士失據而身枉。睹斯草而慷慨
兮，固知直道之難爽。[34]

賦中敘述浮萍之姿態為「既澹淡以順流兮，又雍容
以隨風。」寫出雍容淡雅的君子之風，具有將浮萍之特
質賦予人格精神的特色，賦中又說浮萍：「似孤臣之介
立，隨排擠之所往。內一志以奉朝兮，外結心以絕黨。」
最後為萍之悲劇感傷，說：「固知直道之難爽。」夏侯
湛賦中的萍乃是以士族的高雅從容風度做為形容的重
點，萍具有各種沖虛雍容、順物不爭之美德，其內心專
一，其外則絕交於黨，保持自身的清高，然而，萍的下
場是孤介受排擠而失據，最終離水而枯，夏侯湛總結這
樣的悲劇是導因於「直道」之故。可知，夏侯湛的「直
道」是堅持正道，帶有孤介不攀附黨派權貴的特質。

〈抵疑〉一文作於夏侯湛早年以賢良對策拜郎中後
累年不調，故云「官不過散郎，舉不過賢良。鳳棲五朞，
龍蟠六年」，其後乃選補太子舍人，後經齊王攸推薦而
得以轉尚書郎，因此，夏侯湛早年仕宦不遇，與武帝排
斥齊王攸無關，其最主要原因仍在於夏侯湛堅持自我的
孤介特質。《晉書》注引《書鈔》中有幾則資料云：

---

34 嚴可均輯，《全上古三代秦漢三國六朝文》(北京：中華書局，1958
年 12 月一版)，以下標為《全文》之一集，不另行詳註，頁 1851b。

齊王攸與山濤書曰：「孝若秉心居正，為太子舍人。
司馬攸與山巨源書曰：「太子舍人夏侯湛，柔心
居正，理識明徹，應即為郎也。[35]

齊王攸提到夏侯湛「居正」的特質，指的應該就是夏侯
湛不能攀附阿媚當世，持守直道的特質。

　　這種「直道」的特質，恐怕為夏侯湛一生行事所持
守的，潘岳在〈夏侯常侍誄〉中也提到夏侯湛是一個「事
君直道」之人，所謂「事君直道」，即柳下惠的事君之
道，《論語‧微子》云：「柳下惠為士師，三黜。人曰：
『子未可以去乎？』曰：『直道而事人，焉往而不三黜！
枉道而事人，何必去父母之邦。』」[36]所謂「直道而事
人，焉往而不三黜！」指的是不願意屈枉從士，故容易
得罪人，由此暗示了夏侯湛剛直的個性，以及其難以從
俗，容易得罪人的特質。這種特質與〈抵疑〉中夏侯湛
以柳下惠為自己學習效法之典範相同，即其文中所述「不
識當世之便，不達朝廷之情，不能倚靡容悅，出入崎傾，
逐巧點妍，嘔喁辯佞」之種種情狀，因此，夏侯湛之人
格特質以及其自我期許，皆與時人不同。

　　潘岳對於夏侯湛的人格特質，以及其入仕屢屢受到
挫折之因相當清楚，因此，在〈夏侯常侍誄〉中不但為

35　《晉書‧夏侯湛傳》，頁 1017b。
36　楊伯峻譯注：《論語譯注》（北京：中華書局，1980 年 12 月 2 版），
　　頁 192。

夏侯湛才高位卑感到悵惘，同時也向他提出勸戒云：「眾實勝寡。人惡俊異，俗疵文雅。執戟疲楊，長沙投賈。無謂爾高，恥居物下。」「眾實勝寡」、「人惡俊異，俗疵文雅」等句，皆明白指出夏侯湛不能隨俗從眾的個性，也折射出他招忌的事實，透過潘岳提出「無謂爾高，恥居物下」的規勸，亦點出夏侯湛以其高尚之心志，難以與世俗相合的問題。

〈夏侯常侍誄〉中，夏侯湛自述其志曰：「道固不同。為仁由己，匪我求蒙。誰毀誰譽？何去何從？」實際上這和夏侯湛在〈抵疑〉中所說：「君子求諸己，小人求諸人」之義，以及其以孔子提示的德、學、徙義、遷善做為自我要求的標準，認為「四德具而名位不至者，非吾任也」，而不苟求的想法相同。因此潘岳以「莫湼匪緇，莫磨匪磷。子獨正色，居屈志申。雖不爾以，猶致其身」數句，做為夏侯湛一生持守正道之總結，夏侯湛可謂終其一生，皆堅守信念節操者。

第三節　贊、碑中的理想典型

夏侯湛又有〈東方朔畫贊〉，此篇收入《文選》贊類，被視為贊類作品中的傑作。吳訥在《文章辨體序說》談到「贊」時，說：「大抵贊有二體：若作散文，當祖

班氏史評；若作韻語，當宗〈東方朔畫象贊〉。」[37]本篇贊文有四十八句，均為四言句式，共計 192 字，文辭典麗而抒情雅正，用韻精當，贊前有序，簡要而概括地敘述東方朔一生行事及神仙傳說，敘事精要而流暢，大抵而言，序主敘事，贊主抒情，體例及敘寫皆相當謹嚴得法，故可為贊體之典範。

序中提到：「大人來守此國，僕自京都，言歸定省，睹先生之縣邑，想先生之高風；徘徊路寢，見先生之遺像；逍遙城郭，觀先生之祠宇。慨然有懷，乃作頌焉。」可見這是夏侯湛之父親夏侯莊為樂陵太守時，夏侯湛到此省親，參訪此處，有東方朔之祠宇，其中有東方朔之遺像，夏侯湛見像思人，因而作此文以頌贊之，在頌贊中，亦可見夏侯湛以東方朔為理想典型之意。

序文中，先簡要說明東方朔之籍貫，並提到他的事蹟具載於《漢書》，其下以「瓌瑋博達，思周變通」總評東方朔一生行事人格，其下以三個小段，分別評定其一生行事、智識、人格精神，並略敘神仙傳說以為曳引想像，最後提到寫作動機。觀其論述有法，可謂兼具史才與文才者。

文章敘東方朔一生行事方面，序中連用四個「不可以……故……」的排比句式，來說明東方朔身處環境的艱難和變通，「潔其道而穢其跡，清其質而濁其文。馳

---

37 吳訥著：《文章辨體序說》，收入吳訥等著：《文體序說三種》（臺北市：大安出版社，1998 年 6 月一版），頁 60。

張而不為邪，進退而不離群。」四句說明東方朔混跡世俗的行事，並刻意將「潔」、「穢」，「清」、「濁」兩組對立的語辭組織到同一個句子中，以突顯其衝突性，深刻說明東方朔守其本質，而混濁末跡的特質。

「若乃遠心曠度」一段則強調東方朔智識的描寫，「自三墳、五典、八索、九丘，陰陽圖緯之學，百家眾流之論，周給敏捷之辯，支離覆逆之數，經脈藥石之藝，射御書計之術」不但透過羅列東方朔之才能，以突顯其廣博的智識，同時又藉著「乃研精而究其理，不習而盡其功，經目而諷于口，過耳而暗于心」數句，以讚譽其聰慧過人，實源於不習而知的天性。

「夫其明濟開豁」敘東方朔的人格精神，不但開豁、弘大，而且「陵轢卿相，嘲哂豪桀，籠罩靡前，跆籍貴勢，出不休顯，賤不憂戚，戲萬乘若寮友，視儔列如草芥」，傲視權貴與世俗名利，顯出雄傑高尚、特出不群的人格精神。

徐公持以為：「此文特色仍在氣韵，即『高氣』。文中使用排比語句特多，貫穿前後，力通全篇。」並以序中的排比句使用「皆一氣貫注，如瀑飛瀉，略無關礙。」又熊禮滙以為序文再三以「先生」稱東方朔，讀者不覺得重覆，乃作者情意感染所致。並特別指出序中所用皆為鋪陳手法，排比句很多，甚至序中一半文字說東方朔

三事，僅用了三個長句。[38]可見得許多評論者皆已注意到序中使用的排比特質及在文氣上的作用。

在贊文方面，主要使用四言韻文，用典則多出自《易》、《書》、《詩》、《論語》等經典，因此特別顯出典雅的氣質，起始即以「矯矯先生，肥遯居貞」以獨標其超脫於世之人格，並以「涅而無滓，既濁能清」來歌頌其清潔之本質，不為世俗所染污，故能混跡其中，最後則抒發所見，祠宇荒蕪、遺像在圖，以扣合題目中的「畫贊」，並想像其精靈，以寄予無限追思仰慕之情。

在歷史上，東方朔是一位奇特的人物，此人機敏博識，滑稽而有才華，行事言論經常出人意表，違反傳統或禮俗，但又頗具戰國策士之風，一方面不護細行，大言不慚、極盡誇大的自我標榜，同時也不遵守禮儀規矩，常常表現類似俳優的嬉笑怒罵態度。但另一方面，這些嬉笑怒罵背後，又時見深刻的譏刺諷諫之意，當我們閱讀東方朔傳記時，時時可見其以讜言正論規勸皇帝，因此，東方朔在世人的評價上，經常出現正反兩極的評價。漢代以後，東方朔之形象主要有二：神仙有道之人與滑稽之雄。從一般俗人的觀點，多喜好渲染其奇特靈異事蹟，而視為神仙有道之人。從一般儒士眼光來看，則多視為滑稽之雄。

38　參徐公持編著：《魏晉文學史》（北京：人民文學出版社，1999年9月一版），頁296-297。熊禮滙著：《先唐散文藝術論》（北京：學苑出版社，1999年1月一版），頁703-704。

　　前一種觀點在民間相當流行，王充《論衡・道虛篇》
云：「世或言，東方朔亦道人也，姓金氏，字曼倩，變
姓易名，游宦漢朝。外有仕宦之外，內乃度世之人。」[39]
應劭《風俗通・正失篇》云：「俗言：東方朔太白星精，
黃帝時為風后，堯時為務成子，周時為老聃，在越為范
蠡，在齊為鴟夷子皮。言其神聖能興王霸之業，變化無
常。」[40]曹植〈辨道論〉云：「夫神仙之書，道家之言，
乃云：傳說上為辰尾宿，歲星降下為東方朔。」[41]從這
些文士的敘述中，可見其流行之情形，這類傳說多認為
東方朔是歲星或神仙，變化無窮。

　　這一類的傳說，《列仙傳》說得較為保守，云：「東
方朔⋯⋯時人或謂聖人，或謂凡人，作深淺顯默之行。
或忠言，或虧語，莫知其旨。至宣帝初，棄郎以避亂世，
置幘官舍，風飄之而去，後見於會稽，賣藥五湖，智者疑
其歲星精也。」[42]《漢武故事》則繪聲繪影，頗為靈妙：

> 西王母遺使⋯⋯使至之日，東方朔死，上疑之，
> 問使者。曰：「朔是木帝精為歲星，下遊人中，
> 以觀天下，非陛下臣也。上厚葬之。一本云：朔

---

39 黃暉撰：《論衡校釋》（北京：中華書局，1990 年一版），頁 332-335。
40 東漢・應劭撰、王利器校注：《風俗通》（北京：中華書局，2010
　　年 5 月二版），頁 108-114。
41 趙幼文校注：《曹植集校注》（臺北市：明文書局，民國 74 年 4
　　月初版），頁 187。
42 漢・劉向撰：《列仙傳》，收入《叢書集成新編》100 冊（臺北市：
　　新文豐出版公司，民國 74-75 年版），頁 274。

死，乘雲飛去，仰望大霧，不知所在。朔在漢朝，
天上無歲星。」[43]

《漢武帝別國洞冥記》載：

東方朔字曼倩，父張夷，字少平，妻田氏女。夷
年二百歲，顏如童子。朔生三日，而田氏死，時
景帝三年也。鄰母拾而養之。年三歲，天下秘讖，
一覽闇誦於口，常指揶天下，空中獨語。鄰母忽
失朔，累月方歸，母笞之。後復去，經年乃歸。
母忽見，大驚曰：「汝行經年一歸，何以慰我耶？」
朔曰：「兒至紫泥海，有紫水污衣，仍過虞淵湔
浣，朝發中返，何云經年乎？」母問之：「汝悉
是何處行？」朔曰：「兒湔衣竟，暫息都崇堂。
王公飴之以丹霞漿，兒食之太飽，悶幾死，乃飲
玄天黃露半合，即醒。既而還。路遇一蒼虎，息
於路傍。兒騎虎還，打捶過痛，虎嚙兒腳傷。」
母悲嗟，乃裂青布裳裹之。朔復去家萬里，見一
枯樹，脫布挂於樹。布化為龍，因名其地為布龍
澤。朔以元封中游蒙鴻之澤，忽見王母採桑於白
海之濱。俄有黃眉翁指阿母以告朔曰：「昔為吾

---

43 徵引自唐・瞿曇悉達撰：《唐開元占經》（臺北市：臺灣商務印書
館），卷23，頁21-22。宋・李昉撰：《太平御覽》（臺北：商務
印書館，民國64年4月臺三版），頁157。

妻，托形為太白之精，今汝此星精也。」[44]

由於這類東方朔的神奇傳說相當流行，故班固、王充、應劭、曹植等皆加以駁斥，以為荒誕。文人群體則多視東方朔為滑稽之雄，此看法以楊雄首開其端，班固等效之。

揚雄《法言・淵騫篇》云：

> 世稱東方生之盛也，言不純師，行不純表，其流風、遺書，蔑如也。或曰：「隱者也。」曰：「昔之隱者，吾聞其語矣，又聞其行矣。」或曰：「隱道多端。」曰：「固也！聖言聖行，不逢其時，聖人隱也。賢言賢行，不逢其時，賢者隱也。談言談行，而不逢其時，談者隱也。昔者箕子之漆其身也，狂接輿之被其髮也，欲去而恐罹害者也。

---

44 舊題漢・郭憲撰：《漢武帝別國洞冥記》卷一，收於《叢書集成初編》（北京：中華書局，1985 年新一版），頁 1。又如《十洲記》亦云：「漢武帝既聞王母說八方巨海之中，有祖洲、瀛洲、玄洲、炎洲、長洲、元洲、流洲、生洲、鳳麟洲、聚窟洲，有此十洲，乃人跡所稀絕處。又始知東方朔非世常人，是以延之曲室，而親問十洲所在，所有之物名，故書記之。方朔云：『臣，學仙者耳，非得道之人。以國家之盛美，將招名儒墨於文教之內，抑絕俗之道於虛詭之跡。臣故韜隱逸而赴王庭，藏養生而侍朱闕矣。亦由尊上好道，且復欲抑絕其威儀也。』武帝欣聞至說，明年遂復從受諸真形圖。常帶之肘後，八節當朝拜靈書，以書求度脫焉。朔謂滑稽逆知，預觀帝心，故弄萬乘，傲公侯，不可得而師友，不可得而喜怒，故武帝不能盡至理於此人。」收於王雲五主編：《明刊本古今逸史》（臺北市：臺灣商務印書館），頁 12。

箕子之《洪範》，接輿之歌鳳也哉！」或問：「東
方生名過實者，何也？」曰：「應諧，不窮，正
諫，穢德。應諧似優，不窮似哲，正諫似直，穢
德似隱。」「請問名。」曰：「詼達。」「惡比？」
曰：「非夷尚容，依隱玩世，其滑稽之雄乎！」
或問：「柳下惠非朝隱者與？」曰：「君子謂之
不恭。古者高餓顯，下祿隱。」妄譽，仁之賊也；
妄毀，義之賊也。賊仁近鄉原，賊義近鄉訕。[45]

揚雄認為東方朔之言論、行為並不皆可為表率，同時其
留下來的作品也不副其名，此亦屬名實不符。並區分隱
者為聖人之隱、賢者之隱、談者之隱，這些隱者皆「不
逢其時」，但以其言行之不同，而成為不同等級的隱者，
箕子為聖人之隱，接輿為賢者之隱，依此則東方朔僅為
「談者之隱」，屬於「名過其實者」。

何以東方朔名過其實？

楊雄總括東方朔的言行，以為他：「應諧、不窮、
正諫、穢德。應諧似優，不窮似哲，正諫似直，穢德以
隱」，其言行都在依隱彷彿之間，似優而非優，似哲而
非哲，似直而非直，而穢其德以玩世，因此楊雄視之為
「滑稽之雄」。對於東方朔非夷齊而是柳下惠的想法，
楊雄也提出糾正，認為柳下惠「不恭」，不是君子應該

---

45 汪榮寶撰、陳仲夫點校：《法言義疏》（北京：中華書局，1987
年 3 月一版），頁 483-490。

取法的，因此，此柳下惠「不羞污君，不辭小官」，在楊雄看來，是缺少對職位的恭敬，這是以儒家的名實觀點來批評東方朔。

其後，班固的《漢書‧東方朔傳》贊云：「劉向言少時數問長老賢人通於事及朔時者，皆曰：『朔口諧倡辯，不能持論，喜為庸人誦說，故令後世多傳聞者。』」又說：「朔之詼諧，逢占射覆，其事浮淺，行於眾庶。」對世俗人對東方朔的種種傳說之盛行提出了解釋，並認為這些是是浮淺而言過其實的故事，除此之外，對東方朔的評論，班固基本上襲用了揚雄的說法[46]，而應劭《風俗通‧正失篇》又取則於班固，[47]因此，揚雄對東方朔的批評實為此說之根源。

相較於俗士與文士的兩種說法，夏侯湛〈東方朔畫贊〉不由這兩種成說來敘述東方朔，而採取了一個全新的角度，特別表明東方朔的人格及德行。

在俗士的神仙怪誕之文方面，夏侯湛以「談者」起始，又說這是「奇怪惚恍不可備論者也」，表明這並非夏侯湛的主張，但亦沒有直接否定，以喚起讀者想像並延伸對東方朔的追慕懷想之情。對於揚雄以來，視東方朔為「滑稽之雄」的看法，以及揚雄對東方朔「應諧、

---

46 東漢‧班固著，唐‧顏師古注，清‧王先謙補注：《漢書補注‧東方朔傳》（臺北：藝文印書館，據清乾隆武英殿刊本景印），頁1304b-1305a。以下稱本書為《漢書》。
47 應劭撰、王利器校注：《風俗通》，108-114。

不窮、正諫、穢德」、「名過其實」的評價，夏侯湛以
「濁世不可以富貴也，故薄游以取位；苟出不可以直道
也，故頡頑以傲世。傲世不可以垂訓也，故正諫以明節。
明節不可以久安也，故詼諧以取容」以回應「滑稽」、
「應諧」，以「潔其道而穢其跡，清其質而濁其文。馳
張而不為邪，進退而不離群」以回應「穢德」，若依夏
侯湛對東方朔之贊頌，則東方朔不只沒有名過其實，反
而可能是實過其名。

　　《文心雕龍・頌贊》以為：「讚者，明也，助也。……
並颺言以明事，嗟嘆以助辭也。」黃侃《文心雕龍札記》
以為：「詳讚字見經，始於〈皋陶謨〉，鄭君注曰：『明
也。』蓋義有未明，賴讚以明之。」又說：「史贊之外，
夏侯孝若〈東方朔畫贊〉，則贊為畫施；郭景純〈山海
經、爾雅圖讚〉，則贊為圖起，此贊有所附者，專以助
為義者也。」[48]就黃侃所言，〈東方朔畫贊〉是為畫而
施，以附於畫者，但另一方面，〈東方朔畫贊〉又能明
前人及史傳所不能言之東方朔之特質，使義有未明之
處，藉此一篇贊而明之，令後世之人能夠理解東方朔之
人格特質及超越之精神，深得贊文之體。

　　夏侯湛另外有一些贊文，如《虞舜贊》、《左丘明
贊》、《顏子贊》、《閔子騫贊》、《管仲贊》、《鮑
叔贊》、《范蠡贊》、《魯仲連贊》、《莊周贊》，這

48　劉勰著，詹鍈義證：《文心雕龍義證》，頁338-340，參本文及註1。

些贊文都以聖王及賢者為題，頗有以之為法式之意，形
式上則是四言近頌之體，用韻工整。

　　另外值得注意的是〈張平子碑〉[49]，本篇碑文寫作
的寫作動機，據碑文云：

> 南陽相夏侯湛，自涉境以經於諸邑，每縣諮其故
> 老，訪其先賢，有兆者表其墓，經墳者挥其魂。
> 涂出魯陽，行次西鄂，眄狐山而頌□英，歷茲邑
> 而懷天子。暨路過塋域，止駕衢首，睹封樹之蕭
> 條，觀高碑之稱美。於是慨然永思，愴爾長懷。
> 若死者可起，吾其與歸。乃延邑宰而問之曰：「昔
> 武王入殷，封比干之隴；高祖經魏，酬信陵之墓：
> 此聖賢之所以禮忠旌能，甄表明德也。有可以優
> 其胤嗣者，禮其在是。」而世胄絕紹，支庶無聞。
> 於是乃翦其墟落，寵其宗人，使奉其四時，獻其
> 粢盛，遂糾集舊跡，攝載新懷，而書之碑側，以
> 闡美抒思焉。

可見本篇作品為夏侯湛為南陽相之時，據高武斌考証，
夏侯湛比較有可能在太康八年除中書令，此時，與齊王
攸為政敵之荀勖被調離中書令，代替荀勖之華廙過去與
荀勖有嫌隙，極可能因為這個原故，把與齊王攸關係頗

為密切的夏侯湛調回京城。但此時京城為三楊把持，夏
侯湛亦缺少奧援，因此很快又出補南陽相。[50]此時，夏
侯湛已四十五、六歲了，經歷從尚書郎轉為野王令，居
邑累年，很不容易調回中央任中書侍郎，又被外放到南
陽為相，這是本文的寫作背景。

　　文章先總括性地讚美張衡，說他「體德純和，秉行
孝友，加以俊才命世，英識秀建」，並說他「高才瑋藝，
與神合契」，極度稱譽張衡的境界。其下分幾個層次更
具體的稱頌他，以為：

> 至於仕乎史官，箏二儀之數，研陰陽之理，□□
> 日月，致巧渾儀，有極深探賾之思，數往知來之
> 驗，此崔生所以發德音也。若夫好學博古，貫綜
> 謨籍：墳典丘索之流，經禮訓詁之載，百家九流
> 之辯，詩賦《雅》《頌》之辭，金匱玉板之奧，
> 讖契圖緯之文，音樂書畫之藝，方技博奕之巧，
> 自《洪範》、《彝倫》，以逮於若郯子之所習，
> 介盧之所識者，網不該羅其情，原始要終。故能
> 學為人英，文為辭宗，紹羲和之顯跡，系相如之
> 遐風。

首先是他通陰陽之理，可數往知來，又能製作渾天儀與

侯風地動儀,以明宇宙間之玄妙。其次,張衡好學博古,
除了通經明緯以外,又多才多藝,上自文藝、音樂書畫,
下至方技博藝,皆能原始以要終,完全掌握精通,因此
能「學為人英,文為辭宗」。

　　其下則感歎張衡不遇於時,若能生於孔子之時,則
當與宰我、子貢、子游、子夏等名垂千古,永為世範。
其下一段敘述張衡事跡與作品,曰:

> 是以先生恒屈于不知己,仕居下位,再為史官,
> 而發〈應間〉之論;時不容道,遂興〈思玄〉之
> 賦。爰登侍中,則讜言允諧,出相河間,則黎民
> 時雝,庸渠限其所至哉!若夫巡狩誥頌,所以敷
> 陳主德,《二京》、《南都》,所以讚美畿輦者,
> 與雅頌爭流,英英乎其有味與。若又造事屬辭,
> 因物興(缺)下筆流藻,潛思發義,文無擇辭,言
> 必華麗,自屬文之士,未有如先王之善選言者也。

對於張衡一生行事與遭遇的敘述,夏侯湛一方面說他「恒
屈於不知己,位居下位」,但是,就張衡的行事來說,
任侍中之職,則忠公而進諫,出為河間相,則令百姓安
和樂利,可謂盡忠職分。本段亦總評張衡的文學作品,
先述〈應間〉、〈思玄〉之創作動機乃因為不遇而屈於
不知己,以及時不容道,再稱美其巡狩誥頌之作,與《二
京》、《南都》,是能夠與雅頌爭流,英英有味者。

這一段文辭中也與夏侯湛一生遭遇亦頗有相似之處，與夏侯湛〈抵疑〉所述，願意效法「季札抗節于延陵，揚雄覃思于太玄，伯玉和柔于人懷，柳惠三黜于官」的自我期許，頗為相合。無怪夏侯湛會面對張衡故碑感到愴然，並發出「若死者可起，吾其與歸」的感懷。在後面的頌中說：「仰鑒遺籍，馳心哲人，殊世投好，百載交神。」可見夏侯湛以張衡為異世之師友，頗為神往。

篇末的頌以四言為節奏，然而並不板滯，在前半段以極熱烈的用詞來歌頌張衡，說他：「奕奕張生，秉德淑清。研深綜理，思俊才英。實掌天地，幽贊神明。冠曩興美，傾漢流聲。匪唯天象，亦垂人文。有炳其猷，有鑠其新。」說張衡「幽贊神明」，此為體道之極致，並且亦頌美張在文藝上的成就，文辭中透顯出崇仰與傾慕，而於頌末則著重抒情，敘寫自己無限的追思與悵惘。

第四節　文學作品與審美

從〈張平子碑〉中，我們可以看到夏侯湛的文藝觀。首先是關於文類的作用，他說明張衡的〈應間〉、〈思玄〉與個人遭遇的關係，其實也就是說明了這類文類作品與個人情志的關係。其次，他特別提到「巡狩誥頌，所以敷陳主德，《二京》、《南都》，所以讚美畿輦者，與雅頌爭流，英英乎其有味與。」夏侯湛認為巡狩相關

主題的大賦或頌，以及誥、頌類的作品，以及京都賦，
都是讚美聖帝德流，稱頌偉大王朝的，而能與雅頌爭流，
屬於有滋味的。

　　冷衛國指出夏侯湛對賦頌的功能看法，與摯虞所謂
「故賦頌之所美者，聖王之德也」，尤為一致，與左思、
皇甫謐等觀點亦無截然分別。夏侯湛對張衡「文無擇言，
言必華麗」的藻采所呈現的美感，亦有充分肯定，這種
觀點與皇甫謐「文必極美」、「辭必極麗」的想法無別。
又指出夏侯湛以「味」論詩，早於陸機、劉勰、鍾嶸等
人。[51]

　　可以再進一步說明的是夏侯湛的這些文學審美觀，
尤其是以頌美型文學為文學之理想典型、重視華麗修辭
等觀點，實為西晉文學觀之主流，與本書第二章所述西
晉儒學復興，重視典雅的時代風氣相關。

　　就夏侯湛之家庭背景而言，潘岳在〈夏侯常侍誄〉
中提到夏侯湛的先祖時，提到了夏禹、夏侯嬰，還提到
治尚書的大小夏侯，不過，這種誄文推尊遠祖的作法極
不可靠，只能看做敘述者主觀認知，並不足以認定夏侯
家族確實傳承自大小夏侯。這個家族在曹魏時崛起，是
以武功起家，但漸漸文士化，尤以夏侯淵一支為然，其
中文學成就最高的就是夏侯湛。夏侯湛在〈昆弟誥〉中
提到他的父親：「自三墳、五典、八索、九丘，圖緯六

51　冷衛國著：〈夏侯湛以“味”論賦〉，頁130-131。

藝，及百家眾流，罔不探賾索隱，鉤深致遠。《洪範》
九疇，彝倫攸敘。乃命世立言，越用繼尼父之大業，斯
文在茲。」可見其父夏侯莊乃以儒學繼承者自許，博綜
群書，並以著作立言自許。

　　夏侯湛之母親出於泰山羊氏，出身儒學世家，是一
位以儒家禮法做為立身之道的女子。〈昆弟誥〉云：「厥
乃我齔齒，則受厥教於書學，不遑惟寧。敦《詩》、《書》
禮樂，孳孳弗倦。我有識惟與汝服厥誨，惟仁義惟孝友
是尚」，可見其母對夏侯湛兄弟的教育亦以儒家經典及
倫理為主，並以身教示範。夏侯湛的伯父夏侯駿亦謹守
孝悌慈愛之道，〈昆弟誥〉稱其：「用慈友于我后。我
惟覶覶是虔，罔不克承厥誨，用增茂我敦篤，以播休美
於一世」。夏侯湛在這樣濃厚的儒家家族中生長，思想
深受影響，在文學作品上，亦反映出儒家的傾向，以宗
經、復古為尚，其審美風格偏好典雅、頌美，題材上多
有孝親、家庭倫理方面的題材，在作品的思想傾向上，
亦以仁義、孝悌、恪守善道的思想為主。

　　最明顯的是寫作題材，夏侯湛除了模擬《尚書》體
制、風格，作〈昆弟誥〉，勸戒諸弟學習父母長輩孝悌
仁愛、好學不倦的精神，在思想上體現了孝悌、仁愛之
心，可見其追慕先人，自我惕勵的精神。

　　夏侯湛的文學有濃厚的宗經精神，除了〈昆弟誥〉
外，亦曾仿《詩經》作〈周詩〉，其敘曰：「周詩者，
南垓、白華、華黍、由庚、崇丘、由儀六篇。有其義而

亡其辭。湛續其亡，故云周詩也。」因此這是補亡詩，除了詩義必須與詩經有關外，其詩風亦受到詩經影響。詩今僅存一首，云：

> 既殷斯虔，仰說洪恩。夕定晨省，奉朝侍昏。
> 宵中告退，雞鳴在門。孳孳恭誨，夙夜是敦。[52]

　　本詩以抒發孝悌之情為主題，並闡述謹慎恭敬的心情，以典雅的詩經式四言詩為風格。《世說新語‧文學》載：「夏侯湛作周詩成，示潘安仁。安仁曰：『此非徒溫雅，乃別見孝悌之性。』潘因此遂作家風詩。」[53]潘岳所謂「溫雅」、「孝悌之性」，都是對這組詩風格及情志上的鑑賞，此為其時賞愛的典型風格，因此潘岳乃效法而做〈家風詩〉。

　　又如其〈離親詠〉以楚辭體創作，但主題亦在抒發離親的傷感，云：「苟違親以從利兮，匪曾閔之攸寶。視微榮之瑣瑣兮，知吾志之愈小。獨申愧於一心兮，慚報德之彌少。」詩中對離開父母，無法承歡膝下的悲傷與慚愧，內心充滿掙札。在〈雀釵賦〉一文中先歌頌雀釵的華美，而其末乃云：「昔先王興道立教，崇沖讓以致賢，不留志于華好。」賦末帶有濃厚的儒家節欲立德的思想，也可以說是夏侯湛作品中的特色。

---

52 劉孝標《世說》注引本詩，見《世說新語‧文學》第 71 則，頁 253。
53 同上註。

夏侯湛另有一些作品能突顯一種正直甚至清雅離俗的精神，除了他的〈抵疑〉、〈張平子碑〉與一些贊類的作品外，詠物賦如前已述及之〈浮萍賦〉，敘述萍處於飄浮不定，勢危易盪的環境中，而能保持雍容澹淡之質性，並以萍失水而立枯，以抒發直道難爽的感歎。又如〈薺賦〉，夏侯湛描寫寒冬獨存的薺，賦云：

> 寒冬之日，餘登乎城，跬步北園，睹眾草之萎悴，覽林果之零殘，悲纖條之槁摧，慜枯葉之飄殫，見芳薺之時生，被畦疇而獨繁；鑽重冰而挺茂，蒙嚴霜以發鮮，含盛陽而弗萌，在太陰而斯育。永安性於猛寒，羌無寧乎燠燠，齊精氣於欿凍，均貞固乎松竹。[54]

薺是一種在苦寒中生長的植物，夏侯湛歌頌它「永安性於猛寒，羌無寧乎燠燠，齊精氣於欿凍，均貞固乎松竹」，將薺抗寒的天性與後凋於歲寒之松竹並列，於是自然天候之寒冷便擁有時局嚴酷的意涵，在「重冰」、「嚴霜」中挺立生長而繁茂的薺就成為貞固之操的不屈君子。

在他的〈獵兔賦〉中，以較大篇幅敘述打獵之激情，然而最後則歸結到：「心既倦兮日遷，命輿駕兮將還。

---

54 唐・歐陽詢撰：《藝文類聚》卷 82（臺北：新興書局，民國 58 年 11 月新一版，據日本東京岩崎氏靜嘉堂文庫藏宋刊本影印），頁 2120。

息徒蘭圃，秣驥華田。目送歸鴻，手揮五弦。優哉遊哉，聊以永年。」本賦仍然依承漢大賦始邪末正的格局，從令人心發狂的馳騁田獵，回到悠遊的田園中，自在悠然地彈奏雅樂。值得注意的是賦末大量引用嵇康的〈贈秀才入軍詩〉云：「息徒蘭圃，秣馬華山。流磻平皋，垂綸長川。目送歸鴻，手揮五弦。俯仰自得，游心太玄。」引用了其中四句詩，僅修改一個字。如此明確而大量的引用，將嵇康詩中的情境完全移植過來，也代表夏侯湛繼承了嵇康游心太玄，俯仰自得的精神。

〈玄鳥賦〉中，夏侯湛歌頌燕子隨順陰陽的習性，並以它和神話、祭典相關的故典，來歌頌燕「類鷟皇之知德，象君子之安仁」的德性。在賦中，夏侯湛特別說到燕子親近人類，憑人而居的特性，說它：「澹恬心以去欲，故保生而不匱。虞眾物之為害，獨棄林而憑人。不驚畏以自疏，永歸馴而附親。」這種重生而依附人的特性，如同禰衡〈鸚鵡賦〉中提到鸚鵡的特質：「容止閒暇，守植安停。逼之不懼，撫之不驚。寧順從以遠害，不違迕以喪身。」都在歌頌鳥類以安生為貴，而能夠保持從容鎮定的雅量，順從而歸馴，此種思維，與漢末魏晉以來對於知機之智的重視頗相關。

夏侯湛在〈抵疑〉中以「季札抗節於延陵，揚雄覃思于《太玄》，伯玉和柔於人懷，柳惠三絀於士官」自許，說明他要效法的都是有所不為，澹然處於惡劣環境中的狷者，而非對抗黑暗殘酷的烈士。在夏侯湛的思想

中，與其說他歌頌與惡勢力抗衡而玉碎的人格，不如說
他更讚美在惡劣環境中與時推移，但仍保有自我尊嚴和
堅持的人格，而這就需要處世的智慧。因此，夏侯湛稱
讚萍「淳不安處，行無定軌。流息則寧，濤擾則動」隨
機而動的特質，在〈張平子碑〉中讚美張衡「爰登侍中
則黨言允諧，出相河間，則黎民時雖」的進退智慧，〈范
蠡贊〉稱美「逸羣遠遊，永齊終始」的選擇，〈魯仲連
贊〉讚許「隨事抑揚，與時開闔，在幽能泰，處悶惟悅」
的修養，〈莊周贊〉稱頌「遁時放言，齊物絕尤」的風
範，〈東方朔贊〉稱頌東方朔「潔其道而穢其迹，清其
質而濁其文，弛張而不為邪，進退而不離群」的特性。
勾連這些作品，我們或許更能理解夏侯湛的人格特質，
以及他審美上雍容清雅的特色。

第五節　結　語

　　夏侯湛的文學成就雖亞於潘岳，但他在當時仍頗有
重名，潘岳在〈夏侯常侍誄〉中提到：「英英夫子，灼
灼其儁。飛辯摛藻，華繁玉振。如彼隨和，發彩流潤，
如彼錦繢，列素點絢」，認為夏侯湛極具文彩，而且說：
「人見其表，莫測其裏」，此亦以為時人皆能得見夏侯
湛之文才，但其內在德性則僅有潘岳能得知，由此可知
其文章盛才，為時人所知所見。《文心雕龍》在〈時序

篇〉中歷數晉代才人，亦列有夏侯湛，在〈才略篇〉中，則云：「成公子安選賦而時美，夏侯孝若具體而皆微，曹攄清靡於長篇，季鷹辨切於短韻，各其善也。」[55]所謂「具體而微」，用《孟子・公孫丑上》云：「子貢曰：……昔者竊聞之，子夏、子游、子張，皆有聖人之一體，冉牛、閔子、顏淵，則具體而微。」可見夏侯湛雖文學成就稍小，但也都具備相當完整的內涵，就西晉而言，仍是相當重要的文學家。

　　明・曹學佺於《蜀中廣記》卷一百五中引元・費著撰〈成都周公禮殿聖賢圖考〉，其中記載周公禮殿有上古以來君臣及七十二弟子像，世傳晉太康中太守張收之筆，即銘劍閣張載父也。凡一百六十八人，其中魏晉以來的人物有：諸葛亮、龐統、董和、費詩、譙周、鍾繇、王肅、羊祜、張華、杜預、王浚、夏侯湛、喬智明、範廣、王尊、謝安、桓石虔。張彥遠《名畫記》云：「益州學堂圖，昔畫古聖帝賢臣七十子，後代又增漢、晉帝王名臣，及蜀之賢相、牧守，似東晉時物。」[56]據張彥遠《名畫記》所云，夏侯湛等人之圖像可能是在東晉時增列者，可見夏侯湛之賢者形象以及節操，皆在時人心中留下重要的痕跡。

---

55 劉勰著，詹鍈義證：《文心雕龍義證》，頁 1819。
56 明・曹學佺撰：《蜀中廣記》卷一百五，收於《四庫全書珍本初集・史部地理類》（商務印書館景印故宮博物院所藏文淵閣本），頁 1-5。

第五章　世變下的潁川
陳氏家族

第一節　前　言

　　漢末到魏晉以來，潁川地區的士人在歷史上頗占有
重要地位，「汝潁多奇士」的說法見於漢晉史料中，如：

> 先是時，潁川戲志才，籌畫士也，太祖（曹操）
> 甚器之。早卒。太祖與荀彧書曰：「自志才亡後，
> 莫可與計事者。汝、潁固多奇士，誰可以繼之？」
> 彧薦嘉。[1]
> 祖士言與鍾雅相調，祖語鍾曰：「汝潁川之士利
> 如錐。」鍾答曰：「卿燕代之人鈍如槌。」祖曰：
> 「以我鈍槌打汝利錐。」鍾曰：「吾有神錐，不

---

[1] 參見西晉・陳壽撰，清・盧弼集解：《三國志集解・郭嘉傳》（臺
北縣：漢京文化事業有限公司，民國 70 年 4 月初版），頁 417a。
以下稱本書為《三國志》。

可得打。」祖曰：「既有神錐，亦有神槌。」[2]
周顗字伯仁，……少有重名，神彩秀徹。……司
徒掾同郡賁嵩有清操，見顗，歎曰：汝潁固多奇
士！自頃雅道陵遲，今復見周伯仁，將振起舊風，
清我邦族矣。[3]

　　過去有不少研究已然關注這個地區，如王曉毅：〈東
漢安順之際的汝潁名士〉，黃宛峰：〈東漢汝潁南陽士
人與黨議始末〉，胡寶國：〈漢晉之際的汝潁名士〉等。
[4]這些研究就汝、潁名士產生的歷史背景及群體特色、影
響，以及其時士風與政局變化、士人的活動及性質做了
詳細分析，但這些論述都偏重在汝、潁地區的整體性研
究，缺少對潁川地區更細部的探索。至於薛海波〈東漢
潁川豪族的官僚化和士族化〉則仔細探索潁川地區名士如
何從地方性轉為全國性，從豪族轉為士族化的情形。[5]在潁

2 見梁・蕭繹撰，許逸民校箋：《金樓子校箋・捷對》（北京：中華
書局，2011 年 1 月 1 版），頁 1119。
3 唐・房玄齡奉敕撰，吳士鑑・劉承幹注，《晉書斠注・周顗傳》(臺
北：藝文印書館，據乾隆武英殿刊本景印)，頁 1232b-1233a。以下
稱本書為《晉書》。
4 王曉毅：〈東漢安順之際的汝潁名士〉，《山東大學學報》1992 年
第 2 期，頁 1-8。黃宛峰：〈東漢汝潁南陽士人與黨議始末〉，《中
國史研究》，1995 年第 4 期，頁 128-136。胡寶國：〈漢晉之際的
汝潁名士〉，《歷史研究》，1991 年第 5 期，頁 127-139。
5 見薛海波：〈東漢潁川豪族的官僚化和士族化〉，《文史哲》，2006
年第 6 期（總 297），頁 94-104。

川名士群體中，陳啟雲的《荀悅與中古儒學》[6]曾就荀氏宗族從豪族轉變為士族的過程，與其時政局的關連和學術活動進行研究。以上的研究雖觸及到潁川的士族，但在整體上看來，對於潁川士族的研究，尚有深化的空間。

第二節　潁川士族在漢末至建安政壇的重要性

潁川自古以來屬於韓之故地，深受申子、韓非法家思想影響，《漢書‧地理志》載：

> 潁川、南陽，本夏禹之國。夏人尚忠，其敝鄙樸。……潁川，韓都。士有申子、韓非，刻害餘烈，高仕宦，好文法，民以貪遴爭訟生分為失。韓延壽為太守，先之以敬讓；黃霸繼之，教化大行，獄或八年亡重罪囚。……潁川好爭訟分異，黃、韓化以篤厚。[7]

首先，由於受到申子、韓非法家思想影響，潁川一

6　陳啟雲著，高專誠譯：《荀悅與中古儒學》（瀋陽市：遼寧大學出版社，2000 年 6 月一版）。

7　東漢‧班固著，唐‧顏師古注，清‧王先謙補注：《漢書補注》，（臺北：藝文印書館，據清乾隆武英殿刊本景印）卷 28〈地理志〉亦載：「成帝時劉向略言其地分，丞相張禹使屬潁川朱贛條其風俗」，故此記錄極可能就是潁川人朱贛所述。見頁 853a-853b，頁 857b。以下稱本書為《漢書》。

地「好文法」，人民喜歡爭訟分異，所以這一帶並不是一個容易治理的地區。其次，此地的人「高仕宦」，對政治有濃厚的興趣。因此，漢初文、景之時，受到重視的如賈山、吳公、晁錯、張釋之、韓安國等，多出於潁川及附近，從這些人的思想言行看來，其刑名法家的色彩相當濃厚。[8]潁川一帶民風好爭訟分異，恐怕一直到西晉時都還存有這樣的看法，故解結曾說：「張彥真以為汝、潁巧辯，恐不及青徐儒雅也。」[9]

　　雖然西漢時，潁川地區經由韓延壽和黃霸在此地相繼推行教化[10]，使得此地風俗由「多豪強，難治」[11]，而趨於篤厚。東漢早期，此處也出過一些經學大師，如東漢傳梁丘易的張興：「聲稱著聞，弟子自遠至者，著錄且萬人，為梁丘家宗。」[12]學歐陽尚書的丁鴻亦號稱「殿中無雙」[13]，可見學風亦盛。不過，自順帝以後，在潁

8　汪春泓：〈潁川區域風習與建安文學〉，《文藝理論研究》，1996卷6期（總89），1996年11月，頁81-86。

9　《晉書‧陳頵傳》，1257a。按，張彥真乃東漢陳留人，《後漢書‧文苑傳》有傳。參宋‧范曄撰，唐‧李賢注，清‧王先謙集解：《後漢書集解》（臺北：藝文印書館，據乙卯秋中長沙王氏校刊本景印），頁938a。以下稱本書為《後漢書》。

10　《漢書‧韓延壽傳》，頁1415b-1416a。《漢書‧循吏傳‧黃霸傳》，頁1557b-1558b。

11　《漢書‧韓延壽傳》，頁1415b。

12　《後漢書‧儒林傳‧張興傳》，頁910b。

13　丁鴻於肅宗時，與廣平王羨及諸儒樓望、成封、桓郁、賈逵等於白虎觀論定五經同異。《後漢書‧丁鴻傳》載：「鴻以才高，論難最明，諸儒稱之，帝數嗟美焉。時人歎曰：『殿中無雙丁孝公。』數受賞賜，擢徙校書，遂代成封為少府。門下由是益盛，遠方至者數千人。」頁455b。

川地區出現的名士便不再屬於專精於經學的儒者，而是像李膺、荀翌、荀淑、韓韶、鍾皓、陳寔、杜密這一類的名士，他們在學術上沒有特別的建樹，但在政治上卻有特殊表現，在士人群體中，也有極高的聲望。當時士人為天下名士品評稱號為：

> 上曰「三君」，次曰「八俊」，次曰「八顧」，次曰「八及」，次曰「八廚」。[14]

「三君」、「八俊」、「八顧」、「八及」、「八廚」共三十五人，其中光是潁川一個區域就占有「八俊」中的李膺、荀翌、杜密三人，尤其，李膺在黨錮名士中占有領袖的地位，可見潁川一地在漢末士人群體中，的確出了不少政治人才。這些政治人才和附近的汝南地區結合，形成當時「汝、潁多奇士」的共識。

　　如曹操與荀彧的書信裏說：「自（戲）志才亡后，莫可與計事者。汝潁固多奇士，誰可以繼之？」[15]西晉時，汝南人周顗「神彩秀徹」，同郡人賁嵩見而歎曰：「汝潁固多奇士！」並以為周顗可以復興邦族。[16]後秦姚興赴三原，亦說：「古人有言，關東出相，關西出將，三秦饒俊異，汝潁多奇士。」「汝潁多奇士」的說法屢

14　《後漢書・黨錮列傳》，頁 783b。

15　《三國志・郭嘉傳》，頁 417a。

16　《晉書・周顗傳》，頁 1233a。

見史籍,可見這個地區的人物,在當代的評價。[17]

　　不過,就汝南和潁川地區來說,其地風俗本不相同,汝南地區營生容易,因此「亡積聚」,《漢書‧地理志》說其地「信巫鬼,重淫祀」,「汝南之別,皆急疾有氣勢。」和潁川「高仕宦,好文法,民以貪遴爭訟生分為失」的民風頗不相同,因此胡寶國以為就政治文化傳統來說,「汝、潁結合,應該是汝南向潁川靠攏」。[18]

　　漢代的潁川文化傳統來說,如兩漢之際的王霸「世好文法。父為郡決曹掾,霸亦少為獄吏。」「祖父為詔獄丞。」[19]東漢以來,如郭躬「父弘,習《小杜律》。郭躬少傳父業,官至廷尉。」郭躬之後「數世皆傳法律,子孫至公者一人,廷尉七人,侯者三人,刺史、二千石、侍中、中郎將者二十餘人。」[20]可謂以律傳承的簪纓門第。

　　此外,如潁川鍾皓:「為郡著姓,世善刑律。」[21]其孫鍾繇於魏文帝時任廷尉,「辨理刑獄,決嫌明疑,民無怨者。」[22]鍾繇子毓,魏末又為廷尉,於法律上有所改革。鍾繇小子鍾會亦「精練名理」[23],著四本論。也是一個世好文法,善於刑律和名理之學的世家。可見戰

17　胡寶國著:〈漢晉之際的汝潁名士〉於汝潁名士特性有詳密的論證。

18　胡寶國著:〈漢晉之際的汝潁名士〉,頁 129。

19　《後漢書‧王霸傳》及注引《東觀漢記》,頁 276a。

20　《後漢書‧郭躬傳》,頁 553a-553b。

21　《後漢書‧鍾皓傳》,頁 735a-735b。

22　《三國志‧鍾繇傳》注引《魏書》,頁 394b。

23　《三國志‧鍾會傳》,頁 673a。

國以來「高仕宦，好文法」的傳統仍深深影響這個地區的民風。

　　就漢末潁川出現的幾個重要家族來說，至魏晉仍有重要影響力的，可以以潁川荀氏、潁川鍾氏和潁川陳氏為代表。其中的潁川荀氏在仕宦上有傑出的表現，潁川鍾氏則世代以刑律名理傳家，可以說荀氏是潁川地區「高仕宦」的代表，鍾氏卻是「好文法」的代表，相較於此二家族，潁川陳氏卻是較特別的一個家族，其家族風格和潁川地區「高仕宦，好文法」的文化傳統有甚大的差異，因此更值得探究。

第三節　陳寔與潁川陳氏之興起

　　潁川陳氏起自單微[24]，至漢末陳寔方顯。陳寔早年家貧而為縣吏，擔任過給事廝役和都亭刺佐，一度受業太學、隱居陽城山後，又為郡西門亭長，這些低階的吏職都足以證明陳寔出身的單微，和荀淑為當地豪強家族[25]、鍾皓「為郡著姓」不同。陳寔成為名顯天下的重要名士，主要靠的是個人的學識德養，而又以德養為主。

24　《後漢書‧陳寔傳》《集解》引惠棟考證曰：「世系云：『陳軫封潁川侯，因徙潁川，以稱陳氏。生嬰，秦東陽令史，嬰生成安君餘，餘生軌，軌生審，審生安，安生恒，恒生願，願生齊，齊生源，源三子實、崱、邃。』自軌以下皆不顯於世，故云單微也。」頁 735b。
25　陳啟雲著，高專誠譯：《荀悅與中古儒學》，頁 29-32。

　　潁川陳氏不像潁川鍾氏一樣,家傳刑律名法,然陳寔本人相當好學,為吏時「坐立讀誦」,縣令鄧邵「奇之」,於是讓他到太學受業。[26]當時的太學在傳學的作用已減弱,卻是天下名士相交結連絡的場所,受業太學使陳寔和天下名士有所交往連繫。[27]

　　入太學之前,陳寔曾向樊英學《易》章句,《後漢書》載:

> 初,英著易章句,世名樊氏學,以圖緯教授。潁川陳寔少從英學。嘗有疾,妻遣婢拜問,英下牀答拜。寔怪而問之。英曰:「妻,齊也,共奉祭祀,禮無不答。」其恭謹若是。[28]

可見陳寔曾從樊英學《易》章句。樊英「習京氏易,兼明五經。又善風角、星算、河洛七緯,推步災異。」「英既善術,朝廷每有災異,詔輒下問變復之效,所言多驗。」[29]樊英學的是以象數為主的京氏易,又善於讖諱和災異,並且所言多驗,以圖緯教授,然而,在陳寔的生平

26　《後漢書・陳寔傳》,及《集解》引袁宏《紀》云:「邵每出候賓,見寔執書立誦,詔嘉之,即解錄,遺使詣太學。」頁 736a。

27　謝承:《後漢書・陳寔傳》載:「陳寔字仲弓,詣太學,郭林宗、陳仲舉為親友。」收於周天游輯注:《八家後漢書輯注》上(上海:上海古籍出版社,1986 年 12 月一版),頁 109。

28　《後漢書・方術列傳・樊英傳》,頁 971b。

29　《後漢書・方術列傳・樊英傳》,頁 970b-971b。

中，完全找不到他推步災異或談論《易》學的資料。

　　現今留存的陳寔文字資料中，看不出經學的論述，僅餘一則異聞，與學術無關，為東晉葛洪《抱朴子‧內篇‧對俗》所引：

> 故太丘長潁川陳仲弓，篤論士也，撰《異聞記》云其郡人張廣定者，遭亂常避地，有一女年四歲，不能步涉，又不可擔負，計棄之固當餓死，不欲令其骸骨之露，村口有古大塚，上巔先有穿穴，乃以器盛縋之，下此女於塚中，以數月許乾飯及水漿與之而舍去。候世平定，其間三年，廣定乃得還鄉里，欲收塚中所棄女骨，更殯埋之。廣定往視，女故坐塚中，見其父母，猶識之甚喜。而父母猶初恐其鬼也，父下入就之，乃知其不死。問之從何得食，女言糧初盡時甚飢，見塚角有一物，伸頸吞氣，試效之，轉不復飢，日月為之，以至於今。父母去時所留衣被，自在塚中，不行往來，衣服不敗，故不寒凍。廣定乃索女所言物，乃是一大龜耳。女出食穀，初小腹痛嘔逆，久許乃習。

因為陳寔有這樣的記錄，所以葛洪認為：「此又足以知

龜有不死之法,及為道者效之,可與龜同年之驗也。」[30]

《後漢書》卷 82 下〈方術列傳·上成公〉亦有一則記錄曰:

> 上成公者,密縣人也。其初行久而不還,後歸,
> 語其家云:「我已得仙。」因辭家而去。家人見其
> 舉步稍高,良久乃沒云。陳寔、韓韶同見其事。[31]

上成公的故事不知是否亦出於陳寔的《異聞記》,然而,至少可知在晉、宋之時流傳著一些陳寔所見聞的奇特異聞。《異聞記》未見《隋書·經籍志》著錄,明·胡應麟《少室山房筆叢》云:「《異聞記》一書,《太平廣記》及《御覽》俱不載,蓋其亡已久。」[32]這一類故事似乎隱隱勾連出陳寔與樊英陰陽災異之學的關連。

樊英除了習《易》之外,亦「兼明五經」,通經乃漢末經學的大勢,陳寔之子陳紀於黨錮時曾「發憤著書數萬言,號曰《陳子》。」邯鄲淳在〈鴻臚陳君碑〉中提到陳紀:

> 既處隱約,潛躬味道,足不踰閾,乃覃思著書三

---

30 東晉·葛洪原著、王明著:《抱朴子內篇校釋》(增訂本)卷 3〈對俗〉(北京:中華書局,1985 年 3 月二版),頁 48-49。

31 《後漢書·方術列傳·上成公傳》,頁 980b。

32 明·胡應麟:《少室山房筆叢》(上海:上海書店,2001 年 8 月一版)卷 36,頁 365。

　　十餘萬言。言不務華，事不虛設，其所交釋合贊，
規聖哲而後建旨明歸焉，今所謂《陳子》者也。[33]

《陳子》應屬子部類的著作，邯鄲淳說這本書「規聖哲
而後建旨明歸」，可見應該還是在通經的基礎下述作的，
然本書亡佚，故無法推測其內容。現今陳紀僅餘〈肉刑
論〉一文[34]，援引《尚書》、《易經》以證成其恢復遠
古聖人肉刑之法的論述，依稀可見《陳子》「規聖哲而
後建旨明歸」之論述方式。至陳紀之子陳羣上疏，亦多
歸本聖人之道，稱引《詩》、《書》及先王禮制，[35]可
見其家族浸染儒學之特質。

---

33 宋・章樵註：《古文苑》卷 19，收於《叢書集成初編》（北京：
　　中華書局，1985 年北京新一版）頁 425，又略見《藝文類聚》。
34 《三國志・魏志・陳群傳》載曹操議復肉刑。令陳群申論其父陳紀
　　之論，陳群對曰：「臣父紀以為漢除肉刑而增加笞，本興仁惻而死
　　者更眾，所謂名輕而實重者也。名輕則易犯，實重則傷民。《書》
　　曰：『惟敬五刑，以成三德。』《易》著劓、刖、滅趾之法，所以
　　輔政助教，懲惡息殺也。且殺人償死，合於古制；至於傷人，或殘
　　毀其體而裁剪毛髮，非其理也。若用古刑，使淫者下蠶室，盜者刖
　　其足，則永無淫放穿窬之奸矣。夫三千之屬，雖未可悉復，若斯數
　　者，時之所患，宜先施用。漢律所殺殊死之罪，仁所不及也，其餘
　　逮死者，可以刑殺。如此，則所刑之與所生足以相貿矣。今以笞死
　　之法易不殺之刑，是重人支體而輕人軀命也。」參頁 565b-565c。
　　有關肉刑之爭議可參薛菁著：《魏晉南北朝刑法體制研究》〈肉刑
　　廢復之爭〉（福州市：福建人民出版社，2006 年 3 月一版），頁
　　41-79。
35 參嚴可均校輯：《全上古三代秦漢三國六朝文・全三國文》（北京：
　　中華書局，1958 年 12 月一版）卷 26，頁 1197b-1198b。以下以時
　　代為記，簡稱為《全文》之一集。

　　《世說新語》收錄陳氏舊聞者，〈德行〉篇共 4 則，
〈言語〉1 則，〈政事〉3 則，〈方正〉3 則，〈品藻〉
2 則，〈規箴〉1 則，〈夙惠〉1 則，〈排調〉2 則，[36]從
《世說新語》的收錄狀況，可略推陳氏家族在魏晉南北
朝的社會風評方面，於「德性」、「政事」和「方正」
等類目特別為人稱道。就其家族行事而言，實乃深化於
儒教，而能以之及於政事，化行鄉里者。

　　《後漢書‧獨行列傳》載有王烈故事：

> 王烈字彥方，……少師事陳寔，以義行稱。鄉里
> 有盜牛者，主得之，盜請罪曰：「刑戮是甘，乞
> 不使王彥方知也。」烈聞而使人謝之，遺布一端。
> 或問其故，烈曰：「盜懼吾聞其過，是有恥惡之
> 心。既懷恥惡，必能改善，故以此激之。」後有
> 老父遺劍於路，行道一人見而守之，至暮，老父
> 還，尋得劍，怪而問其姓名，以事告烈。烈使推
> 求，乃先盜牛者也。諸有爭訟曲直，將質之於烈，
> 或至塗而反，或望廬而還。[37]

---

36 參《世說新語》〈德行〉篇第 6、7、8、10 則，〈言語〉第 6 則，
　〈政事〉第 1、2、3 則，〈方正〉第 1、3、8 則，〈品藻〉第 5、
　第 6 則，〈規箴〉第 3 則，〈夙惠〉第 1 則，〈排調〉篇第 2、3 則。

37 《後漢書‧獨行列傳‧王烈》，頁 962a。按，謝承：《後漢書》
　卷 4〈陳寔傳〉載：「陳寔字仲弓，詣太學，郭林宗、陳仲舉為親
　友。歸家，立精舍，講授諸生數百人。」收於《八家後漢書輯注》
　上，頁 109。

劉咸炘以為：「王烈之行，頗蹈中節，宜附其師〈陳寔傳〉，以明三君一派純誠之化，不宜與劉翊、王忳、戴封等觀也。」[38]王烈師事陳寔而確得其行事之旨趣，其以布激盜者恥惡之心，令其改過之事，與陳寔見梁上有盜，藉著訓誡子孫以曉喻梁上之「君子」，並遺絹二匹，助其改過，遂使「一縣無復盜竊」之事[39]頗有相近之處，可見其仿效之跡。

　　王烈鄉里爭訟者，乃欲質之於烈，以求判正曲直，然「或至塗而反，或望廬而還」，皆自以相訟為恥，可見其德化一方之情形。其師陳寔：

> 寔在鄉閭，平心率物，其有爭訟，輒求判正，曉譬曲直，退無怨者，至乃歎曰：「寧為刑罰所加，不為陳君所短。」[40]

陳寔因黨錮而禁於鄉里，不得任官，然鄉里爭訟之人寧為刑罰所加，亦不願為陳寔所短，可見其德化較之官府權力、刑罰威嚇，更受到百姓信服，故劉咸炘稱之為「純誠之化」，其法無它，乃「平心率物」、「判正」並「曉

38　劉咸炘著：《四史知意并附編六種・後漢書知意》（臺北：鼎文書局，民國 65 年 2 月初版），頁 1265。

39　陳寔事見《後漢書・陳寔傳》，頁 736b。

40　《後漢書・陳寔傳》，頁 736b。

譬曲直」而已。

　　陳寔之行事，與當時士風截然不同。

　　當時士人崇仰者，以陳蕃、李膺、范滂等最為一時
領袖，其人皆「危言深論，不隱豪強」。尤其當時外戚、
宦官權傾天下，繆亂朝政，佞婞之徒，倚仗權勢，為禍
地方，陳蕃、李膺、范滂等人，出於忠鯁之心，冀望維
護崩壞中的大漢政權，敢於與權臣、閹宦相抗衡，而為
天下士人歸心。

> 陳仲舉（蕃）言為士則，行為世範，登車攬轡，
> 有澄清天下之志。[41]
> 李膺風格秀整，高自標持，欲以天下風教是非為
> 己任。後進之士有升其堂者，皆以為登龍門。[42]
> （范滂）後為太尉黃瓊所辟，登車攬轡，有澄清
> 天下之志。[43]

---

41 余嘉錫編撰，《世說新語箋疏・德行》（臺北：華正書局有限公司，
　 民國 78 年 3 月版）第 1 則，頁 1。以下稱本書為《世說新語》。

42 袁宏《後漢紀》卷 21「延嘉二年」條。參東晉・袁宏著、張烈點
　 校：《兩漢紀》（北京市：中華書局，2002 年 6 月一版），頁。
　 以下稱為《後漢紀》。《世說新語・德行》第 4 則作「欲以天下名
　 教是非為己任」，頁 6。《後漢書・黨錮列傳・李膺傳》載：「是
　 時朝廷日亂，綱紀頹阤，膺獨持風裁，以聲名自高。士有被其容接
　 者，名為登龍門。」頁 786a。

43 《後漢書・黨錮列傳・范滂傳》，頁 788b。又見《後漢紀》卷 22
　 「延嘉八年」條。

這些清流士大夫欲澄清天下之方者，乃以道自任，高自標持，為公忘軀，呈顯方峻抗直之風，其蔽則造成當時社會普遍「激揚名聲，互相題拂，品核公卿，裁量執政」，婞直之風亦因此而盛。士人因反對外戚、宦官及昏亂之朝政，而獲致社會之聲望及同情，遂愈令士人普遍與政權疏離[44]，甚至產生對抗不義掌權者的強大輿論，當時之人物品評遂以「不畏彊禦」、「彊於犯上」為優。如岑晊為南陽太守成瑨功曹，為成瑨所專任，《後漢書》載：

> 宛有富賈張汎者，桓帝美人之外親，善巧雕鏤玩好之物，頗以賂遺中官，以此並得顯位，恃其伎巧，用埶縱橫。晊與（張）牧勸瑨收捕汎等，既而遇赦，晊竟誅之，并收其宗族賓客，殺二百餘人後乃奏聞。帝大震怒，征瑨，下獄死。[45]

雖然張汎倚恃宦官及其外威身份，縱橫於鄉里，然岑晊等為了打擊豪強權貴，竟於大赦之際，不顧中央命令，將張汎及宗族賓客收捕而殺之，亦視皇帝之律法於無

---

44 當時士人與政權疏離之心態可參羅宗強：《玄學與魏晉士人心態》第一章第一節「處士橫議 ── 士與大一統政權的疏離」（臺北：文史哲出版社，民國 81 年 11 月初版），頁 2-22。又東漢士大夫於與外戚宦官之衝突過程中逐漸發展羣體自覺，參余英時著：〈漢晉之際士之新自覺與新思潮〉，頁 287-309，文收入氏著：《士與中國文化》（上海：上海人民出版社，1987 年 12 月一版），頁 287-400。
45 《後漢書・黨錮列傳・岑晊傳》，頁 791b。

物，無怪乎皇帝「震怒」，至令太守成瑨下獄而死，岑晊等人乃亡匿於齊魯之間。然而這種不畏彊禦、不擇手段地打擊權貴的行事卻為岑晊帶來大名，大赦後竟可以「州郡察舉，三府交辟」。岑晊的行為在當時並不是特例，李膺同樣不顧皇帝大赦的命令，案殺不法之徒：

> 時河內張成善說風角，推占當赦，遂教子殺人。李膺為河南尹，督促收捕，既而逢宥獲免，膺愈懷憤疾，竟案殺之。[46]

此舉直接成為第一次黨錮之禍的導火線，這些名士為了追求實質正義，而不惜對抗被掌權者所操控的朝廷命令，雖然由此可以看出這些名士們疾惡如仇的剛正品格，其結果卻造成當時「天下士大夫皆高尚其道，而污穢朝廷」。[47]李膺等名士以自身的清潔正義，而愈加顯出朝廷之污穢腐朽，遂導致士人以對抗不義之朝廷掌權者為尚。如《世說新語・品藻》第1則載：

> 汝南陳仲舉（蕃），穎川李元禮（膺）二人，共論其功德，不能定先後。蔡伯喈評之曰：「陳仲舉彊於犯上，李元禮嚴於攝下。犯上難，攝下易。」

46　《後漢書・黨錮列傳》，頁783a。
47　《後漢書・黨錮列傳・李膺傳》，頁786b。

仲舉遂在三君之下，元禮居八俊之上。[48]

當時士人共相標榜者，依序排列：

> 上曰「三君」，次曰「八俊」，次曰「八顧」，
> 次曰「八及」，次曰「八廚」，猶古之「八元」、
> 「八凱」也。竇武、劉淑、陳蕃為三君，君者，
> 言一世之所宗也。李膺……為八俊，俊者，言人
> 之英也。[49]

陳蕃乃因「彊於犯上」較難，故其品得以在李膺之上，
「為一世所宗」，可見當時矯激抗直、不畏強權，以犯
上為尚之風習。如范滂任汝南太守宗資功曹，宗資委任
政事：

> 滂在職，嚴整疾惡。其有行違孝悌，不軌仁義者，
> 皆埽迹斥逐，不與共朝。顯薦異節，抽拔幽陋。
> 滂外甥西平李頌，公族子孫，而為鄉曲所棄，中
> 常侍唐衡以頌請資，資用為吏。滂以非其人，寢
> 而不召。資遷怒，捶書佐朱零。零仰曰：「范滂

---

48 《世說新語·品藻》第 1 則，頁 499。又，《世說新語》注引姚信
《士緯》曰：「陳仲舉體氣高烈，有王臣之節。李元禮忠壯正直，
有社稷之能。海內論之未決，蔡伯喈一言以變之，疑論乃定也。」
「體氣高烈，有王臣之節」者，所指仍為敢於抗顏犯上之事。
49 《後漢書·黨錮列傳》，頁 783b。

清裁，猶以利刃齒腐朽。今日寧受笞死，而滂不
可違。」資乃止。郡中中人以下，莫不歸怨，乃
指滂之所用以為「范黨」。[50]

范滂清裁，嚴整疾惡，不與不軌者共朝，即使上司已允
諾任用之人，范滂亦敢於「寢而不召」。至今太守宗資
僅得遷怒而捶書佐朱零，朱零卻寧可受笞死，仍以范滂
為不可違，其忌惡峻直，為人所宗仰至此。而范滂擁專
斷之權，至有謠曰：「汝南太守范孟博，南陽宗資主畫
諾」，其為郡之功曹，卻掌有太守之實權，而太守宗資
則僅批公文畫諾而已。然范滂清直忌惡，專斷行事，亦
頗令郡中側目，指其所用稱「范黨」。故范曄以為：「夫
上好則下必甚，矯枉故直必過，其理然矣。若范滂、張
儉之徒，清心忌惡，終陷黨議，不其然乎！」[51]
　　除范滂外，如王允亦以敢於犯顏固爭，因而知名：

郡人有路佛者，少無名行，而太守王球召以補吏，
（王）允犯顏固爭，球怒，收允欲殺之。刺史鄧
盛聞而馳傳，闢為別駕從事。允由是知名，而路
佛以之廢棄。[52]

50　《後漢書・黨錮列傳・范滂傳》，頁 789a。
51　《後漢書・黨錮列傳》，頁 782b。
52　《後漢書・王允傳》，頁 777b。

可見時人觀念以忠直為貴，能「犯顏」、「彊於犯上」
者，尤可獲致高名，為天下所敬重。以此視之，則陳寔
之言行，與時人有極大差異。

《後漢書》陳寔本傳載其為郡功曹：

> 時中常侍侯覽托太守高倫用吏，倫教署為文學
> 掾。寔知非其人，懷檄請見。言曰：「此人不宜
> 用，而侯常侍不可違。寔乞從外署，不足以塵明
> 德。」倫從之。於是鄉論怪其非舉，寔終無所言。
> 倫後被征為尚書，郡中士大夫送至輪氏傳舍。倫
> 謂眾人言曰：「吾前為侯常侍用吏，陳君密持教
> 還，而於外白署。比聞議者以此少之，此咎由故
> 人畏憚強禦，陳君可謂善則稱君，過則稱己者也。」
> 寔固自引愆，聞者方歎息，由是天下服其德。[53]

漢末士人最重名節與輿論，郡守高倫因畏憚宦官而不得
不安插不適合的人選，陳寔不犯顏切諫，反而引為己過，
若非高倫宣明於眾人，則終將以此事污穢自我名節，為
輿論所短，而不加以分辯，由於此行為符合事君之忠義，
而加之以慎密之道，故令天下服其德。

　　觀《後漢書》所載陳寔之德，與當時士大夫之峻直
激切頗為不同，其為政「修德清靜」，「沛相賦斂違法，

乃解印綬去」，故去就皆以道行之。又不刻意危言危行，
亦不為矯激之抗直，不懼生死，亦不尚高名。不懼生死，
故於第一次黨錮之禍時，遭人連及，陳寔為令「眾有所
恃」而自行就獄；不尚高名，故治太丘時，鄰縣人戶歸
附者，陳寔輒訓導譬解，以令還本司官行部，而不求「近
悅遠來」之美名。

　　陳寔最為後世批評者，乃弔中常侍張讓父喪一事。
《後漢書》本傳載：

> 時中常侍張讓權傾天下。讓父死，歸葬穎川，雖
> 一郡畢至，而名士無往者，讓甚恥之，寔乃獨弔
> 焉。乃後復誅黨人，讓感寔，故多所全宥。

當時最重視者乃喪禮，然一郡名士無往者，以鄙視張讓
之故，陳寔乃獨往弔喪，似有怯懦於權勢之嫌，然朱熹
雖於荀、陳門風之遁嬗不滿，卻仍於〈聚星亭畫屏贊〉
中對陳寔多所讚美：

> 猗歟陳子，神嶽鍾英。文淵範懿，道廣心平。危
> 孫汙隆，卷舒自我。是曰庶幾，無可不可。獻身
> 安眾，弔豎全邦。炯然方寸，秋月寒江。願言懷
> 人，曰我同志。[54]

---

54 南宋・朱熹著：朱傑人、嚴佐之、劉永翔主編：《朱子全書》（上
　　海：上海古籍出版社，安徽：安徽教育出版社，2002 年 12 月一版）
　　第 24 冊《晦庵先生朱文公文集》（五），頁 4007。

「獻身安眾」指的是第一次黨錮之禍時，陳寔自行就獄
請囚，以令「眾有所恃」之事；「弔豎全邦」之事則指
弔張讓父喪，令張讓感其德，第二次黨錮之禍時，乃多
所全宥。對於陳寔的人格行事，晚年的朱熹乃以「道廣
心平」、「卷舒自我」稱之，並引以為「同志」，可見
其佩服之意。孫奇逢亦以為：

> 陳太邱〔丘〕獨弔張讓，康對山往詣劉瑾，二事
> 同類，所為辱其身以為人者也。中人後生輩，自
> 不無范冉之見。此等熱腸婆心，亦祇可自愜而不
> 必告人，若有矯然好名之心，便顧忌不肯前矣。[55]

孫奇逢以為陳寔乃辱其身以為人，二次黨錮之禍時，多
人乃能因此宥免，陳寔能夠這樣做，主要是因為他並無
矯然好名之心，不為外在名聲所拘。其實陳寔弔張讓父
喪事，與高倫為侯常侍用吏之事當併觀，愈可見在當時
激揚名聲，互相標榜，以詭激絕俗之言行，而獲取高名
的社會風氣中，以及用自身之高潔節操來污穢朝廷的名
士中，陳寔的確是和當時士風完全不同的人。故蔡邕於
〈陳太丘碑〉特別讚美陳寔：「不徼訐以干時，不遷怒

---

55 明・孫奇逢著，朱茂漢校點：《夏峰先生集》（北京：中華書局，
　 2004 年 7 月一版）卷 14，頁 581-582。

以臨下」。[56]范曄於以為：

> 漢自中世以下，閹豎擅恣，故俗遂以遁身矯絜放
> 言為高。士有不談此者，則芸夫牧豎已叫呼之矣。
> 故時政彌惛，而其風愈往。唯陳先生進退之節，
> 必可度也。據於德故物不犯，安於仁故不離羣，
> 行成乎身而道訓天下，故凶邪不能以權奪，王公不
> 能以貴驕，所以聲教廢於上，而風俗清乎下也。[57]

劉咸炘亦以為「東漢風俗美而其獘為虛聲矯行」，潁川
三君（按：當為荀、鍾、陳）乃以「和德正矯行」者。[58]
　　錢穆以為陳寔僅官為太丘長，在政治上無所表現，
亦即無實際功業德樹可言，然卻受到當時普遍的崇仰，
且為後人深致嚮往，其因在於處當時之亂世，士人無法

---

56 漢・蔡邕撰：《蔡中郎集》（臺北：新興書局，海源閣刊本），頁
　　27b。按，蔡邕〈陳太丘碑〉共二篇，其一篇亦收於《昭明文選》
　　卷 58，題為〈陳太丘碑文〉并序，另一篇又作〈陳太丘廟碑〉，
　　參頁 27-29。
57 《後漢書・陳寔傳》論，頁 737b。
58 劉咸炘《後漢書知意》「荀韓鍾陳列傳」條下以為「此〈循吏傳〉
　　序所謂潁川四長也。次左、周、黃後者，東漢風俗美而其獘為虛聲
　　矯行。左、周、黃以實效矯虛聲，三君（按：當為荀、鍾、陳）則
　　以和德正矯行。」頁 718-719。按《後漢書・循吏列傳》云：「自
　　章、和以後，其有善績者，往往不絕。如魯恭、吳佑、劉寬及潁川
　　四長，並以仁信篤誠，使人不欺。」註云「謂荀淑為當塗長，韓韶
　　為贏長，陳寔為太丘長，鍾皓為林慮長。淑等皆潁川人也。」頁
　　879a-879b。

再藉著立功立事而追求自我價值，遂於人生產生一種新的理想，此理想不依託於外在的功業建樹，而在於人生內在的獨立價值，時人所欣賞者，亦不再是世間的功德建樹，而重其因內在人格修養所外顯的標度與風格，並為人所慕效者，前者即「至德」，後者即「風流」。[59]錢氏所言雖是，然而陳寔於當時之政治，雖僅任小小的太丘長，然而「修德清淨，百姓以安」，「其政不嚴而治，百姓敬之」[60]，《世說新語·政事篇》亦載三則陳寔之為政以及陳寔子陳紀述其父政策的傳說，實際上，陳寔於政治與社會影響方上仍有相當的作用，只是他的影響和作用不在顯宦亦不在號召羣眾對抗不義，而是在一個人心危惑不定的時代中，以德化安定羣眾，令群眾有所歸依而已。

第四節　忠慎家風與政治妥協

　　潁川陳氏最為當時及後世所稱羨的故事，可見於《世說新語》所載，茲錄其文如下：

　　　　陳太丘詣荀朗陵，貧儉無僕役。乃使元方將車，

59　錢穆著：〈略論魏晉南北朝學術文化與當時門第之關係〉，收入《中國學術思想史論叢（三）》（臺北：東大圖書股份有限公司，民國82年12月四版），頁154-159。

60　《世說新語·政事》第3則注引袁宏《漢紀》曰：「寔為太丘，其政不嚴而治，百姓敬上」頁165。

　　季方持杖後從。長文尚小，載箸車中。既至，荀
　　使叔慈應門，慈明行酒，餘六龍下食。文若亦小，
　　坐箸膝前。于時太史奏：「真人東行。」[61]

劉孝標注曰：

　　陳寔字仲弓，潁川許昌人。為聞喜令、太丘長，
　　風化宣流。
　　《先賢行狀》曰：「陳紀字元方，寔長子也。至
　　德絕俗，與寔高名並著，而弟諶又配之。每宰府
　　辟召，羔雁成群，世號『三君』，百城皆圖畫。」
　　張璠《漢紀》曰：「淑有八子：儉、緄、靖、燾、
　　汪、爽、肅、敷。淑居西豪里，縣令苑康曰：『昔
　　高陽氏有才子八人』，遂署其里為高陽里。時人
　　號曰八龍。」
　　檀道鸞《續晉陽秋》曰：「陳仲弓從諸子姪造荀
　　父子，于時德星聚，太史奏：『五百里賢人聚。』」

　　前賢已指出此故事頗為誇大渲染，蓋陳、荀二家在
當時並非顯達人物，兩人一時相會，子弟隨侍，喫頓家
常飯，竟如此驚動流傳，應為後人附會之傳說。[62]余嘉

61　《世說新語‧德行》第6則，頁7。
62　參《世說新語‧德行》第6則，頁8-10。錢穆：〈略論魏晉南北朝
　　學術文化與當時門第之關係〉亦曾討論及此，以為此說雖誇大，然

錫據《御覽》卷 384 引《漢雜事》說法,以為辯證:

> 陳寔字仲弓,漢末太史家瞻星,有德星見,當有
> 英才賢德同遊者。書下諸郡縣問。潁川郡上事:
> 其日有陳太丘父子四人俱共會社,小兒季方御,
> 大兒元方從,抱孫子長文,此是也。

如果依《漢雜事》說法,則德星見僅與潁川陳氏三代有
關,推測可能是時人欽重陳寔德性名望,故造作此言,
與荀氏父子無關。

　　《史通・採撰篇》以為:

> 夫郡國之籍,譜牒之書,務欲矜其州里,誇其氏
> 族。讀之者安可不練其得失,明其真偽者乎?至
> 於江東「五儁」,始自《會稽典錄》;潁川「八
> 龍」,出於《荀氏家傳》。而脩漢、晉史者,皆
> 徵彼虛譽,定為實錄。苟不別加研覈,何以詳其
> 是非?[63]

劉知幾考辯「八龍」之說出自《荀氏家傳》,應屬虛聲,

甚為當時及後世樂道,實寄寓魏晉南北朝門第中人之人生理想與精
神嚮往,即上有賢父兄,下有賢子弟。參氏著:〈略論魏晉南北朝
學術文化與當時門第之關係〉,頁 153-155。
63 見唐・劉知幾撰、(清)浦起龍釋,《史通通釋》(臺北:九思出
版有限公司,民國 67 年 10 月 10 日台一版),頁 117。

其後修漢、晉史者，皆將這些虛譽定為實錄。余嘉錫以
為德星之事當與荀氏無關，而荀氏乃「自為家傳，附會
此事，以為光寵」。且以為荀悅（字仲豫）長荀彧（字
文若）十三歲，著《漢紀》、《申鑒》，皆足以自傳，
其人忠於漢獻帝，與彧終為曹氏佐命不同，此傳說言德
星聚卻有文若而無仲豫，可知其故。[64]

　　按荀氏與陳氏皆穎川之重要士族，而陳羣、荀彧皆
顯揚於曹魏，此故事乃牽引年幼的陳羣與荀彧二人，可
知其說必待陳羣、荀彧顯宦之後。二家之比較，於魏代
頗為盛行，《世說新語‧品藻》載：

> 正始中，人士比論，以五荀方五陳：荀淑方陳寔，
> 荀靖方陳諶，荀爽方陳紀，荀彧方陳羣，荀顗方
> 陳泰。[65]

故陳、荀相會之事，雖頗誇大附會，然二家四代皆有高
才大名，數代相傳，確實已入士族之行列，而為人欽羨，
故正始之時，已以二家相比論，陳、荀相會之事，亦有
其社會輿論基礎。

　　其中，穎川陳氏最為人所欽敬羨慕者，蓋在其家門
之德孝家風。《後漢書》載陳紀、陳諶兄弟：「兄弟孝
養，閨門雍和，後進之士皆推慕其風。」陳紀遭父憂，

64　《世說新語‧德行》第 6 則，頁 8-10。
65　《世說新語‧品藻》第 6 則，頁 505。

「每哀至，輒歐血絕氣，雖衰服已除，而積毀消瘠，殆將滅性。豫州刺史嘉其至行，表上尚書，圖象百城，以厲風俗。」陳諶「與紀齊德同行，父子並著高名，時號三君。每宰府辟召，常同時旌命，羔鴈成羣，當世者靡不榮之。」[66]又《世說新語·德行》載：

> 華歆遇子弟甚整，雖閒室之內，嚴若朝典。陳元方兄弟恣柔愛之道，而二門之裏，兩不失雍熙之軌焉。[67]

相較於華歆以嚴格的禮教持家，陳氏兄弟之相處更出自內心的情感自然，其優劣可知。又，元方兄弟二人除孝友之外，《世說新語》頗載數則兄弟二人為父親褒揚之言語，以及太丘以為「元方難為兄，季方難為弟」之評價。[68]故知「德星見」、「賢人聚」等傳說雖誇大，然其基礎在於魏晉南北朝社會普遍對於潁川陳氏家族「賢父兄，賢子弟」之艷羨，以寄門第百年不墮之家聲的理想。

　　潁川陳氏之百年家聲，雖必須依靠孝友之家風，然若顯貴之仕宦，亦無以傳其家門於不墮。陳寔傳下的仕宦之道主要依忠慎而行，然其後三代皆處亂臣賊子之時

66　《後漢書·陳紀傳》，頁 736b-737a。《後漢書·陳諶傳》，頁 737b。
67　《世說新語·德行》第 10 則，頁 12。
68　參《世說新語·德行》第 7 則，頁 10；第 8 則，頁 11。《世說新語·言語》第 6 則，頁 59-60。《世說新語·政事》第 3 則，頁 165。《世說新語·方正》第 1 則，頁 279。

與易代之際，其子陳紀，《後漢書》載其曾仕於董卓，孫陳羣依附曹丕，曾作勸進之表，孫陳泰亦於魏晉禪代之際親附司馬氏，故為論者所鄙。

陳紀事董卓事見《後漢書・陳紀傳》：

> 董卓入洛陽，乃使就家拜五官中郎將，不得已，到京師，遷侍中。出為平原相，……時議欲以為司徒，紀見禍亂方作，不復辨嚴，即時之郡。璽書追拜太僕，又征為尚書令。建安初，袁紹為太尉，讓於紀；紀不受，拜大鴻臚。年七十一，卒於官。[69]

然而，邯鄲淳於〈後漢鴻臚陳君碑〉則有不同說法，茲錄碑文全文如下：

> 君諱紀，字元方，太邱〔丘〕君之元子也。始祖有虞，受禪陶唐，亦以命禹，其後嬀滿。當周武王時，祚土於陳，君其世也。君生應乾坤之純質，受嵩岳之粹精，內苞九德，外兼百行，淵深淪於不測，膽智應於無方，宏裕足以容眾，矜嚴足以正世。然後研幾道奧，涉覽文學。凡前言往行，竹帛所載，靡不悉坐其善也。亹亹焉其誘

人也，是以令聞廣譽，塞於天淵；儀形嘉誨，範乎人倫。存乎本傳，故略舉其著於人事者焉。

　　顯考以茂行崇冠先儔，季弟亦以英才知名當世。孝靈之初，並遭黨錮，俱處於家，號曰三君。故得奉常供養，以循子道，親執饋食，朝夕竭歡。及太邱〔丘〕君疾病終亡，喪過乎哀，崩傷嘔血，如此者數焉。服禮既除，戚容彌甚，聞名心瞿，言及隕涕，雖大舜之終慕，曾參之自盡，無以踰也。豫州刺史嘉懿至德，命敕百城，圖畫形象，於今遺稱，越在民口。既處隱約，潛躬味道，足不逾闌。乃覃思著書三十餘萬言，言不務華，事不虛設，其所交釋合贊，規聖哲而後建，旨明歸焉，今所謂《陳子》者也。初平之元，禁罔蠲除，四府並辟，弓旌交至。雖崇其禮命，莫敢屈用。大將軍何進表選明儒，君為舉首。公車特徵，起家拜五官中郎將，到遷侍中，旬有八日，出相平原。會孝靈晏駕，賊臣秉政，肆其兇虐，剝亂宇內，州郡幅裂，戎興並戒。君冒犯鋒矢，勤恤民隱，馴之以禮教，示之以知恥，視事未期，士女向方。會刺史敗於黃巾，幽冀二州，爭利其土。君料敵知難，不忍其民為己致死，乃辭而去之。於是老弱隨慕，扳轅持轂，輪不得轉。遂晨夜間行，寓於邳鄭之野。袁術恣睢，僭號江淮，圖覆社稷，結婚呂布，斯事成重，必不測救。君諗布

不從，遂與成婚，送女在途。君為國深憂，乃奮
策出奇，以奪其心，卒使絕好，追女而還。離遜
奸謀，使不得成，國用乂安，君之力也。唯帝念
功，命作尚書令。會車駕幸許，拜大鴻臚。實掌
九儀，四門穆穆，遂登補袞闕，以熙帝載。不幸
寢疾，年七十有一，建安四年六月卒。惜乎懷道
處否，登庸日寡，實使大業不究，元勳靡建，茲
海內所為嗟悼，凡百所以失望也。天子愍焉，使
者弔祭，羣卿以下，臨喪會葬。有子曰群，追惟
蓼莪罔極之恩，乃與邦彥、碩老，咨所以計功稱
伐，銘贊之義，遂樹斯石，用監於後，其辭曰：

　　於穆上德，時惟我君。固天縱之，天鍾厥純。
命世作則，實紹斯文。遭險龍潛，抗志浮雲。所
貴在己，樂存事親。雖處畎畝，天子屢聞。乃階
郎將，陪帝作鄰。平原寇深，遂辭其民。思齊古公，
邠土是因。不忘謀國，惠我無垠。復命喉舌，秉國
之均。爰登卿士，媚茲一人。如何穹蒼，不授遐
年。鄨厥在位，每懷不申。股肱或虧，朝誰與詢？
煢煢小子，號泣於閔。勒銘表德，久而彌新。[70]

依碑文，則陳紀於黨錮期間遭禁錮，黨禁除後，「四府
並辟，弓旌交至，雖崇其禮命，莫敢屈用。」其說與《後

---

70 參邯鄲淳：〈後漢鴻臚陳君碑〉，收於宋・章樵註：《古文苑》，
　　《叢書集成初編》，頁 427-430。

漢書》本傳載：「黨禁解，四府並命，無所屈就。」相符。[71]然關於《後漢書・陳紀傳》載陳紀仕於董卓事，〈後漢鴻臚陳君碑〉文則作：「大將軍何進表選明儒，君為舉首。公車特徵，起家拜五官中郎將，到遷侍中，旬有八日，出相平原。會孝靈晏駕，賊臣秉政，肆其兇虐，剝亂宇內。」可知陳紀出仕在何進秉政之時，其後，何進謀誅宦官而與之同盡，董卓乃入朝秉政。《後漢書・陳紀傳》載其出相平原前詣董卓，董卓正欲遷都長安，陳紀反對其事，並勸董卓：

> 宜修德政，以懷不附。遷移至尊，誠計之末者。愚以公宜事委公卿，專精外任。其有違命，則威之以武。今關東兵起，民不堪命。若謙遠朝政，率師討伐，則塗炭之民，庶幾可全。[72]

陳紀忠於漢室，以正道勸戒董卓，因此忤逆董卓，然因陳紀名行高，董卓恐怕殺了他會失去民望，故無所害，陳紀於是即時之郡，不復辨嚴以避禍。後曹操迎天子於許，打著重振漢室之名，陳紀乃拜大鴻臚，可見陳紀所行，仍持其父一貫之忠慎之道。

　　至於陳紀之子陳羣為官，盡忠於魏氏，於魏氏三代

---

71 參邯鄲淳：〈後漢鴻臚陳君碑〉，收於宋・章樵註：《古文苑》，《叢書集成初編》，頁 427。《後漢書・陳紀傳》，頁 737a。
72 《後漢書・陳紀傳》，頁 737a。

頗有貢獻，為一代名臣，其為官，亦頗重慎密之道。《三
國志‧魏書》本傳載：

> 太祖時，劉廙坐弟與魏諷謀反。當誅。羣言之太
> 祖，太祖曰：「廙，名臣也，吾亦欲赦之。」乃
> 復位。廙深德羣，羣曰：「夫議刑為國，非為私
> 也；且自明主之意，吾何知焉？」其弘博不伐，皆
> 此類也。

裴注引《魏書》曰：

> 羣前後數密陳得失，每上封事，輒削其草，時人
> 及其子弟莫能知也。論者或譏羣居位拱默。正始
> 中，詔撰羣臣上書以為《名臣奏議》，朝士乃見
> 羣諫事，皆歎息焉。[73]

陳羣盡忠之道，與其祖父陳寔引郡守高倫之過為己過之
道相符，可見其家一脈以忠厚慎密之道相傳，不以犯顏
切諫為務，亦不矜功，堪稱忠慎之長者。袁準所著之《袁
子正論》中特別稱許陳羣，以為：

> 夫仁者愛人，施于君謂之忠，施于親謂之孝，忠

---

73 《三國志‧魏書‧陳羣傳》，頁568b。

孝者，其本一也。故仁愛之至者，君親有過，諫而不入，求之反覆不得已，而言不忍宣也。今為人臣，見人主失道，直抵其非，而播揚其惡，可謂直士，未為忠臣也。故司空陳羣則不然，其談論終日，未嘗言人主之非，書數十上，而外人不知，君子謂陳羣于是乎長者，此為忠矣。[74]

袁宏於〈三國名臣頌〉云：

長文通雅，義格終始。思戴元首，擬伊同恥。民未知德，懼若在己，嘉謀肆庭，讜言盈耳。玉生雖麗，光不踰把。德積雖微，道映天下。[75]

可見在忠於君王與職守的立場上看，陳羣算是盡忠的典範。然而，陳羣處於易代之際，在君臣倫理方面，一方面支持曹魏，但另一方面又要面對篡位對君臣倫理的破壞。《世說新語・方正篇載》：

魏文帝受禪，陳羣有慼容。帝問曰：「朕應天受命，卿何以不樂？」羣曰：「臣與華歆服膺先朝，今雖欣聖化，猶義形於色。」

---

74 參《全晉文》，頁 1779a。
75 梁・昭明太子蕭統編，唐・李善注：《文選》（臺北：藝文印書館，據宋淳熙本重雕鄱陽胡氏藏版印），頁 685b。

劉孝標注引華嶠《譜敘》曰：

> 魏受禪，朝臣三公以下，並受爵位。華歆以形色
> 忤時，徒為司空，不進爵。文帝久不懌，以問尚
> 書令陳羣曰：『我應天受命，百辟莫不說喜，形
> 於聲色；而相國及公獨有不怡者，何邪？』羣起
> 離席長跪曰：『臣與相國曾事漢朝，心雖說喜，
> 義干其色，亦懼陛下，實應見憎。』帝大說，歎
> 息良久，遂重異之。」[76]

　　李慈銘以為此言出於華嶠《譜敘》，乃子弟門生相
附會之言，余嘉錫亦以為：「華歆為曹操勒兵入宮收伏
后，壞戶發壁牽后出，躬行弒逆。是亦魏之賈充，何至
『以形色忤時』！歆、羣累表勸進，安得復有戚容？莼
客以為出於其子孫所附會，當矣。」[77]
　　按，華歆是否為曹操收伏后事，嚴衍曾考辨以為此
說乃出於吳人所作之《曹瞞傳》，並無佐證，然盧弼以
為華歆仍不能辭其為曹氏父子謀篡位之實。[78]實則陳羣

---

76 見《世說新語‧方正》第 3 則，頁 281。
77 《世說新語‧方正》第 3 則，頁 281-282。
78 《三國志‧魏書‧華歆傳》盧弼集解：「歆自江東歸來，勳庸未建，
　竟代文若，坐躋三公。魏氏父子豈無功而爵人者？相國統率羣僚，
　受禪上言（見文紀注），殷勤勸進，此中契合，可耐尋思，當日情
　事，如在目前，千秋功罪，可判然矣。」頁 397b-398a。

亦為曹丕所信用，並為勸進之表，可見華、陳二氏實際上皆忠魏背漢，在實質上助成篡漢之事。不過，華歆、陳羣於受禪之時有慼容，若出於華歆子弟之附會，則何以華嶠《譜敘》中須另行帶出陳羣亦有不怡之色？實則身負家族之責任，仕於異代之際，於持身之道，頗為困難。陳羣之言指出「心」雖說喜，而義仍須干其「色」者，表示自己心雖支持曹丕政權，然自己為漢家舊臣，易代之際，仍應尊重舊有的身份，以此盡忠，如此則內外皆符其道，而曹丕乃「大悅」。而陳羣此道，於魏晉南北朝頻仍之朝代轉換中，則被視為現實考量中盡舊臣之忠的一種選擇。

　　然而，其子陳泰更經歷魏晉之際的變動，而司馬氏之篡位，較曹氏父子而言，其手段更殘忍血腥。《世說新語・方正》載：

> 高貴鄉公薨，內外諠譁。司馬文王問侍中陳泰曰：「何以靜之？」泰云：「唯殺賈充以謝天下。」文王曰：「可復下此不？」對曰：「但見其上，未見其下。」

此事於陳壽《三國志》陳泰之本傳中不載，然裴注則引干寶《晉紀》曰：

> 高貴鄉公之殺，司馬文王會朝臣謀其故。太常陳

泰不至，使其舅荀顗召之。顗至，告以可否。泰
曰：「世之論者，以泰方於舅，今舅不如泰也。」
子弟內外咸共逼之，垂涕而入。王待之曲室，謂
曰：「玄伯，卿何以處我？」對曰：「誅賈充以
謝天下。」文王曰：「為我更思其次。」泰曰：
「泰言惟有進於此，不知其次。」文王乃不更言。

又孫盛《魏氏春秋》曰：

帝之崩也，太傅司馬孚、尚書右僕射陳泰枕帝屍
於股，號哭盡哀。時大將軍入于禁中，泰見之悲
慟，大將軍亦對之泣，謂曰：「玄伯，其如我何？」
泰曰：「獨有斬賈充，少可以謝天下耳。」大將
軍久之曰：「卿更思其他。」泰曰：「豈可使泰
復發後言。」遂嘔血薨。[79]

《世說新語》注亦引前二書，而又引習鑿齒《漢晉春秋》
曰：

曹髦之薨，司馬昭聞之，自投之於地曰：「天下
謂我何？」於是召百官議其事。昭垂涕問陳泰曰：
「何以居我？」泰曰：「公光輔數世，功蓋天下，
謂當並迹古人，垂美於後，一旦有殺君之事，不
亦惜乎！速斬賈充，猶可以自明也。」昭曰：「公

閤不可得殺也，卿更思餘計。」泰厲聲曰：「意
唯有進於此耳，餘無足委者也。」歸而自殺。[80]

所引諸書皆出於晉代所作，可見陳泰雖然親附司馬氏，
然弒君之事，乃嚴重違背名教之大事，和曹魏受禪當時
仍維持表面的「禪讓之德」不同，因此陳泰不得不建議
司馬氏斬賈充以謝天下，實質上已維護了司馬氏，為其
開脫弒君之罪，然而賈充為司馬氏篡位之謀主，對司馬
氏政權有很大的支持作用，在實質上來說，實無法殺掉
賈充。而陳泰被逼說出「惟有進於此，不知其次」之言，
並因已得罪司馬氏，而不得不自殺以維護門第，此實為
仕於亂世之不得不然。

　　袁宏於〈三國名臣頌〉稱頌陳泰云：

　　玄伯剛簡，大存名體。志在高構，增堂及陛。端
　　委虎門，正言彌啟。臨危致命，盡其心禮。[81]

袁宏一方面肯定陳泰的選擇是「剛簡」，他的選擇符合
了身位與體統，也就是說支持了名教，支持了統治的根
本秩序。因此，依袁宏所見，陳泰在政局突遭變動之際
所進的乃「正言」，是為了讓政權能擁有正當的名教基
礎而盡心盡忠之言。

80　上引文皆見《世說新語・方正》第8則，頁288。
81　《文選》，頁686a。

可惜的是，司馬昭選擇違背名教的實質，亦終至影響其立國風氣與統治基礎。

朱熹於《晦菴文集》卷35〈答劉子澄書〉中認為司馬光：

> 近看溫公論東漢名節處，覺有未盡處。但知黨錮諸賢趨死不避為光武、明、章之烈，而不知建安以後，中州士大夫只知有曹氏，不知有漢室，卻是黨錮殺戮之禍有以驅之也。且以荀氏一門論之，則荀淑正言於梁氏用事之日，而其子爽已濡跡於董卓專命之朝。及其孫彧，則遂為唐衡之婿、曹操之臣，而不知以為非矣。蓋剛大直方之氣折於兇虐之餘，而漸圖所以全身就事之計，故不覺其淪胥而至此耳。[82]

所謂「剛大直方之氣折於兇虐之餘，而漸圖所以全身就事之計」，可以說就是漢末重道德名教，言為士則，行為士範的精神，至魏晉之時漸以全身保命、維繫家族為主要目標。仇鹿鳴以為魏末士人上承漢末清議風潮，下開士族社會注重家族利益風氣的轉型期，此事顯示社會聲望和政治權力之間的兩難，但最後陳泰選擇了維護士人的道德準則和潁川陳氏家族的社會聲望，潁川陳氏至

---

82 見南宋・朱熹著：朱傑人、嚴佐之、劉永翔主編：《朱子全書》第24冊《晦庵先生朱文公文集》（五），頁1538。

西晉後也從政治的核心圈中退出。[83]然而，陳泰的選擇卻為自己以及陳氏家族留下剛方正直，謹守禮法之名。

第五節　結　語

關於潁川陳氏家族入晉後的發展，據《三國志・陳泰傳》載：

> 子恂嗣，恂薨，無嗣，弟溫紹封。咸熙中，開建五等，以泰著勳前朝，改封溫為慎子。[84]

可見得入晉之後，潁川陳氏仍受到當朝眷顧。據裴松之引《陳氏譜》云：

> 羣之後名位遂微。諶孫佐，官至青州刺史。佐弟坦，廷尉。佐子準，太尉，封廣陵郡公。準弟戴、徵，及從弟堪，並至大位。準孫逵，字林道，有譽江左，為西中郎將，追贈衛將軍。[85]

83　仇鹿鳴著：《魏晉之際的政治權力與家族網絡》（上海：上海古籍出版社，2012 年 6 月一版），頁 179-184。

84　《三國志・魏書・陳泰傳》，頁 571b。

85　同上註。

《陳氏譜》云：「名位遂微」的評價不知何據，盧弼集
解引沈家本意見以為陳泰有名於當世，「羣」或者為「泰」
字之誤。然盧弼以為：「按據陳氏譜所云，陳氏後輩亦
多至大位，不得云微，位字或為德字之誤。」[86]盧弼之說
較為可從。

關於穎川陳氏家族是否陳羣之後，名德漸微，袁宏
於〈三國名臣頌〉稱頌的對象中，「魏志九人，蜀志四
人，吳志七人。」屬於穎川陳氏者即有陳羣、陳泰二人，
實為當時一流家族。《世說新語‧賞譽》提到：「王右軍
目陳玄伯：『壘塊有正骨。』」[87]針對陳泰在易代之際
仍盡力維繫名教之最後底線，王羲之給予正面的評價，
代表到東晉之時，陳泰因謹守陳氏家族維繫名教的風
範，仍能獲致景仰。

《世說新語‧品藻》曰：

> 司馬文王問武陔：「陳玄伯何如其父司空？」陔
> 曰：「通雅博暢，能以天下聲教為己任者，不如
> 也；明練簡至，立功立事，過之。」[88]

按武陔的意見可知，時人以為這個家族已經從漢末
的「天下型」名士，能成為天下士人依以學習的典範型

---

86 同上註。
87 《世說新語‧賞譽》第 108 則，頁 479。
88 《世說新語‧品藻》第 5 則，頁 505。

人物，轉為為某一特定王朝或政權服務，建立事功之人。
武陔的評價看似稱許，然而，如果對應古代士人所強調
的「太上有立德，其次有立功，其次有立言」的評價等
級來看，陳寔可謂立德的典型，而陳泰則僅為立功的代
表，其等級高下已然不同。

又《三國志》斐松之引《博物記》曰：

> 太丘長陳寔、寔子鴻臚紀、紀子司空羣、羣子泰
> 四世，於漢、魏二朝並有重名，而其德漸漸小減。
> 時人為其語曰：「公慚卿，卿慚長。」[89]

潁川陳氏從漢末至魏代，從陳寔的「至德」發展到陳紀
至陳羣，時人以為「公慙卿，卿慙長」，對這個家族的
評價愈趨倒退。潁川陳氏傳至魏晉之際，已由至德之教
轉化為「明練簡至，立功立事」，而遭魏晉易代之血腥
悖亂，其德漸減，實亦為當時士族之普遍無奈。

---

89 《三國志・魏書・陳泰傳》，頁571b。又參《後漢書・陳紀傳》，
　頁737a。

【附錄：潁川陳氏世系表】

【潁川陳氏世系表】

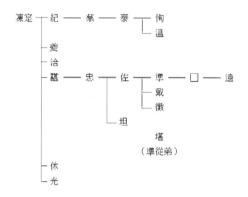

* 此表根據《後漢書集解》頁 736b-737b,《三國志集解》
頁 571b,及周明泰撰《三國志世系表》[90],頁 101-102。
* 根據《陳書》卷 1〈高祖本紀〉提到陳霸先是:「漢
太丘長陳寔之後也。世居潁川。寔玄孫準,晉太尉,準
生匡,匡生達,永嘉南遷為丞相掾,歷太子洗馬,出為
長城令,悅其山水,遂家焉。……達生康,復為丞相掾,
咸和中土斷,故為長城人。康生盱貽太守英,英生尚書
郎公弼,公弼生步兵校尉鼎,鼎生散騎侍郎高,高生懷
安令詠,詠生安成太守猛,猛生太常卿道巨,道巨生皇
考文讚。」然而《南史》卷 9〈陳本紀〉說:陳霸先「姓
陳氏,其本甚微,自云漢太丘長寔之後也。」其下所述

---

90 收於《二十五史補編》編委會:《三國志補編》(北京:北京圖書
館出版社,2005 年 2 月一版),頁 67-146。

世系與《陳書》同。《南史》述之陳霸先「其本甚微」，又說其祖系上溯陳寔乃「自云」，《元和姓纂》說法略同，因此王鳴盛《十七史商榷》卷 55「陳高祖其本甚微」條頗質疑此「皆當日史官緣飾」，因此，近代學者嚴耀中據此提出質疑[91]，不過《陳書》與《建康實錄》對陳霸先的世系亦持肯定的態度，蔡胜、劉玉山針對嚴文亦指出不少缺漏之處，因此，在目前史料缺乏的情形下，對於陳達之後的世系應持較謹慎的態度。

91　參姚思廉撰：《陳書》（臺北：藝文印書館，據清乾隆武英殿刊本景印），頁 1a。唐‧李延壽撰：《南史》（臺北：藝文印書館，據清乾隆武英殿刊本景印），頁 123a。唐‧林寶撰：《元和姓纂》（京都市：中文出版社，1976 年 6 月版）卷 3，頁 69b。清‧王鳴盛撰：《十七史商榷》（台北：大化書局，民國 66 年 5 月景印初版）。嚴耀中：〈關於陳文帝祭「胡公」—— 陳朝帝室姓氏探討〉，《歷史研究》，2003 年第 1 期，頁 156-159。及蔡胜、劉玉山：〈陳文帝祭「胡公」合情合理 —— 與嚴耀中教授商榷〉，《紅河學院學報》第 4 卷第 1 期，2006 年 2 月，頁 43-46。

第六章　世變下的陳郡陽夏袁氏家族

第一節　前　言

　　陳郡陽夏袁氏是南朝以來最重要、最具影響力的家族之一，柳芳《氏族論》云：「過江則為『僑姓』，王、謝、袁、蕭為大」。[1]由此可知，袁氏名列高門甲族，與王、謝、蕭並列，家族地位及實力極高。袁氏家族自東漢以來，即具有良好發展，並有明確的家族傳統，其影響力持續到陳朝滅亡。

　　如此具有重要影響力的袁氏家族，其研究狀況與王、謝、蕭三大家族相較，則有頗大差距，不但篇章較為零散，且多為單篇論文，其中以家族為研究對象者，如王國生：〈漢－唐陽夏袁氏世系關係表〉，朱華：〈東晉南朝陳郡高門袁氏研究〉，陳勇：〈漢唐之間袁氏的

1　宋・歐陽脩撰：《新唐書・儒學中・柳沖傳》（臺北：藝文印書館，據清乾隆武英殿刊本景印）。

政治沈浮與籍貫更迭 —— 譜牒與中古史研究的一個例
證〉，趙海麗：〈南朝陳郡袁氏家族譜系與聯姻關係探
討 —— 以正史及碑誌為中心敘述〉，徐婷婷：〈陳郡袁
氏家學門風述論〉。[2]這些研究中，王國生、陳勇與趙海
麗三文皆深入考察史料，以勾勒出陳郡袁氏譜系，為本
研究之基礎。朱華及徐婷婷二氏之研究則頗涉獵袁氏之
家風家學，對於袁氏之家學與家族傳統，亦有一定掌握。

多數有關東漢的袁氏討論多半以汝南袁氏為主要研
究對象者，如胡秋銀：〈汝南袁氏的發展與東漢社會之
變遷〉，袁玲：〈淺談漢末的袁氏家族〉，柳春新：〈「政
在家門」與漢末袁氏政權〉，鄭明月：〈漢魏之際中原
世家大族文化活動探析〉。[3]早期探究袁氏家族，多半認

---

2 王國生：〈漢－唐陽夏袁氏世系關係表〉，《周口師專學報》，第
  13 卷第 3 期，1996 年 9 月，頁 58-60。朱華：〈東晉南朝陳郡高門
  袁氏研究〉，《襄樊學院學報》，第 24 卷第 6 期，2003 年 11 月，
  頁 83-90。陳勇：〈漢唐之間袁氏的政治沈浮與籍貫更迭 —— 譜牒與
  中古史研究的一個例證〉，《文史哲》，2007 年第 4 期（總第 301
  期），2007 年，頁 63-71。趙海麗：〈南朝陳郡袁氏家族譜系與聯
  姻關係探討 —— 以正史及碑誌為中心敘述〉，《蘭州學刊》，2008
  年第 11 期（總 182 期），2008 年，頁 205-211。徐婷婷：〈陳郡袁
  氏家學門風述論〉，《河南教育學院學報（哲學社會科學）》，2009
  年 6 期，第 28 卷，頁 33-36。
3 胡秋銀：〈汝南袁氏的發展與東漢社會之變遷〉，《許昌師專學報
  （社會科學版）》，第 17 卷第 1 期，1998 年，頁 73-76。袁玲：〈淺
  談漢末的袁氏家族〉，《重慶科技學院學報（社會科學版）》，2011
  年第 5 期，頁 124-126。柳春新：〈「政在家門」與漢末袁氏政權〉，
  《魏晉南北朝隋唐史資料》，第 16 輯，1998 年 7 月，頁 1-7。鄭明
  月：〈漢魏之際中原世家大族文化活動探析〉，《鄭州航空工業管

為此家族自東漢袁良後傳為二子：袁昌及袁璋，由此分為兩支，即袁昌之後的汝南袁氏，與袁璋之後的陽夏袁氏。並以為汝南袁氏自袁昌子袁安以後，在東漢發展較盛，但因漢末政治介入過深，因董卓之亂與割據失敗，導致此支衰微。

然而，經過陳勇的考證，則袁昌所傳之汝南袁氏，與袁璋所傳之陳郡陽夏袁氏實為兩宗。《水經注》所載〈袁梁碑〉之碑主無論「梁」字是否為「良」字之訛，但此人與《後漢書》所載之汝南袁良實為二人，汝南汝陽袁氏與陳國扶樂（陳郡）袁氏，從袁良開始，其籍貫、血緣皆互不牽涉。中古史家如三國謝承、西晉、陳壽、東晉袁宏、袁山松、劉宋范曄和劉義慶，對袁氏各系的郡望都有嚴格區分，不曾相涉。故知，至少到劉宋時期，當時對汝南汝陽袁氏以及陳郡陽夏袁氏二者，是視為不同的宗族的。而一直要到大約梁代的譜牒，陳郡陽夏袁氏才將汝南汝陽袁氏納入。[4]故以下的討論將以陳郡陽夏袁氏為探討對象。

這個家族入東晉南朝後有顯著的發展，尤其入宋之

理學院學報（社會科學版）》，第 26 卷第 4 期，2007 年 8 月，頁 49-52。以上篇因以汝南袁氏為對象，不在本篇探討範圍。

4　參陳勇：〈漢唐之間袁氏的政治沈浮與籍貫更迭 —— 譜牒與中古史研究的一個例證〉。趙海麗亦由另一角度論《新唐書・宰相世系》與〈袁良碑〉之袁良實同名異人，頁 64-71。見趙海麗：〈南朝陳郡袁氏家族譜系與聯姻關係探討 —— 以正史及碑誌為中心敘述〉，頁 205-206。

後，勢力更盛，成為與王、謝並稱的高門之一。《南史》
袁昂傳載李元履言曰：「袁昂道素之門，世有忠節」。[5]
袁氏家族在南朝獲得「忠直義行」的評價，綜觀陳郡陽
夏袁氏家族特質，大致皆有忠直義行、持正不屈的特性，
此特性與其崇尚儒學，以禮教傳家有很大的關聯。不過，
陳郡陽夏袁氏雖崇尚儒學，但細究其處世態度，又頗具
道家清虛守柔之風，帶有儒道結合的特質，恐怕亦不能
純粹以「忠義」而概括其家風。

　　由於其家風與學術思想頗為相關，陳郡陽夏袁氏既
以「忠節」著稱，其「忠」的觀念為何？對政治的想法
為何？尤其袁準的《袁子正書》中有集中探討政治思想，
亦在本論文的研究範圍。另外，陳郡陽夏袁氏在東晉以
後頗接受玄學，但在東漢至西晉時期是否純粹以儒學為
主，而不及玄學？因此，為能更全面掌握此家族從東漢
至西晉的發展狀況及家族風格，本研究考察陳郡陽夏袁
氏的「家風」，主要探究其家族禮法與政治選擇、處世
態度，而兼及其思想。

第二節　忠義禮教的傳家智慧

　　陳郡陽夏袁氏之興，始於袁渙，就現存史料而言，

---

5 唐・李延壽撰：《南史》（臺北：藝文印書館，據清乾隆武英殿刊
　本景印），頁 333b。

「禮義」應為袁渙政治思想之核心。如袁渙建議曹操武力征伐之後，應該改變治國方針，曰：

> 夫兵者，凶器也，不得已而用之。鼓之以道德，征之以仁義，兼撫其民而除其害。夫然，故可與之死而可與之生。自大亂以來十數年矣，民之欲安，甚於倒懸，然而暴亂未息者，何也？意者政失其道歟！渙聞明君善於救世，故世亂則齊之以義，時偽則鎮之以樸；世異事變，治國不同，不可不察也。夫制度損益，此古今之不必同者也。若夫兼愛天下而反之於正，雖以武平亂而濟之以德，誠百王不易之道也。公明哲超世，古之所以得其民者，公既勤之矣，今之所以失其民者，公既戒之矣，海內賴公，得免於危亡之禍，然而民未知義，其唯公所以訓之，則天下幸甚！

袁渙以為曹操藉著軍隊實力，得暫保天下免於危亡，達到「以武平亂」的效果，然而暴亂未息，天下無法統一，以至太平，最大的問題在於「政失其道」、「民未知義」，因此強調要「鼓之以道德，征之以仁義」，要「兼愛天下而反之於正，雖以武平亂而濟之以德」，唯有以道德、仁義，方能令人民認同政權，與政權共存亡。道德、仁義皆為儒生之常談，然本段論述之側重點在「義」。袁渙以為，欲使政得其道，當「訓」民以「義」，明君救

世之道，則在「世亂則齊之以義」、使民「反之於正」，從這一小段言論中，明顯可見對於「義」的側重。[6]

「訓」民以「義」、「齊之以義」、「反之於正」的具體作法為何？

在於「禮」。

袁渙後來為梁相，其為政「務存鰥寡高年，表孝子貞婦」，並且經常說：「『世治則禮詳，世亂則禮簡』，全在斟酌之閒耳。方今雖擾攘，難以禮化，然在吾所以為之。」[7]可見袁渙之施政核心，在於推動「禮」，並以此教化人民，其效果則可以「訓民以義」。

《三國志》本傳注引袁宏《漢紀》曰：「初，天下將亂，渙慨然歎曰：『漢室陵遲，亂無日矣！苟天下擾攘，逃將安之？若天未喪道，民以義存，唯彊而有禮，可以庇身乎！』」[8]面對漢末天下擾攘，袁渙認為唯有「彊而有禮」的霸者，才是棲身之處。「彊」是亂世中生存的必備條件，「禮」則是政權得以長治久安，維繫人民，以及文化理想的條件。因此，「禮」實為袁渙政治思想之核心，以禮教化而導民以義，如此，即能在亂世中維

---

6 袁渙亦曾建議曹操「大收篇籍，明先聖之教，以易民視聽，使海內斐然向風，則遠人不服，可以文德來之。」這是主張以聖賢之道教化人民。參西晉・陳壽撰，清・盧弼集解：《三國志集解魏書・袁渙傳》（臺北縣：漢京文化事業有限公司，民國70年4月初版），頁346b。以下稱本書為《三國志》。
7 《三國志・魏書・袁渙傳》，頁346a。
8 《三國志・魏書・袁渙傳》，頁347b。

繫文化，長治久安。

　　袁渙亦不僅重視以「禮」教化，亦以禮自持。

　　東漢末年，諸公之子多侵法越度，袁渙父為司徒，卻以清靜自持，「舉動必以禮」。[9]袁渙守禮自持，亦可由呂布為曹操所滅後，曹操為敵軍之領袖，雖然為敗軍之士，袁渙仍嚴守禮法。《三國志》本傳注引《袁氏世紀》曰：「布之破也，陳羣父子時亦在布之軍，見太祖皆拜，渙獨高揖不為禮，太祖甚嚴憚之。」[10]劉備為豫州刺史時曾舉袁渙為茂才，因此劉備為袁渙之故主，故當袁渙為呂布拘留時，呂布要求袁渙作書罵辱劉備，並以死要脅，袁渙仍不屈服，並以理說服呂布，令呂布「慙而止」。其後袁渙歸曹操，有劉備死亡之傳言，羣臣皆賀，只有袁渙「以嘗為備舉吏，獨不賀」。[11]

　　在上述的例子中，皆可見袁渙雖面對新主，對故主仍嚴持故臣應有的禮法，並不屈服於權勢武力。

　　對於各種名位以及其相應的禮法，袁渙亦曾有辨正。《魏書》提到穀熟長呂岐與朱淵、袁津相善，故派他們行學，二人學成後，呂岐召而用之，讓朱淵擔任師友祭酒，袁津擔任決疑祭酒。這兩個人卻各自歸家，不接受職位。呂岐大怒，把這兩人拘捕之後杖殺。袁渙主簿孫徽等以為「淵等罪不足死」，「長吏無專殺之義」，

9　《三國志・魏書・袁渙傳》，頁 345a。

10　《三國志・魏書・袁渙傳》，頁 345b。

11　參見《三國志・魏書・袁渙傳》，頁 345b 及頁 346b。

尤其呂岐稱朱淵、袁津為「師友」而又殺了他們，「刑名相伐，不可以訓」，因此主張要彈劾呂岐。

袁渙主張不必彈劾，並作教曰：

> 主簿以不請為罪，此則然矣！謂淵等罪不足死，則非也。夫師友之名，古今有之，然有君之師友，有士大夫之師友。夫君置師友之官者，所以敬其臣也；有罪加于刑焉，國之法也。今不論其罪，而謂之戮師友，斯失之矣。主簿取弟子戮師之名，而加君誅臣之實，非其類也。夫聖哲之治，觀時而動，故不必循常，將有權也。閒者世亂，名陵其上，雖務尊君卑臣猶或未也，而反長世之過，不亦謬乎！[12]

袁渙分辨「師友」之實有二，一者為「君之師友」，一為「士大夫之師友」。士大夫之師友並無實質名位，而君之師友雖名為「師友」，實際上卻是「君臣」，稱為「師友」只不過是君對臣的尊敬罷了，因此仍應依循君臣之禮、國之律法，如果「君之師友」犯錯，仍應依國法加刑，這是「君之誅臣」，而非「弟子戮師」，不當混淆兩種倫理關係。

清·顧千里以為袁渙此論：「增酷史之燄，摧志士

---

12 《三國志·魏志·袁渙傳》，頁 346a-346b。

之氣」，不過周壽昌以為「漢時最重府主，其誼直比於
君臣」，「師友祭酒」與「決疑祭酒」相當於學長、里
長之類，因此其長得以杖殺之。[13]周壽昌的說法符合東
漢的君臣倫理，由此亦可知袁渙對於君臣一倫的重視，
並可據此推知，陳郡袁氏對於「忠」的重視，是建立在
禮教的明確掌握和理解之上的。

　　袁渙之子袁侃，亦有父風，王基曾向司馬師稱道：
「許允、傅嘏、袁侃、崔贊，皆一時正士，有直質而無
流心，可與同政事者也。」[14]司馬師新統政，王基以為
當戒慎，「矜矜業業，坐而待旦」，並推薦此四人，為
一時之正士，可見袁侃是正派之士，其人格特質受到時
人崇仰。

　　另有一則史料說明袁侃具有義行。《三國志‧魏書‧
夏侯玄傳》注引《魏略》曰：

　　　（許允）明帝時為尚書選曹郎，與陳國袁侃對，
　　　同坐職事，皆收送獄。詔旨嚴切，當有死者，正
　　　直者為重。允謂侃曰：「卿，功臣之子，法應八
　　　議，不憂死也。」侃知其指，乃為受重。[15]

許允與袁侃同時因為職事之故而被收，由詔書嚴格的指

13　《三國志‧魏志‧袁渙傳》注引，頁 346b。
14　《三國志‧魏書‧王基傳》，頁 647a。
15　《三國志‧魏書‧夏侯玄傳》，頁 320b。

斥之意看來，中央認為有人應當為此事而死的意思很明顯，而二人之中，當值的人應該承受比較重的罪，亦即極有可能被殺。許允告訴袁侃，袁侃是功臣之子，屬於享有刑法特權的八種人之一，據《魏律》，這些屬於「八議」的人若犯死罪，必須先交由大臣集議，再奏請皇帝裁決，如果是流罪以下，可直接減一等。因此，袁侃應該可以享有大臣集議的權利，罪當不至死，袁侃明白許允的暗示，於是承擔了較重的責任，也保全了許允。按，袁侃雖可依「八議」而享有大臣集議評判的權利，但亦非沒有風險，故袁侃承當此事以救許允，亦充份顯示他的仁義之情。

袁渙四子袁準亦「忠信公正，不恥下問，唯恐人不勝己……。著書十餘萬言，論治世之務，為《易》、《周官》、《詩傳》及論五經滯義，聖人之微言，以傳於世。」[16]史稱其：「以儒學知名，注喪服經」。[17]亦謹守家風，崇尚儒學，並對經學有深入研究。

除了《喪服經》注以外，《隋書·經籍志·儒家類》著錄袁準有《袁子正論》十九卷，又有《袁子正書》二

---

16 《三國志·魏書·袁渙傳》，頁 347a。
17 《三國志·魏書·袁渙傳》，頁 347a。袁準，《三國志》無傳，《晉書》附於〈袁瓌傳〉後，嚴可均考證諸著錄，或作准，或作淮，或作準，嚴可均以為「蓋隸俗變準為准，因誤為淮」，其實皆為同一個人。參清·嚴可均輯：《全上古三代秦漢三國六朝文》（北京：中華書局，1958 年 12 月一版），頁 1769b-1769a。以下以時代為記，簡稱為《全文》之一集。

十五卷。[18]依現存輯文可知，《袁子正論》中乃討論經
義，亦即「五經滯義，聖人之微言」，《袁子正書》則
以討論「治世之務」為主。據嚴可均及袁敏之看法，《正
論》當著於魏代，《正書》則著於西晉，應該在平吳之
後不久。[19]

　　袁敏歸納袁準《正書》中的經學思想，主要有幾點：
1.精於《禮》；2.深於《詩》，服膺鄭玄；3.熟悉《春秋》，
非難《公羊傳》。並由《正論》佚文中推崇劉歆、賈逵、
鄭玄，《詩》則崇尚《毛詩》，《春秋》好《左氏傳》
可知，其經學傾向更接近古文經學。[20]其《正論》因成
書較晚，且內容豐富，將在以下另闢小節討論。

　　袁渙從弟袁霸，史稱其「公恪有公幹」。袁霸子袁
亮，「貞固有學行，疾何晏、鄧颺等，著論以譏切之」[21]，
亦為堅持禮法，反對玄虛之士。

　　袁霸弟袁徽，亦「以儒素稱」。《三國志・吳志・
士燮傳》中載有袁徽避地交州後，寫給荀彧的信以稱譽
士燮，並說士燮：「官事小閑，輒玩習書傳，春秋左氏

18 唐・長孫無忌等撰：《隋書》（臺北市：藝文印書館，據清乾隆武
　　英殿刊本景印），頁503。《舊唐書・經籍志・儒家類》及《舊唐
　　書・藝文志・儒家類》則錄《正論》二十卷，《正書》二十五卷。
　　參後晉・劉昫等撰：《舊唐書》（臺北市：藝文印書館，據清乾隆
　　武英殿版景印），頁972頁，及《新唐書》，頁678。
19 參嚴可均輯：《全晉文》，頁1769b。及袁敏著：〈西晉政治家袁
　　準及其子書《正論》、《正書》〉，《許昌學院學報》第30卷第
　　1期，2011年第1期，頁5-9。
20 參袁敏著：〈西晉政治家袁準及其子書《正論》、《正書》〉，頁7。
21 《三國志・魏書・袁渙傳》，頁347a-b。

傳尤簡練精微，吾數以咨問傳中諸疑，皆有師說，意思甚密。又尚書兼通古今，大義詳備。聞京師古今之學，是非忿爭，今欲條左氏、尚書長義上之。」[22]從這一條資料可知，袁徽平日亦好玩經傳，故與士燮討論、請教經義，其條列士燮之《左傳》、《尚書》長義給荀彧，似有調合古今文經之爭的意向。

　　綜合上述可知陳郡袁氏在東漢以來，即推崇儒教，並以禮義持身處世。然而，本家族雖以儒術為本，嚴守禮教，但身處亂世，又頗夾雜「清虛恬退」的特質，不能以純粹之儒教家庭視之，以下再論此家族「清虛恬退」之風。

第三節　清虛守柔的處世智慧

　　陳郡陽夏袁氏家族最易受到注意的特質為「崇尚儒學」，與「忠義」之傳家特質，不過這個家族除了「忠義」之外，亦經常呈顯清虛恬退、持重守柔的處世態度，頗雜揉了道家氣質，過去的研究多著重前者而少觸及後者。

　　朱華曾比較汝南汝陽袁氏與陳郡陽夏袁氏，並以為相較於汝南汝陽袁氏，陳郡陽夏袁氏門風較謙恭清素，政治上不求過分顯達。但陳郡陽夏袁氏在思想方面，朱

22　《三國志·魏書·袁渙傳》，頁 347b。《三國志·吳志·士燮傳》，頁 991b。

華則強調此家族在渡江以前一直是是世代儒學名家，要到渡江前後，其思想才逐漸向玄學轉化。徐婷婷雖以為陳郡陽夏袁氏進入魏晉時期以後，世風浸習於玄學思辨，使得陳郡陽夏袁氏在崇儒基礎上侵染玄風，但是並未說明在魏、西晉時期，袁氏之玄風思想如何，而是轉而探討了東晉時期袁氏轉而接受玄學，是為了要得到東晉高門承認，而不得不接受。[23]

就現有史料觀察，東漢至魏和魏晉之際的陳郡陽夏袁氏家風已明顯可見「清靜恬退」之風格，茲條列如下：

1.袁滂：「純素寡欲，終不言人之短，當權寵之盛，或以同異致禍，滂獨中立於朝，故愛憎不及焉。」[24]

2.袁渙：「當時諸公子多越法度，而渙清靜，舉動必以禮。」[25]

3.袁侃：「渙子侃，亦清粹閑素，有父風。」[26]「侃字公然，論議清當，柔而不犯，善與人交，在興廢之間，人之所趣務者，常謙退不為也。[27]

4.袁準：忠信公正，不恥下問，唯恐人不勝己，以世事多故，常恬退而不敢求進。[28]

---

23 參朱華：〈東晉南朝陳郡高門袁氏研究〉，以及徐婷婷：〈陳郡袁氏家學門風述論〉，特別是頁 87-88。

24 《三國志・魏書・袁渙傳》注引袁宏《漢紀》，頁 345a。

25 《三國志・魏書・袁渙傳》，頁 345a。

26 《三國志・魏書・袁渙傳》，頁 346b。

27 《三國志・魏書・袁渙傳》注引《袁氏世紀》，頁 347a。

28 《三國志・魏書・袁渙傳》引袁準〈自序〉，頁 347a。

5.袁徽：「以儒素稱，避難交州，司徒辟，不至。」[29]

由上列可知，這個家族保持「清靜」、「寡欲」、「謙退」、「恬退」的格調，落實在具體事件上，則「不言人之短」、「善與人交」、「唯恐人不勝己」，在威勢興廢之間，亦不趨附，而保持中立或謙退，這種謹慎謙退的態度，使得陳郡袁氏於亂世之中能保持家族長久的發展。

又如袁渙「前後得賜甚多，皆散盡之，家無所儲，終不問產業，乏則取之於人。」[30]或如《袁氏世紀》提到袁渙原依呂布，呂布為曹操所破：

> 時太祖又給眾官車各數乘，使取布軍中物，唯其所欲。眾人皆重載，唯渙取書數百卷，資糧而已。眾人聞之，大慙。渙謂所親曰：「脫我以行陳，令軍發足以為行糧而已，不以此為我有。由是屬名也，大悔恨之。」[31]

曹操各提供眾官幾輛車，令他們隨意選取呂布軍中物資，眾人皆盡量選取，獨袁渙取書與糧食，以為行軍之預備。袁渙「不以此為我有」的觀念與行事，以及不治產業，賞賜一一散盡，都顯現了「寡欲」之德，另外，袁

29　《三國志・魏書・袁渙傳》，頁 347b。
30　《三國志・魏書・袁渙傳》，頁 346b。
31　《三國志・魏書・袁渙傳》，頁 345b。

渙因事提振名聲而感到後悔，亦顯現其「恬退」之特質。

又，袁宏《漢紀》提到袁渙與袁徽預測天下將亂，袁渙認為唯有「彊而有禮」，可以庇身。袁徽則曰：「古人有言，知幾其神乎！見幾而作，君子所以元吉也！天理盛衰，漢其亡矣！夫有大功，必有大事，此又君子之所識退藏於密者也。且兵既興，外患必眾，徽將遠迹山海，以求免身。」[32]

袁徽選擇遠迹山海，避地交州，主要是深識盛衰之理，以為接下來將有「大事」，亦即將有戰亂，且有外患，故其選擇仍根源於謹慎清虛之心。

以上陳郡陽夏袁氏的思想行為，皆明顯呈現「以道素繼業」的特質。[33]至於陳郡陽夏袁氏成員中是否具有愛好道家，或精於玄學思辨者？

首先，可注意袁渙。

袁渙好禮尚義，思理清晰，擅長論辨，《荀氏家傳》曰：「（荀）闓，字仲茂，為太子文學掾。時有甲乙疑論，闓與鍾繇、王朗、袁渙議各不同。文帝與繇書曰：『袁、王國士，更為脣齒。荀闓勁悍，往來銳師。真君侯之勍敵，左右之深憂也。』」[34]三國時，司馬懿誅曹

32　《三國志・魏書・袁渙傳》，頁347b。

33　《晉書・袁質傳》：「自渙至質五世，並以道素繼業，惟其父耽以雄豪著。及質，又以孝行稱。」，參唐・房玄齡奉敕撰，吳士鑑、劉承幹注：《晉書斠注》(臺北：藝文印書館，據乾隆武英殿刊本景印)，頁1431a。以下稱本書為《晉書》。

34　參見《三國志・魏志・荀彧傳》注，頁331b。

爽，費褘曾以甲乙問難的方式，評議是非，然而費褘之
論乃一個人立甲乙兩論，互相問難，袁渙此次的論難則
與鍾繇、王朗、荀閎互相辯駁，屬於多人的論難。此次
論難之內容與結果皆無法探知，但四人實力相當，亦可
推知袁渙在當時人的評價中，是以擅長思理著稱。

　　《隋書・經籍志》載：「梁有行御史大夫《袁渙集》
五卷錄一卷。」[35]可見袁渙有著述，然此集已佚，不能
得知內容。

　　至於袁渙是否可能與玄學有關？

　　《世說新語・賞譽篇》109 則注引《王濛別傳》曰：
「濛與沛國劉惔齊名，時人以濛比袁曜卿（渙），惔比荀
奉倩（粲），而共交友，甚相知賞也。」《晉書・王濛傳》
云：「與沛國劉惔齊名友善，惔常稱濛性至通，而自然
有節。濛每云劉君知我，勝我自知。時人以惔方荀奉倩，
濛比袁曜卿，凡稱風流者，舉濛、惔為宗焉。」[36]

　　王濛與劉惔皆為東晉時的重要名士，擅長清談玄
理，為當時風流之宗，劉惔又稱王濛「性至通，而自然
有節」。以之與劉惔相比擬的荀粲亦「尚玄遠」，有才
情逸氣，為正始風流名士。[37]按魏晉南北朝人物品評的

35　《隋書・經籍志・集部》，頁 522。

36　余嘉錫編撰，：《世說新語箋疏・賞譽》第 109 則（臺北：華正書
　　局有限公司，民國 78 年 3 月版），頁 479。以下稱本書為《世說
　　新語》。《晉書・王濛傳》，頁 1580b。

37　參牟宗三著：《才性與玄理》（臺北市：台灣學生書局，民國 82
　　年 2 月修訂八版），頁 73-75。

慣例，援以類比之人士應具有相似性，將袁渙與荀粲并提，而以之比擬王濛，表示在東晉人眼中，袁渙亦為擅長玄理的名士，而王濛與袁渙相通之處，應該在於此二人同樣具有擅長辨理，而且具有「至通」而「自然有節」的特質。

此外，袁渙子袁寓與袁準亦頗接觸道家或玄學。

袁寓，現今並無著作或任何言談的相關史料，然史稱袁寓，「精辯有機理，好道家之言」[38]，可知袁寓喜好道家思想，其精辯有機理的內容是什麼，則不得而知，應該是一些篇章或是或與清談相關的內容。

至於袁準，《世說新語》中有兩則資料提到了袁準：

> 魏朝封晉文王為公，備禮九錫，文王固讓不受。公卿將校當詣府敦喻。司空鄭沖。馳遣信就阮籍求文。籍時在袁孝尼家，宿醉扶起，書札為之，無所點定，乃寫付使。時人以為神筆。（〈文學篇〉第 67 則）
> 嵇中散臨刑東市，神氣不變。索琴彈之，奏廣陵散。曲終日：「袁孝尼嘗請學此散，吾靳固不與，廣陵散於今絕矣！」[39]（〈雅量篇〉第 2 則）

---

38 《三國志·魏書·袁渙傳》，頁 347a。
39 《世說新語·文學》第 67 則，頁 245。《世說新語·雅量》第 2 則，頁 344。

　　從袁準與阮籍、嵇康的相處狀況而言，應該是相當熟識親近的朋友[40]，無論嵇、阮之觀點是否影響袁準，袁準對於嵇、阮「越名教而任自然」的玄學主張應有相當的熟悉與理解。故其《袁子正書》雖以禮法為主要思想，但在〈悅近篇〉中亦認為：「聖人體德居簡，而以虛受人。」這種對「簡」與「虛」的強調，以及其以為莊周是「智人」，說他文辭奢泰，而謹慎畏禍，[41]就袁準及陳郡袁氏謹慎畏禍的行事風格而言，在一定程度上亦可見袁準思想與道家相通之處。

　　袁準亦著有〈才性論〉，討論才與性的區別。其觀點主要是從氣化的宇宙論而來，在這個前提下，說明推得結論：「曲直者木之性也，曲者中鉤，直者中繩，輪、桷之材也。賢不肖者，人之性也。賢者為師，不肖者為資，師、資之材也。然則性言其質，才名其用，明矣。」[42]此段文字的討論範圍屬於玄學中「才性四本論」的範

40　據戴明揚考索《琴史》、《神奇祕譜》、《琴苑要錄》等記錄袁孝尼竊廣陵散曲之故事，其事荒誕，乃由《世說》及志怪衍生，故不取。戴明揚著：《嵇康集校注》（臺北市：河洛圖書出版社，民國67年5月臺景印初版），頁454-455。

41　清・嚴可均輯：《全晉文》，頁1776a，及頁1779a。《太平御覽》引《袁子正書》曰：「楊子曰：『莊周何人哉？』袁子曰：『太而不儉，重而畏禍，智人也。』」參見宋・李昉撰：《太平御覽》（臺北：商務印書館，民國64年4月臺三版），頁2120。

42　唐・歐陽詢撰：《藝文類聚・人部五》（臺北：新興書局，民國58年11月新一版，據日本東京岩崎氏靜嘉堂文庫藏宋刊本影印）「性命」，頁595-596。

疇。依袁準的主張，木的曲、直，是木的「性」，也就是它的天性本質，輪和桷是「材」，是因著木的天性而成的器物，曲的木適合做為圓形如輪子的器具，直的木適合做成直的如桷的物品，所以「性」與「材」是一致的。由此觀之，袁準持的是「四本論」中「才性同」之主張。[43]

　　由上述討論可以推知，陳郡陽夏袁氏雖以經學傳家，但於魏晉時已接觸玄學及道家思想，不待至玄風興盛的東晉。而這種儒道結合的狀況，大致上是以道家的清靜玄虛思想做為身處亂世，或處於紛亂人事中的保家之道。到南朝後，尤見陳郡袁氏儒道兼綜的處世態度，以袁粲為例，其人盡忠宋世，致父子殉國，聞名於世，著〈妙德先生傳〉乃續嵇康〈高士傳〉以自擬，凡此可見南朝之後的陳郡陽夏袁氏乃承繼自魏以來雜揉道家思想的狀況。

第四節　儒法結合的政治思想

　　袁準著有《袁子正論》及《袁子正書》[44]兩部，《隋

---

43 林顯庭著：〈魏晉時代的才性四本論〉，《東海哲學研究集刊》，第 1 卷，臺中市：東海大學哲學系，頁 117-146。

44 本節所討論《袁子正書》系引自魏徵等著：《群書治要》及嚴可均輯《全晉文》。參考唐·魏徵、唐·褚遂良、唐·虞世南著：《群

書‧經籍志》列為子部儒家類，據嚴可均及袁敏考證，
《袁子正論》約作於魏時，《袁子正書》則當作於西晉
平吳之後。袁敏統計，《袁子正論》今存佚文約 4000
字，《袁子正書》今存約 11000 字，唐‧魏徵編《群書
治要》時，入選的西晉著作只有傅玄及袁準二家，可見
其政治思想之代表意義。[45]

　　《袁子正論》主要討論經學，《袁子正書》則集中
討論治國之道，其中思想延續其父袁渙之處，亦有變異，
代表陳郡袁氏至西晉以後的觀念。

　　《群書治要》引《袁子正書》共十七篇，分別是〈禮
政〉、〈經國〉、〈設官〉、〈政略〉、〈論兵〉、〈王
子主失〉、〈厚德〉、〈用賢〉、〈悅近〉、〈貴公〉、
〈治亂〉、〈損益〉、〈世治〉、〈刑法〉、〈人主〉、
〈致賢〉、〈明賞罰〉，主要是討論治國之道。依其內
容而言，仍是以仁義為本，但是對於仁義的討論極少，
其理論體系中，實際承擔治國的綱領者，實歸於「禮制」
與「法令」。

　　依現存內容區分，《袁子正書》大致可區分為「治
國之體」、「君主之德」、「治國之方」三類。

　　書治要》（臺北市：世界書局股份有限公司，2011 年 3 月一版），
　　頁 664-675。以及清‧嚴可均輯：《全晉文》，頁 1773-1779。
45　參清‧嚴可均輯：《全晉文》，頁 1769b。及袁敏著：〈西晉政治
　　家袁準及其子書《正論》、《正書》〉。

1.治國之體

《袁子正書》中的〈禮政〉、〈經國〉、〈設官〉、〈政略〉、〈論兵〉五篇，其內容主要討論治國最重要的原則，包括國家的體制、政策。其中〈禮政〉討論的就是治國的原則，〈經國〉討論封建制度，〈設官〉、〈政略〉討論政府的組織嚴明與治國、富民的關聯，〈論兵〉則討論用兵之道仍在於「為政」。

在〈禮政〉一篇中，袁準提出：「治國之大體有四：一曰仁義，二曰禮制，三曰法令，四曰刑罰。」此四者，說明了治國最重要的原則，其中，仁義、禮制為一組，法令、刑罰為一組，仁義為體，禮制為用，法律為體，刑法為用。[46]袁準解釋：

> 仁者，愛人者也，愛人，父母之行也。為民父母，故能興天下之利也。所謂義者，能辨物理者也。物得理，故能除天下之害也。興利除害者，則賢人之業也。禮者，何也？緣人情而為之節文者也。嚴父愛親之情也。尊親敬長之義也。

仁是愛人，義是能辨析事物之理，禮是緣於人情而制，以節度人情者，故能「使民遷善日用而不知」，但是，

---

46 袁準以為「夫仁者使人有德，不能使人知禁；禮者使人知禁，不能使人必仁。故本之者仁，明之者禮也。」故知仁為本，禮為顯明、發用。

袁準特別強調法與刑的重要，並以為「夫遠物難明，而近理易知。故禮讓緩而刑罰急，是治之緩急也。夫仁者使人有德，不能使人知禁，禮者使人知禁，不能使人必仁，故本之者仁，明之者禮也。」仁義禮制可使人民有道德涵養，但是收效慢，須要慢慢教化，法與刑可以賞善禁淫，收效快速。故袁準以為「仁義禮制者，治之本也。法令刑罰者，治之末也。」禮可以「達人之性理」，刑則能夠「承禮之所不足」，兩者並重，則能長治久安，偏重則「刑法而無仁義，久則民怨，民怨則怒也；有仁義而無刑法，則民慢，民慢則姦起也。」

這種以禮為政治之本的思想與其父袁渙相同，不過，袁準又益以對刑法、制度的強調。

在〈經國〉討論封建制度，本篇分析了封建之利與弊，其利在於可以透過五等爵制分封親族，協助蕃屏守國，其弊則在王國如果力多權重，可能會導致諸侯國侵凌王室。袁準以為：「夫物莫不有弊，聖人者豈能無衰？能審終始之道，取其長者而已。今雖不能盡建五等，猶宜封諸親戚，使少有土地，制朝聘會同之義，以合親戚之恩；講禮以明其職業，黜陟以討其不然。」據其觀點而論，袁準主張封建親族的禮制，這也是傳統儒家所強調的親親之義。

其〈設官〉以為：「先王置官，各有分職，使各以其屬，達之于王，自己職事，則是非精練，百官奏則下情不塞。」〈政略〉要求不擾民，並以為「夫禮設則民

貴，分明則事不錯，民貴則所治寡，事不錯則下靜壹，此富民致治之道也。」此二篇討論政府的組織，並強調職分嚴明，使吏祿厚則不擾民，不擾民則能民富。

〈論兵〉則討論用兵之根本仍在於「為政」，篇中強調「禮與法，首尾也。文與武，本末也。故禮正而後法明，文用而後武法。故用兵不知先為政，則亡國之兵也。」在袁準的觀念裏，禮與法、文與武，都是首尾、本末的關係，彼此不可偏廢，但禮與文仍具有較重要的地位，因此，用兵之根本，仍在於「文治」。又說明「用人有四：一曰以功業期之，二曰與天下同利，三曰樂人之勝已，四曰因才而處任。」又強調「貴公」，以為：「夫治天下者，其所以行之在一，一者何也？曰公而已矣。……故以仁聚天下之心，以公塞天下之隙，心公而隙塞，則民專而可用矣。」

《北堂書鈔・禮政篇》曾引《袁子正書》殘文曰：「禮者兼仁義也。」[47]由以上的討論，可以說明「禮」在袁準的治國思想中占有最重要的地位，但是，與傳統儒家相較，袁準的政治思想重禮制、重階層、重制度，更強調法與刑的地位，使得其思想更向名法思想接近。

2.君主之德

「君主之德」討論君主應具備的德行、修養，並討

---

47 唐・虞世南撰：《北堂書鈔・禮政篇》，卷 80，「少府」25，（臺北市：新興書局，民國 60 年），頁 354。

論其過失，與此相關的有〈王子主失〉、〈厚德〉、〈悅近〉、〈貴公〉、〈世治〉五篇。

〈王子主失〉探討人君之失，與賢士不能進用的狀況及原因在於「人主不能常明，而忠邪之道異」之故。〈厚德〉談聖人應以教化天下為本，然欲教化天下，必須制禮，以禮教育人民，聖人則須要「貴恆」，要「久於其道」。

〈厚德〉以為：「恃門戶之閉以禁盜者，不如明其刑也。明其刑，不如厚其德也。故有教禁有刑禁，聖人者，兼而用之，故民知恥而無過行也。」主張厚德而兼用刑禁。〈悅近〉談聖人應擁有簡、虛、謙、讓、寬，並以為「禮法欲其簡，禁令欲其約，事業欲其希」，「寬則得眾，虛則受物，信則不疑，不忌諱則下情達，而人心安」。〈世治〉篇亦強調「寬」。〈貴公〉談君主治國最重要的原則就是「公」，其具體實踐則須去除私欲。

總體說來，袁準以為君主應培養清虛謙讓的美德，尤其須要寬大而不求備於人，並且去除私欲，以公正不偏私之態度治國，必能任賢使能，令國家常治久安。

3.治國之方

「治國之方」討論治國的具體方法及施政方式。相關篇章有〈用賢〉、〈治亂〉、〈損益〉、〈刑法〉、〈人主〉、〈致賢〉、〈明賞罰〉，共七篇。

〈用賢〉中提到政府組織人如何任用人才，以協助

推動政務的方法，曰：「治國有四：一曰尚德，二曰攷能，三曰賞功，四曰罰罪。」這是在設官分職的階層制度下，欲令制度嚴明，政令順利推動，則必須落實此四項，方能令龐大的政府組織順利運作。至於任用人才的方法，則有五項，即「一曰以大體期之，二曰要其成功，三曰忠信不疑，四曰至公無私，五曰與天下同憂。」

〈治亂〉先談造成國家或治或亂的標準有三：食、兵、信，這是繼承孔子「足食、足兵、民信之矣」的看法，如何達到足食、足兵、民信，以求治而不亂？袁準提出富國的「八政」，為：「一曰儉以足用，二曰時以生利，三曰貴農賤商，四曰常民之業，五曰出入有度，六曰以貨均財，七曰抑談說之士，八曰塞朋黨之門。」並說明君主應善用「利權」，治理的原則應貴公、尚實、重信，方能制下，亦方能完成「八政」的理想。同時，在本篇中袁準仍再一次強調國家最重要的治國綱領仍在明禮法，以為：「太上使民知道，其次使民知心，其下使民不得為非。使民知道者，德也。使民知心者，義也。使民不得為非者，威禁木。賞必行，刑必斷之謂也。」才能教化人民有德、有義、不得為非。

其它篇章談治國之術，〈損益〉談階級貴賤應有等差，〈刑法〉談明君應重法慎令，〈人主〉談人主用人時應明智，力求賞罰得當，〈致賢〉談人才的重要，〈明賞罰〉談賞罰的原理及重要性。

基本上，袁準認為治國之術仍在於明禮法、立階級、

用賢才，善用利權，君主則應明智、貴公、尚實、重信，才能指揮控制整個官僚系統，為人民謀利，以達到國富民強。

　　總體說來，《袁子正書》的政治思想乃以儒為體，以法為用，其核心在於「禮」與「法」，「禮」的本源在仁愛，用以教化人民，使人民養德尚義，「法」則使人民知禁而不敢為非，相較於傳統儒家，袁準的思想擁有更多崇尚刑名法術的觀念，重視階層、賞罰與公正、信實，顯現儒法結合的傾向。因此，對於號令嚴明的諸葛亮，袁準亦曾為文評論，語多稱道，以為他能達到：「行法嚴而國人悅服，用民盡其力而下不怨。及其兵出入如賓，行不寇，芻蕘者不獵，如在國中。其用兵也，止如山，進退如風，兵出之日，天下震動，而人心不憂。」帶兵時能夠「法令明，賞罰信，士卒用命，赴險而不顧」。比對袁準對諸葛亮的評價與《袁子正書》的施政理念以及用兵思想，可以明白諸葛亮在相當程度上達到了袁準的政治理想，至於諸葛亮之才能與作為，何以無法建立更高的功勳？袁準以為原因在於蜀漢為小國，人才較少，而且諸葛亮是「持本者也，其于應變，則非所長」，但總體說來，此人已是不世出的賢者了，不應該求全責備。[48]

　　袁準觀點正顯現出這個時代所共有的兼通博綜儒法的傾向。例如稍早王粲的〈儒吏論〉云：

---

48 袁準對諸葛亮的評論可參見《三國志・蜀志・諸葛亮傳》注，《三國志・蜀志・鄧艾傳》注。參《三國志》，頁 803-804，頁 669。

士同風于朝，農同業于野，雖官職務殊，地氣異宜，然其致功成利，未有相害而不通者也。古者八歲入小學，學六甲五方書計之事，十五入大學，學君臣朝廷王事之紀，則文法典藝，具存于引矣。至乎末世，則不然矣。執法之吏不闚先王之典，搢紳之儒，不通律令之要。彼刀筆之吏，豈生而察刻哉？起于几案之下，長于官曹之閒，無溫裕文雅以自潤，雖欲無察刻，弗能得矣。竹帛之儒，豈生而迂緩也？起于講堂之上，遊于鄉校之中，無嚴猛斷割以自裁，雖欲不迂緩，弗能得矣。先王見其如此也，是以博陳其教，輔和民性，達其所壅，袪其所蔽，吏服訓雅，儒通文法，故能寬猛相濟，剛柔百克也。[49]

王粲以為執法之吏不讀賢書則易察刻，儒生不通律令則迂緩，因此，應該「吏服訓雅，儒通文法，故能寬猛相濟，剛柔百克也」，可以說已經有兼通儒法的傾向了。西晉傅玄〈釋法篇〉云：

---

49 唐・歐陽詢撰：《藝文類聚》52（臺北：新興書局，民國58年11月新一版，據日本東京岩崎氏靜嘉堂文庫藏宋刊本影印），頁1426。亦見於宋・李昉撰：《太平御覽》（臺北：商務印書館，民國64年4月臺三版）卷613。

> 釋法任情，姦佞在下，多疑少決，譬執腐索，以
> 御奔馬，專任刑名，民不聊生，通儒達道，政乃
> 升平，浩浩大海，百川歸之，洋洋聖化，九服仰之，
> 春風暢物，秋霜肅殺，同則相濟，異若胡越。[50]

亦認為不依據法理，容易致姦佞，過度依法律，又有弊
病，因此通儒應該通達治道。

　　值得再探討的是《袁子正書》對於「忠」的觀點。

　　袁準以為：「夫仁者愛人，施于君謂之忠，施于親
謂之孝。忠孝者，其本一也。」因此，「忠」與「孝」
實為一體之兩面，而其本源則於源於「仁」，這種想法
與漢末魏晉以來在忠、孝二倫中傾向側重「孝」的流風
有異，[51]而帶有陳郡袁氏特有的「忠義」家風。

　　就臣子的立場而言，袁準亦辨別「忠」與「直」之
差異，以為基於仁愛的原則，故「君親有過，諫而不入，
求之反覆不得已，而言不忍宣也」，也就是以孝子事父
之道事君，則不應該直言極諫，而應該如孔子所說的：
「事父母幾諫；見志不從，又敬不違；勞而不怨。」（《論
語・里仁篇》第 18 則）以此標準比較楊阜與陳羣，楊阜
「見人主失道，直詆其非，而播揚其惡，可謂直士，未
為忠臣也。」而陳羣「談論終日，未嘗言人主之非；書

50　《藝文類聚》卷 54，頁 1469。

51　說見唐長孺著：〈魏晉南北朝的君父先後論〉，氏著：《魏晉南北
　　朝史論拾遺》收於《唐長孺文集》（北京：中華書局，2011 年 4
　　月一版），頁 235-250。

數十上，而外人不知。」以袁準的看法，只有陳羣才算
符合「忠」的標準。[52]

　　就統治者的立場而言，使民盡「忠」為用人之術，
在〈用賢〉篇中強調：「明王之使人有五：一曰以大體
期之，二曰要其成功，三曰忠信不疑，四曰至公無私，
五曰與天下同憂。……忠信不疑，則臣盡節……。」並
在〈政略〉篇提到：「行莫大于孝敬，義莫大于忠信，
則天下之人，知所以措身矣，此教之大略也。……禮重
而刑輕則士勸，愛施而罰必則民服；士勸則忠信之人至，
民服則犯法者寡。」皆強調令臣子盡「忠」，在統治上
的重要性。但是，忠言往往逆耳，忠臣經常身危，君王
如何能夠分析忠奸？故欲讓臣下得以盡忠，其前提在於
君主必須「明智」，這方面的問題在〈王子主失〉及〈人
主〉二篇中有討論，已見於上述的討論中。

　　總括袁準在《袁子正書》中的思想，可明顯看到陳
郡袁氏一貫的崇「禮」、尚「忠」的思想，不過袁準較
其父袁渙更具有刑名法術的觀念，呈現儒法結合的思想。

第五節　結　語

　　東漢至晉以來的陳郡陽夏袁氏家族在家風上面，崇

---

52 參《三國志・陳群傳》注，頁568。《北堂書鈔》卷80，頁222。
　《藝文類聚》卷22，頁406，《太平御覽》卷447，頁2184。

尚儒家教化，而尤重「禮」，其「忠」與「義」之思想
實基於對「禮」的掌握與重視而來。故於政治，則崇尚
禮制、重封建，並重視階層以及階層之差異，於家門與
治身，則以禮自守，顯示其崇儒的風格。但在亂世之處
世態度上，陳郡袁氏則以清虛、恬退之態度，強調寡欲、
守柔、無爭，故此家族在崇儒的基礎上，又帶有儒道雜
揉的特質。

　　另外，觀察袁準入晉後之《袁子正書》，則以禮為
體，以法為用，重視禮制、階層、賞罰、公正、信實，
則又在崇禮尚義的傳統中，帶有法家特色，而呈現儒法
結合的傾向。如果純粹以「忠義」而概括其家風，則會
忽視此家族「忠義」之外的特殊面向。至於本家族到了
東晉南朝的家風與對政治的想法，在承繼家族傳統之
外，是否仍有變異？尤其此家族在東晉以後頗接受玄
學，其接受狀況如何，將是未來值得再進行的目標。

第七章　結　論

　　西晉一朝雖然僅有短短五十二年，然而，這卻是一個多元而複雜的時代，滅蜀、平吳後暫時的安定，形成物產豐沛、資源豐富的美好時代，由於天下統一，造成人才興盛而集中，並且互動頻繁，形成一代新的文學風貌，被視為建安之後文學的中興時期。本研究進行了幾方面的努力，茲分述如下：

　　首先是本書企圖對西晉時代精神進行新的理解，西晉誠然在政治上缺乏道德、理想，政治人物貪詐、妥協、缺乏遠見等問題也使這個時代缺少宏大的格局，這些問題出現在一個王朝的開端，確實在一定程度上為王朝後期迅速傾覆埋下禍患的陰影。在這樣一個寬鬆而缺少限制的時代，西晉士風虛浮，奢侈放誕、奔走權門、依附勢家，亦為相當普遍的現象。然而，如果把觀察的時間拉長一些，我們可以發現，西晉是在漢末、三國分立的發展基礎上建立起來的一個新的統一王朝，在長期的分裂、敵對和戰爭後，統一本身就是一個新的局勢，地理疆域的拓展和開放，相較於漢末、三國，西晉無論在軍事、社會經濟方面都可以算是富強，在當時流行玄學，

但國家、家族又以儒學為本的時代環境中，士人多半兼綜儒玄，並表現出博雅的氣質。在這樣的理解下，我們可重新理解西晉文學中所具有的昂揚、開闊的積極特質，並在儒風的基礎上，看待西晉文學重視頌美、家族和宗親倫理題材、四言詩的特色。

其次，在這樣一個偉大而興盛的王朝中，有一些不在權力中心的人，本研究探討兩類，一類是原來與北方政權敵對的吳人，另一類則是在這政權中感到不遇的人，在本研究中以夏侯湛為個案，希望說明西晉不遇文人的多元層面。

西晉的入吳群體在被統一之後，為了家族和群體的發展，必須入仕北方，這些吳人在北方受到排擠和歧視的情形，歷來已有不少討論。不過，吳人本身如何自我調適，如何進行歷史的再詮釋，以適應新朝並維繫尊嚴則需要再進行探索，透過這樣的視角，我們可以發現吳人在被統治的前提下，普遍承認西晉的天命，然而在三國歷史的解釋上則不像北方士人一般主張天命在魏後傳承給西晉，而是明確認定三國分立，並誇耀吳地人才及文化、風土，以凝聚族群意識和信心，並爭取北方政權的認可。

西晉因為門閥政治興起，寒素在政治上的發展受到壓抑，並且士風奢靡虛浮，在這個時代經常有刺世疾邪的作品，譴責世俗並抒發不遇之情，魯褒的〈錢神論〉、王沈的〈釋時論〉、張載的〈榷論〉經常被做為討論的

焦點，夏侯湛亦著有〈抵疑〉，然而，過去討論夏侯湛
時，多半視為庶族寒門，或是失勢的門第，以這樣的角
度來討論其作品，於是〈抵疑〉視為寒門不遇的心聲。
透過本研究可知，夏侯氏入晉後仍屬高門華宗，因此，
夏侯湛之不遇，與其個人之個性相關，在〈抵疑〉及潘
岳所作的〈夏侯常侍誄〉中都提出夏侯湛是一個「直道」
行事，堅持自我節操的人，從夏侯湛的〈東方朔畫贊〉、
〈張平子碑〉以及諸賦作中，我們也能發現他的人格特
質，相信對夏侯湛的理解，更能協助我們了解西晉文壇
以及士人的豐富層次。

　　最後，西晉處於門閥政治初步定型的階段，「家族」
為觀察這個時期的重要成分，本研究挑選了兩個由漢末
延續到晉的家族做為探討的對象，希望能透過對這兩個
家族如何由漢末發展到西晉的探討，增加我們對西晉這
個王朝的理解。

　　潁川陳氏於漢末起自單微，卻於漢末士人群體中享
有極高的聲望，在漢末到魏晉之際皆具有相當的影響
力，這個家族由漢末到魏晉做了一些家風上的調整，陳
寔之後三代皆處亂臣賊子之時與易代之際，其子陳紀其
曾仕於董卓，孫陳羣依附曹丕，曾作勸進之表，曾孫陳
泰於魏晉禪代之際親附司馬氏，時人以為「公慚卿，卿
慚長」，然而，透過對潁川陳氏家族仔細的考察，我們
能夠理解他們在政局變動下的困難選擇，並也能顯明這
個家族在艱困政局中雖有所妥協，但在大原則上仍堅持

正道的家風。陳郡陽夏袁氏則在家族發展中則帶有明顯的儒道結合色彩，一方面忠義守禮，但為了因應政治情勢的需求，這個家族在處世上則以清虛守柔為風。這兩個家族都具有儒學色彩和崇尚道德的家風，然而，考索這兩個家族發展，一方面我們可以發現身處這種變動政局下，維護德性與家族承續的兩難，另一方面也能看到士族在家風上的調整，而這些家族正是西晉政權的重要組成。

西晉這個時期近年來漸受研究者重視，在現今研究的基礎上，未來尚有一些議題值得再做討論。

首先是西晉的儒風與文風雅化之間的關連已受到重視，在四言詩以及復古、擬古的探討方面，也取得相當的成果，然而在四言詩的審美方面，以及具體作品及作家的理解以及接受方面，值得再做細緻的探討。

其次，過去對西晉的部份作品類型較為忽視，例如設問類、七體、擬仿的作品等即被視為缺乏新意，然而，這些作品在創作上也有不同於先秦、漢代作品之處，在內容或技巧上有不同的側重點，反應了時代的心聲，值得再做討論。

其三則是隨著碑刻、家譜、考古等歷史文獻的發現與再詮釋，以及對西晉交通與國際關係的認識，更能增進我們對西晉時期的理解，在西晉作家的生平及互動考証，以及西晉人世界觀的認識方面應可再深入探討，以理解西晉這個時代所具有的豐富而多元面貌，本研究在

撰寫時受到學力見聞、文獻及時間、精力上的限制，僅能選取一些議題做初步的探討，希望能透過點的突破，以達到對這個時代更多一點理解，如果能在學術總體殿堂上放一塊小小的磚，或許這樣的研究也能提供一點貢獻。

徵引目錄

一、古籍（依時代排列）

楊伯峻譯注，《論語譯注》，北京：中華書局，1980 年
　　12 月二版

漢・東方朔撰，《十洲記》，王雲五主編：《明刊本古
　　今逸史》，臺北：臺灣商務印書館

漢・司馬遷撰：《史記三家注》，臺北：七略出版社據
　　清乾隆武英殿刊本景印

漢・郭憲撰：《漢武帝別國洞冥記》，《叢書集成初編》，
　　北京：中華書局，1985 年新一版

漢・劉向撰，《列仙傳》，《叢書集成新編》，臺北：
　　新文豐出版公司，民國 74-75 年版

汪榮寶撰、陳仲夫點校，《法言義疏》，北京：中華書
　　局，1987 年 3 月一版

東漢・班固著，唐・顏師古注，清・王先謙補注，《漢
　　書補注》，臺北：藝文印書館，據清乾隆武英殿刊
　　本景印

東漢・應劭撰、王利器校注，《風俗通》，北京：中華

書局，2010 年 5 月二版

漢・蔡邕撰，《蔡中郎集》，臺北：新興書局，海源閣
　　刊本

黃暉撰，《論衡校釋》，北京：中華書局，1990 年一版

趙幼文校注，《曹植集校注》，臺北：明文書局，民國
　　74 年 4 月初版

戴明揚著，《嵇康集校注》，臺北：河洛圖書出版社，
　　民國 67 年 5 月臺景印初版

西晉・陳壽撰，清・盧弼集解，《三國志集解》，臺北
　　縣：漢京文化事業有限公司，民國 70 年 4 月初版

晉・陸機著，劉運好校注整理，《陸士衡文集校注》，
　　南京：鳳凰出版社，2007 年 12 月一版

晉・陸雲著：劉運好整理，《陸士龍文集校注》，南京：
　　鳳凰出版社，2010 年 12 月一版

東晉・袁宏，張烈點校，《兩漢紀》，北京：中華書局，
　　2002 年 6 月一版

東晉・葛洪原著、王明著，《抱朴子內篇校釋(增訂本)》，
　　北京：中華書局，1985 年 3 月二版

宋・范曄撰，唐・李賢注，清・王先謙集解，《後漢書
　　集解》，臺北：藝文印書館，據乙卯秋中長沙王氏
　　校刊本景印。

余嘉錫編撰，《世說新語箋疏》，臺北：華正書局有限
　　公司，民國 78 年 3 月版

梁・沈約撰，《宋書》，臺北：藝文印書館，據清乾隆

武英殿刊本景印

劉勰著、周振甫注：《文心雕龍注釋》，臺北：里仁書局，民國 73 年 5 月 20 日版

劉勰著：詹鍈義證，《文心雕龍義證》，上海：上海古籍出版社，1989 年 8 月一版

梁‧鍾嶸著：曹旭集注：《詩品集注》，上海：上海古籍出版社，1994 年 10 月版

梁‧昭明太子蕭統編，唐‧李善注，《文選》，臺北：藝文印書館，據宋淳熙本重雕鄱陽胡氏藏版印

梁‧蕭繹撰，許逸民校箋：《金樓子校箋》，北京：中華書局，2011 年 1 月 1 版

王利器撰：《顏氏家訓集解》，北京：中華書局，1993 年 12 月一版

北周‧庾信撰，清‧倪璠注，許逸民校點：《庾子山集注》，北京：中華書局，1980 年 10 月 1 版

唐‧許敬宗編、羅國威整理：《文館詞林校證》，北京：中華書局，2001 年 10 月一版

唐‧房玄齡奉敕撰，吳士鑑、劉承幹注，《晉書斠注》，臺北：藝文印書館，據乾隆武英殿刊本景印

唐‧姚思廉撰：《陳書》，臺北：藝文印書館，據清乾隆武英殿刊本景印

唐‧李延壽撰，《南史》，臺北：藝文印書館，據清乾隆武英殿刊本景印

唐‧長孫無忌等撰，《隋書》，臺北：藝文印書館，據

清乾隆武英殿刊本景印

唐・杜佑撰，《通典》，北京：中華書局，1988 年 12 月一版

唐・歐陽詢撰，《藝文類聚》，臺北：新興書局，民國 58 年 11 月新一版，據日本東京岩崎氏靜嘉堂文庫藏宋刊本影印

唐・徐堅撰，《初學記》，臺北：新興書局，民國 61 年 2 月版

唐・魏徵、唐・褚遂良、唐・虞世南著，《群書治要》，臺北：世界書局股份有限公司，2011 年 3 月一版

唐・林寶撰：《元和姓纂》，京都市：中文出版社，1976 年 6 月版

唐・虞世南著，《北堂書鈔》，臺北：新興書局，民國 60 年版

唐・劉知幾撰、（清）浦起龍釋，《史通通釋》，臺北：九思出版有限公司，民國 67 年 10 月 10 日台一版

唐・瞿曇悉達撰，《唐開元占經》，臺北：臺灣商務印書館

後晉・劉昫等撰，《舊唐書》，臺北：藝文印書館，據清乾隆武英殿版景印

宋・李昉撰，《太平御覽》，臺北：商務印書館，民國 64 年 4 月臺三版

宋・歐陽脩撰，《新唐書》，臺北：藝文印書館，據清乾隆武英殿刊本景印

南宋・朱熹著：朱傑人、嚴佐之、劉永翔主編，《朱子全書》，上海：上海古籍出版社，安徽：安徽教育出版社，2002 年 12 月一版

宋・章樵註，《古文苑》，《叢書集成初編》，北京：中華書局，1985 年北京新一版

宋・宋敏求，《長安志》，《欽定四庫全書》，臺北：商務印書館

明・胡應麟，《少室山房筆叢》，上海：上海書店，2001 年 8 月一版

明・曹學佺撰，《蜀中廣記》，《四庫全書珍本初集》，臺北：商務印書館據故宮博物院所藏文淵閣本景印

明・孫奇逢著：朱茂漢校點，《夏峰先生集》，北京：中華書局，2004 年 7 月一版

明・張溥編：《漢魏六朝百三家集》，臺北：新興書局，民國 52 年版

清・王夫之著，《讀通鑑論》，臺北縣：漢京文化事業有限公司，民國 73 年 7 月一版

清・王鳴盛撰：《十七史商榷》，臺北：大化書局，民國 66 年 5 月景印初版

清・吳淇著，汪俊、黃進德點校，《六朝選詩定論》，揚州：廣陵書社，2006 年 8 月一版

清・嚴可均輯，《全上古三代秦漢三國六朝文》，北京：中華書局，1958 年 12 月一版

清・陳祚明著，《采菽堂古詩選》，上海市：上海古籍

出版社，2008 年 12 月一版

清・湯球、黃奭輯，喬治忠校注，《眾家編年體晉書》，
　　天津：天津古籍出版社，1989 年 8 月

逯欽立輯：《先秦漢魏晉南北朝詩》，臺北：木鐸出版
　　社，民國 77 年 7 月版

周天游輯注：《八家後漢書輯注》，上海：上海古籍出
　　版社，1986 年 12 月一版

韓理洲等輯校編年：《全三國兩晉南朝文補遺》，西安：
　　三秦出版社，2013 年 3 月 1 版

《二十五史補編》編委會：《三國志補編》，北京：北
　　京圖書館出版社，2005 年 2 月一版

二、現代著作（按年代排）

專　書

鄧仕樑著：《兩晉詩論》，香港：中文大學，1972 年 1
　　月初版

劉咸炘著：《四史知意并附編六種・後漢書知意》，臺
　　北：鼎文書局，民國 65 年 2 月初版

陸侃如著：《中古文學繫年》，北京：人民文學出版社，
　　1985 年 6 月一版

王瑤著：《中古文學論集》，北京：北市大學出版社，
　　1986 年 1 月一版

蘇紹興著：《兩晉南朝的士族》，臺北：聯經出版事業

公司，76 年年 3 月初版

余英時著：《士與中國文化》，上海：上海人民出版社，1987 年 12 月一版

雷家驥著：《中古史學觀念史》，臺北：學生書局，民國 79 年 10 月初版

葛曉音著：《漢唐文學的嬗變》，北京大學出版社，1990 年 11 月一版

方北辰著：《魏晉南朝江東世家大族述論》，臺北：文津出版社，民國 80 年 1 月初版

羅宗強：《玄學與魏晉士人心態》，臺北：文史哲出版社，1992 年 11 月初版

錢志熙著：《魏晉詩歌藝術原論》，北京：北京大學出版社，1993 年 1 月一版

錢穆著：《中國學術思想史論叢（三）》，臺北：東大圖書股份有限公司，民國 82 年 12 月四版

牟宗三著：《才性與玄理》，臺北市：台灣學生書局，民國 82 年 2 月修訂八版

田餘慶著：《秦漢魏晉史探微》，北京：中華書局，1993 年 11 月版

鄭毓瑜著：《六朝情境美學綜論》，臺北：臺灣學生書局，民國 85 年 3 月初版

梅家玲著：《漢魏六朝文學新論：擬代與贈答篇》，臺北：里仁書局，民國 86 年 4 月初版

吳訥著著：《文體序說三種》，臺北市：大安出版社，

1998 年 6 月一版

程章燦著：《世族與六朝文學》，哈爾濱市：黑龍江教
　　育出版社，1998 年 10 月一版

熊禮滙著：《先唐散文藝術論》，北京：學苑出版社，
　　1999 年 1 月一版

徐公持編著：《魏晉文學史》，北京市：人民文學出版
　　社，1999 年 9 月一版

周勛初：《魏晉南北朝文學論叢》，南京：江蘇古籍出
　　版社，1999 年 11 月一版

陳啟雲著：高專誠譯，《荀悅與中古儒學》，沈陽市：
　　遼寧大學出版社，2000 年 6 月一版

胡阿祥著：《魏晉本土文學地理研究》，南京：南京大
　　學出版社，2001 年 5 月一版

陳寅恪著：《金明館叢稿初編》，北京：三聯書店，2001
　　年 6 月一版

季羨林、張燕瑾、呂薇芬、吳云等主編：《20 世紀中國
　　文學研究・魏晉南北朝研究》，北京市：北京出版
　　社，2001 年 12 月一版

姜劍雲著：《太康文學研究》，北京：中華書局，2003
　　年 6 月一版

王曉毅著：《儒釋道與魏晉玄學形成》，北京，中華書
　　局，2003 年 9 月一版

曹道衡、沈玉成著：《中古文學史料叢考》，北京，中
　　華書局，2003 年 7 月一版

廖炳惠著：《關鍵詞 200：文學與批評研究的通用辭彙編》，臺北市：麥田出版社，2003 年 9 月 28 日一版

田漢雲著：《六朝經學與玄學》，南京：南京出版社，2003 年 12 月一版

藍旭著：《東漢士風與文學》，北京：人民文學出版社，2004 年 5 月一版

佐藤利行著，周延良譯：《西晉文學研究》，北京：中國社會科學出版社，2004 年 6 月一版

李傳印著：《魏晉南北朝時期史學與政治的關係》，武漢：華中科技大學出版社，2004 年 8 月一版

王永平著：《孫吳政治與文化史論》，上海：上海古籍出版社，2005 年一版

郝潤華著：《六朝史籍與史學》，北京：中華書局，2005 年 3 月一版

廖蔚卿著：《中古詩人研究》，臺北：里仁書局，民國 94 年 3 月 10 日初版

王永平著：《中古士人遷移與文化交流》，北京：社會科學文獻出版社，2005 年 6 月一版

王澧華著：《兩晉詩風》，上海：上海古籍出版社，2005 年 7 月一版

薛菁著：《魏晉南北朝刑法體制研究》，福州市：福建人民出版社，2006 年 3 月一版

葉楓宇著：《西晉作家的人格與文風》，上海：上海三聯書店，2006 年 4 月一版

王力平著：《中古杜氏家族的變遷》，北京：商務印書館，2006 年 6 月一版

韓‧崔錫宇著：《魏晉四言詩研究》，成都：巴蜀書社，2006 年 6 月一版

張愛波著：《西晉士風與詩歌 —— 以「二十四友」研究為中心》，濟南：齊魯書社，2006 年 11 月一版

葛曉音著：《八代詩史（修訂本）》，北京：中華書局，2007 年 3 月一版

王曉路等著：《文化批評關鍵詞研究》，北京：北京大學出版社，2007 年 7 月一版

唐燮軍著：《六朝吳興沈氏及其宗族文化探究》，北京：中國社會科學出版社，2007 年 10 月一版

王文進著：《南朝山水與長城想像》，臺北：里仁書局，西元 2008 年 6 月 30 日初版

彭丰文著：《兩晉時期國家認同研究》，北京：民族出版社，2008 年 8 月一版

俞士玲著：《西晉文學考論》，南京：南京大學出版社，2008 年 9 月一版

檀晶著：《西晉太康詩歌研究》，北京：中國社會科學出版社，2009 年 10 月一版

王永平著：《東晉南朝家族文化史論叢》，揚州：廣陵書社，2010 年 4 月一版

孫明君著：《兩晉士族文學研究》，北京：中華書局，2010 年 7 月一版

胡大雷著：《金戈鐵馬　詩裏乾坤 —— 漢魏晉南北朝軍事戰爭詩研究》，北京：中國社會科學出版社，2010年9月一版

劉師培著、劉躍進講評：《中國中古文學史講義》，南京：鳳凰出版社，2011年1月一版

唐長孺著：《唐長孺文集》，北京：中華書局，2011年4月一版

馬曉坤、孫大鵬著：《兩晉南朝琅邪王氏與陳郡謝氏比較研究》，北京：中國社會科學出版社，2011年10月一版

招祥麒著：《潘尼賦研究》，上海：上海古籍出版社，2011年11月1版

仇鹿鳴著：《魏晉之際的政治權力與家族網絡》，上海，上海古籍出版社，2012年6月一版

期刊論文及會議論文

陳森：〈滅吳前後的晉武帝〉，《寧夏大學學報（社會科學版）》，1989年第3期（總第40期），頁50-56。

唐明禮、張國強：〈試論晉武帝司馬炎〉，《南都學壇（社會科學版）》，第10卷第2期，1990年，頁53-61。

胡寶國：〈漢晉之際的汝潁名士〉，《歷史研究》，1991年第5期，頁127-139。

王曉毅：〈東漢安順之際的汝潁名士〉，《山東大學學

報》1992 年第 2 期，頁 1-8。

尚志邁：〈晉武帝與太康之治〉，《張家口師專學報（社會科學版）》，1994 年第 2 期。頁 53-58。

黃宛峰：〈東漢汝穎南陽士人與黨議始末〉，《中國史研究》，1995 年第 4 期，頁 128-136。

俞灝敏：〈西晉議《晉書》限斷考辨〉，《安徽史學》，1996 年 2 期，頁 26-28。

王國生：〈漢－唐陽夏袁氏世系關係表〉，《周口師專學報》，第 13 卷第 3 期，1996 年 9 月，頁 58-60。

汪春泓：〈潁川區域風習與建安文學〉，《文藝理論研究》，1996 卷 6 期（總 89），1996 年 11 月，頁 81-86。

胡秋銀：〈汝南袁氏的發展與東漢社會之變遷〉，《許昌師專學報（社會科學版）》，第 17 卷第 1 期，1998 年，頁 73-76。

張金龍：〈晉滅吳戰爭的決策探因〉，《北京師範大學學報（社會科學版）》，1998 年第 3 期（總第 147 期），頁 52-57。

柳春新：〈「政在家門」與漢末袁氏政權〉，《魏晉南北朝隋唐史資料》，第 16 輯，1998 年 7 月，頁 1-7。

范家偉：〈陳壽與《晉書》限斷爭議〉，《大陸雜誌》，第 97 卷第 3 期，1998 年 9 月，頁 1-13。

劉苑如主持、蔣宜芳記錄，〈「世變中的文學世界」系列座談會之一，「世變與文變 —— 魏晉南北朝文學研究的回顧與展望」〉，《中國文哲研究通訊》（世

變中的文學世界專輯 I），第 8 卷第 4 期，民國 87
年 12 月，頁 7-10。

林顯庭：〈魏晉時代的才性四本論〉，《東海哲學研究
集刊》，臺中市：東海大學哲學系，1999 年第 1 卷，
頁 117-146。

朱曉海：〈命功臣銘饗表微〉，《臺大中文學報》，12
期，2000 年 5 月，頁 149-192。

嚴耀中著：〈關於陳文帝祭「胡公」── 陳朝帝室姓氏
探討〉，《歷史研究》，2003 年第 1 期，頁 156-159。

冷衛國著：〈夏侯湛以「味」論賦〉，《文學遺產》，
2001 年第 1 期，頁 130-131。

王永平著：〈入晉之蜀漢人士命運的浮沈〉，《史學月
刊》，2003 年 2 期，24-29 頁。

于浴賢：〈論陸機賦的東吳情結〉，《貴州大學學報》，
第 22 卷第 3 期，2003 年 3 月，頁 52-57。

高敏著：〈從東漢時期入仕者與知名人士出生地的分佈
狀況看東漢江南經濟的發展〉，《鄭州大學學報》
（哲學社會科學版）第 36 卷第 3 期（2003 年 5 月），
頁 15-18，頁 47。

朱華：〈東晉南朝陳郡高門袁氏研究〉，《襄樊學院學
報》，第 24 卷第 6 期，2003 年 11 月，頁 83-90。

朱曉海：〈潘岳論〉，《燕京學報》，新 15 期，2003
年 11 月，頁 141-196。

朱曉海著：〈陸機心靈的困境〉，《中華文史論叢（第 76

輯）》，2004 年 6 月，頁 1-44。

徐利英、汪群紅著：〈試論夏侯湛賦的創新意識〉，《贛南師範學院學報》，2005 年第 2 期，頁 64-67。

王金凌著：〈文學批評的內在衝突〉，《輔仁國文學報》，第 21 期，2005 年 7 月，頁 321-330。

蔡胜、劉玉山著：〈陳文帝祭「胡公」合情合理 —— 與嚴耀中教授商榷〉，《紅河學院學報》第 4 卷第 1 期，2006 年 2 月，頁 43-46。

薛海波：〈東漢潁川豪族的官僚化和士族化〉，《文史哲》，2006 年第 6 期（總 297），頁 94-104。

王東洋著：〈《晉辟雍碑·碑陰》所反映的幾個問題〉，《重慶社會科學》，2007 年第 2 期，總第 147 期，頁 82-85。

陳勇：〈漢唐之間袁氏的政治沈浮與籍貫更迭 —— 譜牒與中古史研究的一個例證〉，《文史哲》，2007 年第 4 期（總第 301 期），2007 年，頁 63-71。

鄭明月：〈漢魏之際中原世家大族文化活動探析〉，《鄭州航空工業管理學院學報（社會科學版）》，第 26 卷第 4 期，2007 年 8 月，頁 49-52。

趙海麗：〈南朝陳郡袁氏家族譜系與聯姻關係探討 —— 以正史及碑誌為中心敘述〉，《蘭州學刊》，2008 年第 11 期（總 182 期），2008 年，頁 205-211。

高武斌著：〈夏侯湛仕宦經歷四考〉，《山西農業大學學報》，第 8 卷（第 2 期），2009 年，頁 146-148。

徐婷婷：〈陳郡袁氏家學門風述論〉，《河南教育學院學報（哲學社會科學）》，2009 年 6 期，第 28 卷，頁 33-36。

袁延勝：〈論西晉統一的歷史經驗〉，《中州學刊》，2009 年 7 月第 4 期（總第 172 期），頁 160-162。

劉東升著：〈西晉政權對蜀吳兩國降人的相關政策〉，《南都學壇（人文社會科學學報）》，第 29 卷第 4 期，2009 年 7 月，頁 36。

廖棟樑著：〈復古中的發展：談摯虞《文章流別論》〉，《第六屆魏晉南北朝文學與思想學術研討會論文集》，2010 年 7 月 1 日，頁 97-146。

李乃龍著：〈論告請表 ──《文選》「表」類研究之一〉，《廣西民族師範學院學報》第 27 卷第 6 期，2010 年 12 月，頁 8-13。

袁敏著：〈西晉政治家袁準及其子書《正論》、《正書》〉，《許昌學院學報》第 30 卷第 1 期，2011 年第 1 期，頁 5-9。

袁玲：〈淺談漢末的袁氏家族〉，《重慶科技學院學報（社會科學版）》，2011 年第 5 期，頁 124-126。

陳洁著：〈夏侯湛詩歌考述〉，《鄖陽師範高等專科學校學報》，2011 年 4 月，第 31 卷第 2 期，頁 21-23。

楊朝蕾著：〈夏侯湛咏物賦論〉，《河北理工大學學報（社會科學版）》，2011 年 5 月，第 11 卷第 3 期，頁 223-225。

陳俊偉：〈陸機《辨亡論》的故國歷史圖像〉，《東吳中文線上學術論文》，第十九期，2012 年 9 月，頁39-58。

沈揚：〈深文隱蔚　餘味曲包 —— 論陸機《羽扇賦》的隱喻空間〉，《中國韵文學刊》，第 27 卷第 4 期，2013 年 10 月，頁 58-62。

童嶺：〈晉初禮制與司馬氏帝室 —— 《大晉龍興皇帝三臨辟雍碑》勝義蠡測〉，《學術月刊》，第 45 卷10 月號，2013 年 10 月，頁 148-160。

甘懷真：〈魏晉南北朝時期的胡族國家政體〉，發表國立臺灣師範大學歷史學系主辦之《跨越想像的邊界：族群‧禮法‧社會 —— 中國史國際學術研討會》，2013 年 11 月 29-30 日，頁 B2-51。

王文進：〈論《江表傳》中的南方立場與東吳意象〉，《成大中文學報》，46 期，2014 年 9 月，頁 99-101、103-136。

謝明憲：〈「泰始為斷」的歷史書寫：《晉書》限斷的難題與陸機的新義〉，《臺大中文學報》49 期，2015年 6 月 1 日，頁 99-128。

學位論文

許聖和著：《「博物思維」與六朝文學》，東華大學中國語文學系碩士論文，民國 95 年 7 月。

後　記

　　從碩士班開始研讀陸機詩文，即深深覺得西晉這個時代的心靈離我們不遠，一切的光明與暗影，都能在現在的台灣找到對應之處，探尋西晉的歷史痕迹與心靈結晶，其實也在探尋我們自己。本書為筆者數年間研究的結果，結集之時，感到還有許多不足之處，僅能把這本書當做這幾年學習的記錄，也做為未來再努力的起點。

　　在學習的過程中受到許多師友的啟發與照顧，感謝如同我第二個家的輔仁大學，這所以人為本的學校，提供我優良的學習及研究環境，也感謝輔仁大學中文系的趙中偉主任、孫永忠主任、系上的同事、助教，在我回母校任教以來對我的寬容、鼓勵與協助。

　　在學習生涯中尤其感恩三位師長。

　　首先是先師王金凌教授。就讀研究所以來，老師帶領我與有興趣的學生讀美學、讀西方哲學、讀康德，提供我們更廣濶而清晰的思維參考，老師博通而寬宏的心靈，是所有上過課的學生都深深感念的，無論是否受老師指導，老師都以慈愛而不偏私的態度，關愛每一位求學的人。老師的思維清晰，無論學術或工作、生活上的

迷障，老師總能在我們紛亂的時候，提供我們充滿智慧的思考指引。老師雖然離開我們，但老師的人格與智慧將如明星，永遠指引我們。

另外，我開始對魏晉南北朝產生興趣與研究能力，是受到劉漢初教授的啟發，是劉老師教導我研究這個時代的文學應該從讀《晉書》、《資治通鑑》開始，也是劉老師教導我仔細從各種文本中找尋線索。老師犧牲星期六晚上的時間，帶領我們進行讀書會，帶領我們領略文學之美，每週一到兩首詩詞，仔細品賞，探討意脈與情思，至今二十餘年。讀書會中的成員不限學界，沒有學位等級的差異，只有心靈的投入和交流，生在這樣的時代，能夠沒有目的的投入在文學的愉悅中，是非常難得的福份。

最後還要感謝南京大學的周勛初教授。與老師結識是在老師多年前到清華大學客座時，其後老師也不時提供我治學的指導和關心。老師治學嚴謹，於古籍文獻方面有深厚的功力，又能博綜各種不同類別的資料，於前人未注意之處，提出証據充分的創見，這樣的能力是我努力學習的目標。老師治學勤奮，近年來仍經常有作品，發奮忘食，樂以忘憂的精神，也是我學習的典範。

最後感謝我的妹妹陳恬慧給我的心靈和家庭的支持，本書完成於母親過世將近一年之時，感謝父母賦予我生命，並教導我良好的生活習慣與生命追求，母親在世之時仍不時為我擔心，希望這本書的完成能做為一個

生命階段的結束與新生的開始，讓母親在天之靈能得到
安慰。

　　感謝政大、師大舉辦「百年論學」讀書會的師長及
朋友們提供論學的場域，並提供學術上精益求精的意
見，尤其感謝廖棟樑教授對拙作的指正與啟發。特別感
謝王學玲、陳必正、李嘉瑜、林郁迢、郭士綸、何宗德
等諸位好友，以及周志煌學長、梁淑媛學姐時時給我的
鼓勵和提攜，在我沮喪時給我支持。本書出版時，承蒙
文史哲出版社彭雅雲小姐全力協助，以及輔仁大學林郁
迢教授，林宗昱及劉劭匡二位同學提供校對及查詢、整
理資料的襄助，特別是林郁迢教授提供拙作許多良好的
修改建議，在此致上最高的謝意。

　　　　　　　　　陳恬儀　謹誌於輔仁大學
　　　　　　　　　民國一〇五年四月八日